地图会说话

谁在世界中心

WHO Dominates the World

温骏轩 著

中信出版集团 · 北京

地缘政治最有趣的地方就在于，特殊的地理特质，会让某些特定的地方成为主导一个国家甚至整个世界的“钥匙”，也被称为“兵家必争之地”。千百年来，人类对这些“钥匙”的经营和争夺，就构成了人类的历史。

三叶草地图

这幅由三片叶子描绘出的世界地图，是古代欧洲用来教化基督教徒的圣地假想图。三片叶子分别代表古代世界的欧、亚、非三大洲（美洲大陆位于西南角），象征着基督教义中的三位一体。耶路撒冷被置于三块大陆中央，以显示圣地的重要性。

ſt der Stadt Hannouer meines lieben Vaterlandes Wapen.

MERIDIES.

源自托勒密的世界地图

这幅地图的形式源自公元 2 世纪的地理学家托勒密的著作，是根据当时的地理知识绘制的世界地图。此图对世界上绝大部分陆地都描绘得比较准确，但亚洲部分延伸出的一条“龙尾”状的陆地被有些学者认为是南美洲。

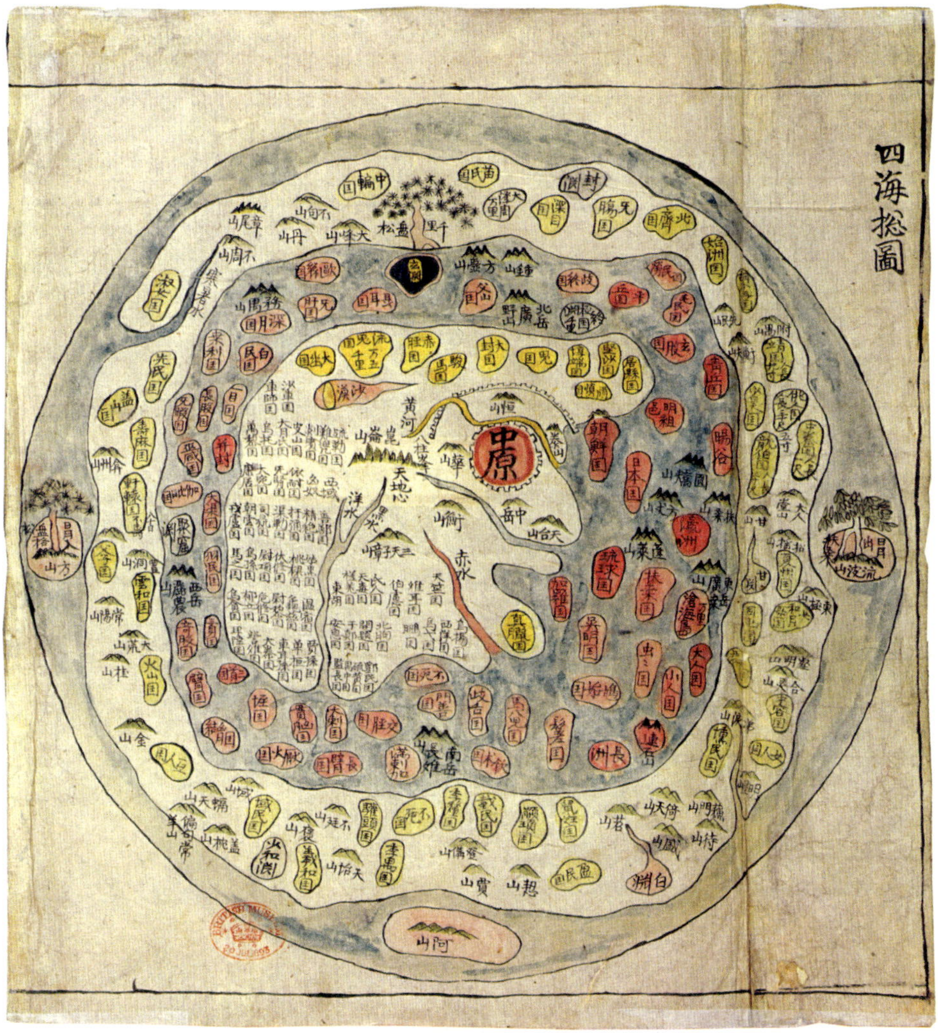

四海总图

这是一幅古代朝鲜人制作的世界地图，图上的文字不仅标注了现实中的地名，还出现了经典文学和古代历史上提到过的地名，大多地名出自《山海经》。图中中国居于中心位置，代表文明的源头，海洋包围着已知世界，外围则是未知大陆。

目 录

推荐序

陈虎

钓鱼岛主权归属涉及的海洋权益有多大？

美日为何频频在南海“搅浑水”？

台湾问题的意义仅仅在于祖国统一吗？

“第一岛链”对中国意味着什么？

未来的世界中心在哪里？

每一个关注着中国未来和世界未来的人，心中都会有许许多多类似的问题。每一个寻找答案的人，必然做出的第一个动作就是打开一幅纸质的、电子的或是头脑中的地图。

或许，你不太关心这些“高大上”的问题，但这并不意味着你会远离地图。无论你要出行、买房还是打理生意，在进行规划时，你都离不开一幅地图。

地图，真是一个奇妙的东西。

在那里，人类活动的舞台被浓缩在方寸之间；在那里，人类活动的各种信息——政治的、军事的、经济的——都可以被承载其上。

地图，每时每刻都在讲述着故事，传递出信息。然而，如同人类的语言一样，不同的地图也有不同的语言。你能听懂多少，你能理解多少，就要看你对它的语言究竟掌握了多少。

打开一幅普通的世界地图，它能告诉你国家的疆域、位置，城市的规模，人口的分布，等等。对比不同版本的世界地图，你会发现地名称谓的不同、国家边界的不同，从而反映出出版者的立场和态度；大多数国家会把自己放在地图中心的位置，结果，不同国家出版的世界地图看上去会差异很大……

如果把一堆世界地图按出版时间排列起来，它们就能向你讲述国家疆域的变迁、城市的兴废、交通方式和通道的变化。在这些背后，你会感受到战争、经贸、技术对人类发展的影响；甚至，你能判断出不同地区对于一个国家、民族生存和发展的价值。掌握了这种地图语言，你会发现，你已经走进了被人们普遍认为“高大上”的地缘学说的殿堂。

那是一个波澜壮阔、精彩纷呈的世界——以丝绸之路为代表的古代商贸通道沟通了亚欧大陆，使人类生活的一个个“孤岛”连接了起来；大航海时代造就的海上贸易通道，使今天的世界渐渐呈现在世人面前，控制海洋通道成为国家致富和强盛的关键；当石油成为人类的主要能源，中东的沙漠戈壁由人们心目中的不毛之地，一夜间变成了大国竞相争夺的宝地；人工开凿的苏伊士运河、巴拿马运河，迅速改变了邻近地区的地理价值，掌控苏伊士运河一度让英国的霸权看似坚不可摧，而巴拿马运河的开通从某种程度上又成就了美国的霸业；地球变暖使覆盖北冰洋的冰盖融化，带来开通北极航线和北极资源开发的前景，于是出现了争夺北极地区的明争暗斗……读懂了这些，你才能真正理解“一带一路”是一个多么宏伟的规划，它对于实现“中国梦”有着多么重要的意义；你才能真正理解今天的南海岛礁建设对于中国的未来有着多么重大的价值。

地图的语言是五彩斑斓的。

展开一幅海图，你会看到普通地图上带有弧度的海上航线在这里变成了直线，那是采用了墨卡托投影的缘故；海图上密密麻麻的数字显示着海洋的深度；海岸、港口、岛礁，甚至海面之下的暗礁、暗沙、沉船、海洋底质，都成了重要的信息，向航海者描述着安全航行抵达彼岸的路线。在海图上，比例尺已经不再那么重要，因为图上纬度一分弧的长度是固定的一海里。于是，海里、链（1／10海里）成为航海者使用的独特的长度单位，并由此产生了“奇怪”的速度单位——节（1节＝1海里／小时）。

展开一幅大比例尺的军用地形图，一圈圈标注着高程数字的封闭等高线会告诉你这里地形起伏的程度；荒野中的小路、悬崖、村庄、渡口、水井，甚至可以作为明显地标的独立房屋、巨石、大树，一切与军队行动相关的信息在这里都显得尤为重要。绘制一幅精准的军用地图殊为不易。从甲午战争到抗日战争，每每外来者潜入中国境内绘制这样的地图，便意味着战争即将爆发。抗战初期的忻口会战中，日本人按照战前精细测绘的地图，越过地形险要、被守军认为难以使用重武器而疏于布防的铁甲岭，突然出现在守军背后，导致中国军队迅速溃败。战后，会战的中方指挥者阎锡山感叹“对山西的地形还不如日本人熟悉”。而初创时期的人民军队，每次作战中含金量最高的战利品之一，就是对手使用的军用地图。时至今日，中国的保密级别通常分为秘密、机密、绝密三个等级，而军用地图的保密级别至少是机密级。在使用小幅地图拼制大幅地图的过程中，甚至裁下的图边也要回收。

地图的语言又是不断进化的。

原始的地图是人类根据一些明显地面特征，如山川、河流的相对位置而绘制的。现代意义上的地图则是建立在精确的地理网格坐标和数学投影的基础上。随着人类生存和活动的空间不断扩展，以及对地图不同的需求，发展出了各种各样的地图，像行政区划图、交通图、地形图、航海图、航空图，等等。每一种地图都有各自独特的语言，向人们传达着信息。随着人类活动空间向深海、太空的拓展，以及测绘技术的进步，地图的语言也在加速进化。

今天，人们已经开始尝试绘制全新的三维数字地图，它所涵盖的空间从地心直到太空，它的位置表述已不再是传统二维地图上的经纬度，而是可以精确到分米量级的空间立体网格，位置的表述采用便于计算机读取和处理的二进制码。不久的将来，当这种全新的地图作为国家标准实施后，现有的各种地图都会被取代，地图的语言会第一次得到统一，甚至我们的家庭住址、工作场所的门牌号码上，也会出现一组二进制的数码。

……

大千世界，万事万象。要想洞明世间万事，从哪里下手呢？

学会地图的语言吧，倾听地图的讲述吧，它会帮助你洞明世间万事。

不会太难的。看看“地图会说话”系列图书，它们的作者有律师、网络达人等等，他们每个人特殊的体验，会让你在愉悦的阅读中学会地图的语言。

序

自从 2009 年 7 月我在天涯开写《地缘看世界》一帖，至今已经快 8 年了。最初选择“地缘”这个切入点，是因为在这个信息爆炸的年代，出现了各种对历史、时政的全新解读，颠覆了自己原来对很多事物的理解。为避免人云亦云，就需要找到一个相对客观的角度，以形成自己的思维逻辑，而“地缘”就是一个兼具广度和深度的切入点。

无论出于研究还是分享的目的，地图都是展现“地缘”这一概念最好的平台。在网帖中，数百张自己制作的地图花费了我大量的时间。然而具体到出版的环节，这些地图却成了最大的障碍，这个障碍并非来源于技术，而是来源于意识。大多数编辑并没有意识到，地图本身所承载的信息量要高于甚至远高于文字。很显然，在这种认知之下，你不可能要求合作者能够完整展现你的观点——这也是此帖一直未能出版的主要原因。

当中国国家地理图书部的编辑联系我，希望我加入他们筹划了几年的“地图会说话”系列丛书时，我们双方都发现，原来在这几年当中，其实彼此都在往一个方向上做着探索，接下来的合作也就水到渠成了。当然，地图本身只是一个载体，我们希望通过这个载体向大家展现的，是一个包含丰富信息，并且能够科学（而非主观想象）验证甚至预测一些事件的地缘世界。

既然本书打算从地缘的角度来解读世界，我们就必须先给地缘下一个定义。首先必须明确，地缘绝对不能和地理简单地画等号；其次，虽然西方提出了“地缘政治”这一概念，本身的确是以地理关系为基础来分析国家政治行为，但地缘的研究范围也并不等同于地缘政治。英语中的地缘政治“geopolitics”一词，也是“地理 + 政治”的组合。

本书所希望解读的“地缘”，视角会更为广阔，并不会局限于现实的政治博弈，或者以地理环境为切入点，研究文明盛衰、民族兴亡的规律。中国文字博大精深，“地缘”这个本来为“政治”做前缀的词，已经足以涵盖我所希望说明的一切了。所谓“地”，指的是客观物理环境；而“缘”，则意指人与人之间的关系。归纳起来，地缘研究就是以地理环境等客观物理因素为基础，研究以群体为单位的“人”，以及这些群体之间的关系。

需要注意的是，尽管地理环境这类客观物理因素是研究地缘的基础，但这种影响要通过很长一段时间才能显现出来。在现实的地缘政治、地缘经济研究中，那些基于此类影响而已经固定在一个群体身上的各种社会属性，也是地缘研究所考虑的基本要素。

实际上，地缘研究并非西方的舶来品。在中国古代，这类研究已经很深入，只是没有用“地缘”一词罢了。比如三国时期诸葛亮所作之《隆中对》，就是一篇典型的地缘政治之作。既然古人能够仅凭有限的历史、地理知识，便在家中做出足以决定一个国家命运的战略分析，那么拥有更多信息来源的我们便更加没有理由妄自菲薄，认为地缘的研究仅仅适合于部分“专家”或政治家。

就本书所希望达到的目的而言，是希望“通过深入浅出的语言，运用简单明确的逻辑，以地缘为角度，以历史为参考，相对客观地解读我们身边的政治文化等现象”。要想做到这一点，一张张“能说话”的地图是必不可少的工具。

当然，作为一个中国人，我的出发点一定是站在中国的角度。所以与其说是在解读世界，不如说是在探索中国崛起的地缘路线图。

第一章

谁是世界的中心

从几何原理来看，在地球这样一个球状结构的表面，任何一个点都可以声称自己是世界的中心。像死海、复活节岛等地，都曾经因为它们拥有的所谓神秘现象，被称为“世界的肚脐”。不过，如果仅把“中心”二字理解为“肚脐”这种更多带有象征意义的中心点，那么对这个称号感兴趣的可能只有当地的旅游业者了。很显然，我们今天所要讨论的“中心”，应该更类似于人体中的“大脑”，即谁才是世界秩序的主宰者。

对于世界中心的地位，中国人应当拥有更强烈的渴望。这不仅因为中国人自古以“中央之国”的子民自居，更源自近代中国在打开国门之后的失落感。幸运的是，我们正处在中华文明的复兴阶段。因此我们也非常有必要站在地缘和发展的角度，看看中国如果想回到世界之巅，会面临什么样的地缘格局。

第一节　|　主宰世界的思维

“地缘”一词从一开始出现，就和政治捆绑在一起，用来服务于国家利益。地缘博弈经常以国家之间的斗争，尤其是战争的形式表现出来。

虽然“地缘”的概念并不能等同于地缘政治，或者说地缘政治只应该是地缘学说的一个组成部分，甚至不应该是最基础的内容，但对于大多数人来说，这其中的区别却很难分清。这主要是因为人类的历史看起来总是由那些政治家以及服务于政治家的军事家所书写的。而所谓的地缘博弈，也的确经常以国家之间的斗争，尤其是战争的形式表现出来。

事实上，“地缘”一词从一开始出现，就和政治捆绑在一起，用来服务于国家利益。因此我们需要对现代地缘政治学的奠基人——麦金德、马汉、斯皮克曼三个人及其学说做一个简单介绍。这三位地缘政治家分别从欧亚大陆、海洋以及海陆结合的边缘地带，对世界的地缘格局做出了解读。尽管他们的学说更多的是为了印证西方国家在这个世界的主导地位，但这并不妨碍我们从中了解基本的地缘政治概念，并用它为中国的崛起推演出一条路线。

世界的中心是一座岛

说到地缘，一定要先提到现代“地缘政治学”的奠基人——麦金德[1]。这位英国的地理学家、地缘政治家于 1904 年在英国皇家地理学会宣读了他的《历史的地理枢纽》一文，首次从全球的角度解读了地缘政治学，而在此之前，欧洲人往往习惯于将目光锁定在欧洲大陆。即使他们已经瓜分了全世界，也更多的是将欧洲以外的地区看作利益区，而不是政治舞台上的主角。

麦金德从世界整体的角度出发，认为世界是由几个大岛构成的。其中欧亚大陆和非洲大陆面积是最大的，被称为“世界岛”，美洲大陆是另外一个岛屿，澳大利亚则是较小的一个岛屿。由于欧亚大陆是世界上主要政治、经济力量的集中地域，也是人口众多、面积庞大的连贯性区域，加之欧亚大陆是世界性文化、宗教和价值观念的诞生地，因此，欧亚大陆成为世界发展的地理枢纽地带。

麦金德的理论概括起来就是下面几句话：“控制了东欧就控制了心脏地带；控制了心脏地带就控制了‘世界岛’；控制了‘世界岛’就控制了世界。”

这其中所提到的“心脏地带”就是指西起东欧平原、东至东西伯利亚高地、北临北冰洋、南达伊朗高原的“欧亚大陆中心地带”，或称之为“欧亚大陆心脏地带”。如果你仍对这一地理范围感到陌生的话，那不妨在脑海中构想一下苏联的地图，将之再加上蒙古、伊朗、阿富汗和中国的西北部就差不多了。这一中心地区的显著特点就是，在将北冰洋视为一块冰封之地的前提下，整个区域都不与海洋相接（因此在脑海中画地图时，需要将上述国家的沿海低地去掉）。除了北部的亚寒带森林地带以外，一般来说是十分适合游牧者活动的。

心脏地带的外围，是人口众多、农业发达的“内新月形边缘地区”。这一区域的地理特点是陆海兼备，既有宽广的腹地，又有漫长的海岸线。同时，游牧民族凭借强大机动优势，能够渗透至此并产生影响。这一区域主要包括面向太平洋的东亚、东南亚季风区，面向大西洋的欧洲，以及被印度洋包裹的南亚次大陆。另外还有一个本身气候条件与欧亚大陆中心地带相合，却又因临海而被划入边缘地区的区域，包括小亚细亚半岛、阿拉伯半岛、新月沃地，以及北非的沿海地区。麦金德认

---

[1] 麦金德（Halford John Mackinder，1861—1947），英国近代地理学奠基人之一。1904 年，他在《历史的地理枢纽》一文中提出“陆心说”，这一论点对当时英国加强对亚欧大陆沿海地带的海上控制起了鼓动作用。——编者注

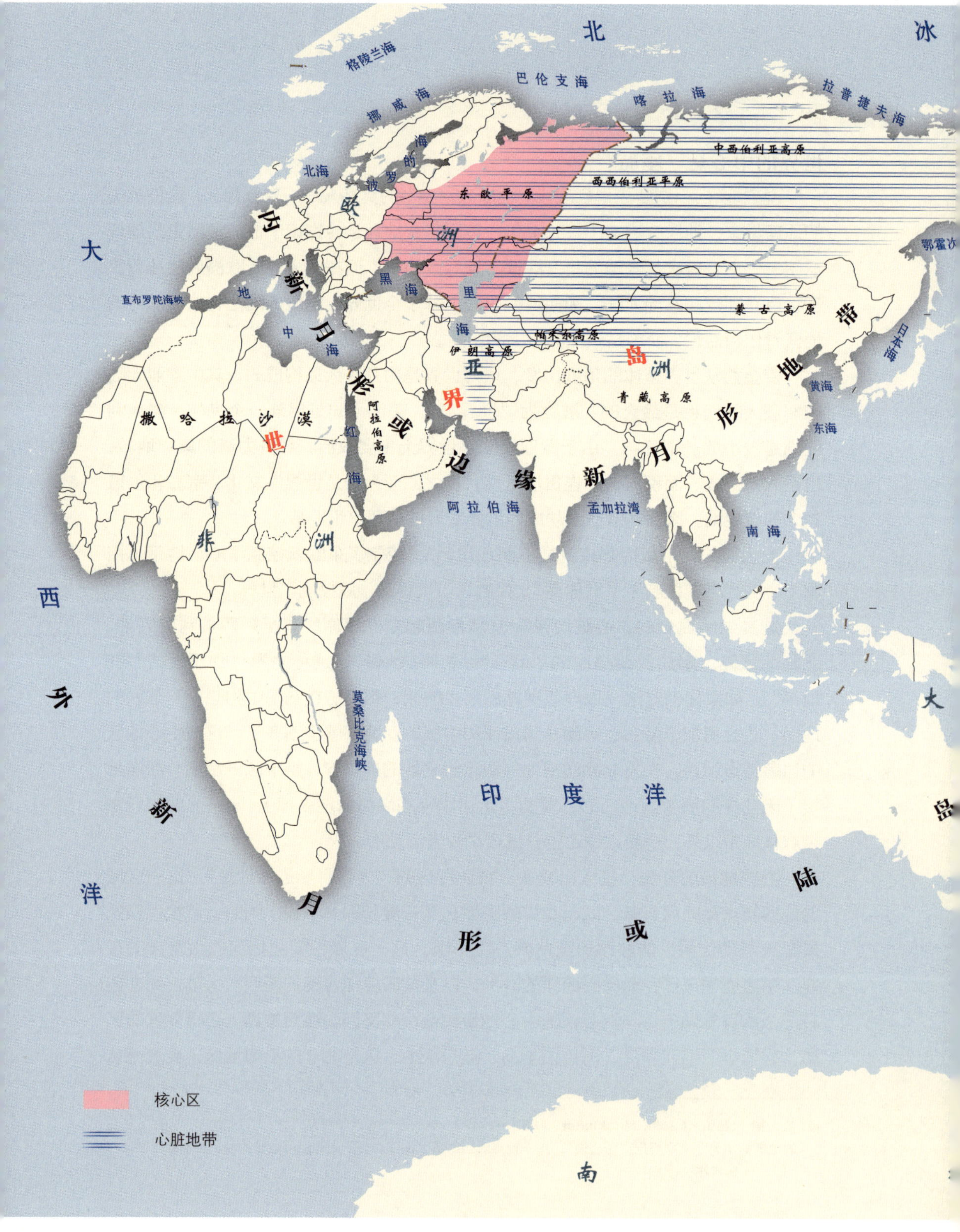

北
冰
格陵兰海
巴伦支海
喀拉海
拉普捷夫海
挪威海
中西伯利亚高原
西西伯利亚平原
东欧平原
北海
波罗的海
欧洲
大
西
洋
内
新
月
形
或
边
缘
新
月
形
地
带
直布罗陀海峡
地
中
海
黑海
里海
伊朗高原
帕米尔高原
蒙古高原
亚洲
世
界
岛
日本海
鄂霍次
黄海
东海
青藏高原
撒哈拉沙漠
阿拉伯高原
红海
阿拉伯海
孟加拉湾
南海
非洲
莫桑比克海峡
印度洋
外
新
月
形
或
陆
岛
大
南
核心区
心脏地带

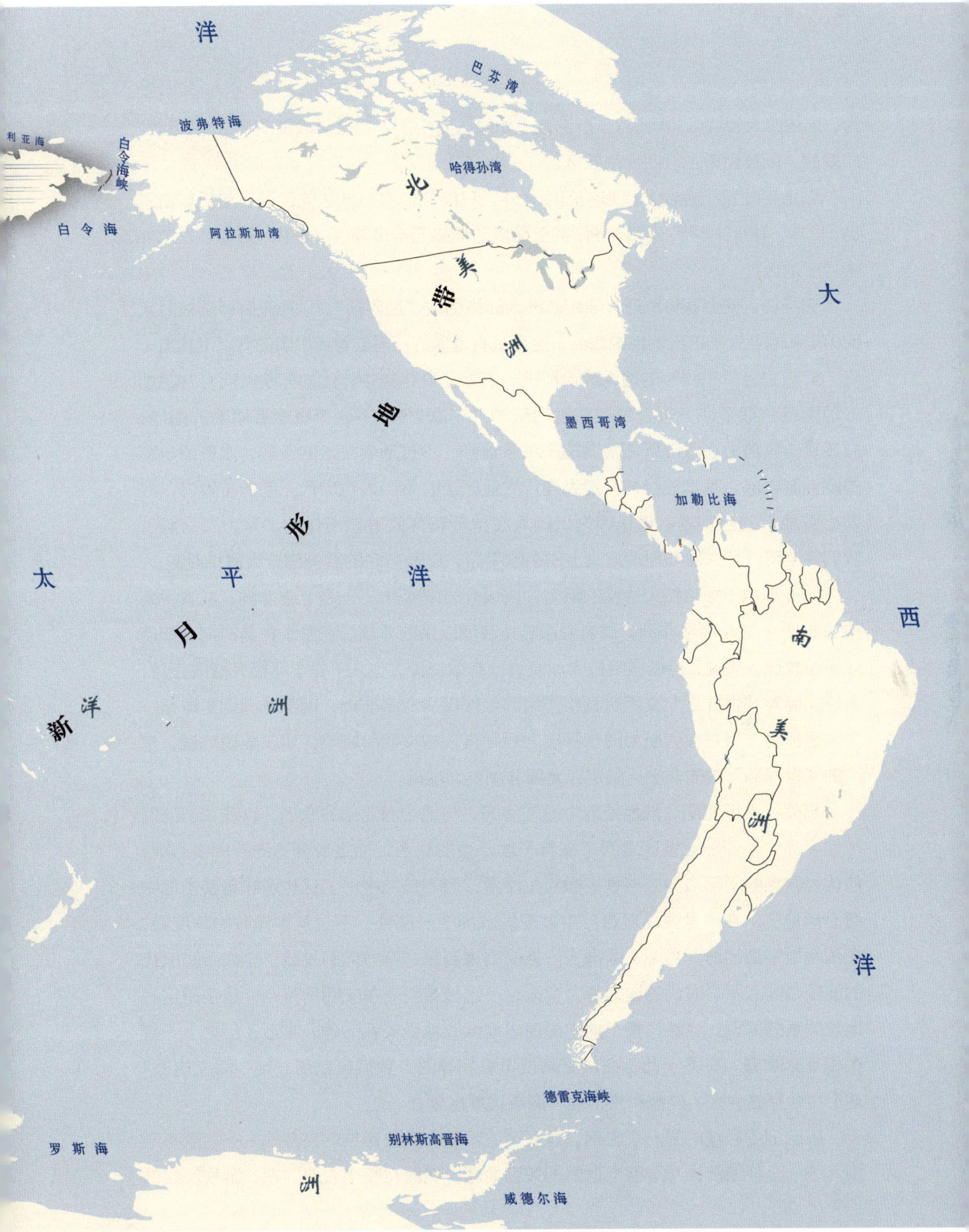
洋
巴芬湾
波弗特海
利亚海
白令海峡
哈得孙湾
北
白令海
阿拉斯加湾
美
带
洲
大
地
墨西哥湾
加勒比海
形
太
平
洋
西
月
南
新
洋
洲
美
洲
洋
德雷克海峡
罗斯海
别林斯高晋海
洲
威德尔海

麦金德“世界岛”示意图

为，上述四大板块大体可以对应：佛教（如果认为中国人也是佛教徒的话）、基督教、印度教，以及伊斯兰教四大宗教区。

以上那些置于游牧力量影响范围之外，只能凭借海路抵达的区域，包括英伦三岛、日本、美洲、澳洲、南部非洲，甚至斯堪的纳维亚半岛等区域在内，则被划为“外新月形地区”。

应当说，麦金德将欧亚大陆和非洲大陆概括成“世界岛”，以此来解释陆权时代的历史和欧亚大陆内部的地缘政治，这是很有道理的。需要着重说明的有以下几点：

1. 历史上“东欧”的地缘政治范围一直处在变化当中。比如苏联时期，“东欧”的范围就包括了许多位置不在东欧的所谓“东欧国家”。这个概念最原始的指向，应该是游牧势力在欧洲所能覆盖的干草原地带。不过随着技术的发展，水资源丰富的欧洲游牧区，基本已经被开发为连片农业区了。俄国人也取代之前的游牧者，成为心脏地带的控制者。也正因为俄国人在沙俄和苏联时期所做的“努力”，今天，我们完全可以把东欧与地理意义上的东欧平原，以及苏联的欧洲部分大体相对应。

2. 非洲由于撒哈拉大沙漠的阻隔，应该分成两部分：一是北部非洲，或者说阿拉伯非洲；二是南部非洲，或者说撒哈拉沙漠以南的非洲。在整个古典时期，即使对于游牧民族来说，穿越撒哈拉大沙漠进行有效交流，也几乎是不可能完成的任务，所以实际对“世界岛”文明有直接作用的地区仅为北部非洲，南部非洲则更像是一个地缘孤岛，只是在大航海时代开启之后才真正被文明所影响。所以准确地说，宽广的“世界岛”内的非洲，限定在北部非洲更为准确。

另外，由于北部非洲地处地中海的南部，与地中海北部的欧洲，以及东部的阿拉伯半岛、小亚细亚地区之间存在着千丝万缕的联系，加之麦金德的欧洲中心观，他认为欧洲的南部边界应该是在撒哈拉沙漠，而不是地中海。这也意味着整个地中海沿岸地区，在“世界岛理论”中被视为欧洲的一部分。不过从地缘政治角度看，在围绕地中海的博弈当中，欧洲人一直面临来自东、南方向的挑战。比如希腊时代的波斯帝国、罗马时代的迦太基。今天这一区域被伊斯兰文明所整合，也正是这一地缘关系的体现。当然，整个地中海周边地区的地缘关系的确非常近，历史上一直在相互影响着。有鉴于此，在从更高视角看问题时，我们可以用“地中海文明圈”这个中性标签，来将欧洲和整个地中海周边地区划在一起。

3. 欧洲中心观的另一个影响，是麦金德将欧洲游牧民族的发源地——东欧平原视为统一心脏地带，乃至整个世界的关键地区。然而在整个古典时期，游牧民族的统一战争往往是自东向西的，也就是从亚洲游牧民族的发源地——蒙古高原所发起的，例如被称作“上帝之鞭”的匈奴人在公元5世纪时对欧洲的那次入侵，以及在欧洲大陆中心扩张最为成功的蒙古帝国。

麦金德和欧洲人并没有忘记这些被称为“黄祸”的亚洲力量。只是基于欧洲在当时世界的领先地位，他有理由认为东欧平原已经不再是亚洲人入侵欧洲的跳板，而成为欧洲人控制世界的钥匙了。不过如果要用这一理论解释过往的历史，或将目光投向更远的将来，在东方文明占据主导地位的时候，控制“欧亚大陆心脏（中心）”地带的关键也许就变成蒙古高原了。

4. 麦金德在最初的理论中并没有将青藏高原整体包括进去，这主要是由于青藏高原相对独立，在古典时期基本上只对东方的历史进程起过作用，所以作为西方人的麦金德这么做也正常。今天，当我们不再忽视东亚和南亚的地缘政治力时，这个影响两大边缘板块力量对比的高原，就必须作为心脏地带的一部分被考虑进去了。麦金德的“欧亚大陆枢纽”学说是现代地缘政治的开山之作，他合理地解释了为什么人类历史上最强大的陆地帝国是蒙古王朝和俄国。此外，它不仅解释了欧亚大陆之前的历史，也为当时欧洲的政治家们找到了征服世界的理论依据。可以说，德国就是依照他的学说发动两次世界大战的。从地缘博弈角度看，两次世界大战中，位于欧洲大陆中部的德国都联合了几乎所有的日耳曼人，向占据东欧平原的斯拉夫人发动进攻，企图成为欧亚大陆的主人。在麦金德的理论提出之前，欧洲还有一位伟大的战略家——拿破仑意识到了这一点，他以位于西欧平原的法国为起点，向东做过类似的努力。

德国之所以没有成功，并不是日耳曼人不够强大，而是孤悬于欧洲大陆以外的盎格鲁－撒克逊人为了保证欧洲大陆的平衡，并不愿意一个强大的欧洲出现。事实上，当英国丧失了在欧洲大陆的所有领土之后，它的基本国策就是防止欧洲大陆上的任何一国坐大。与欧洲大陆隔海相望的地缘位置虽使英国无望成为欧亚大陆的主人，却让它有机会透过海洋，将视线投向另一片更大的世界，成为一个海权强国。

作为英国人的麦金德提出“欧亚大陆枢纽”的初衷，是想提醒英国人注意欧亚大陆的潜力，并从海上找到遏制大陆力量的方法。

不管麦金德的动机是什么，在美国兴起之前，他的理论的确解释了欧亚大陆上的许多问题。如果“世界”的范围仍然只限于麦金德所划定的“世界岛”，德国人便很有可能会获得成功。他们在“二战”中已经将整个西欧地区收入囊中，并且突

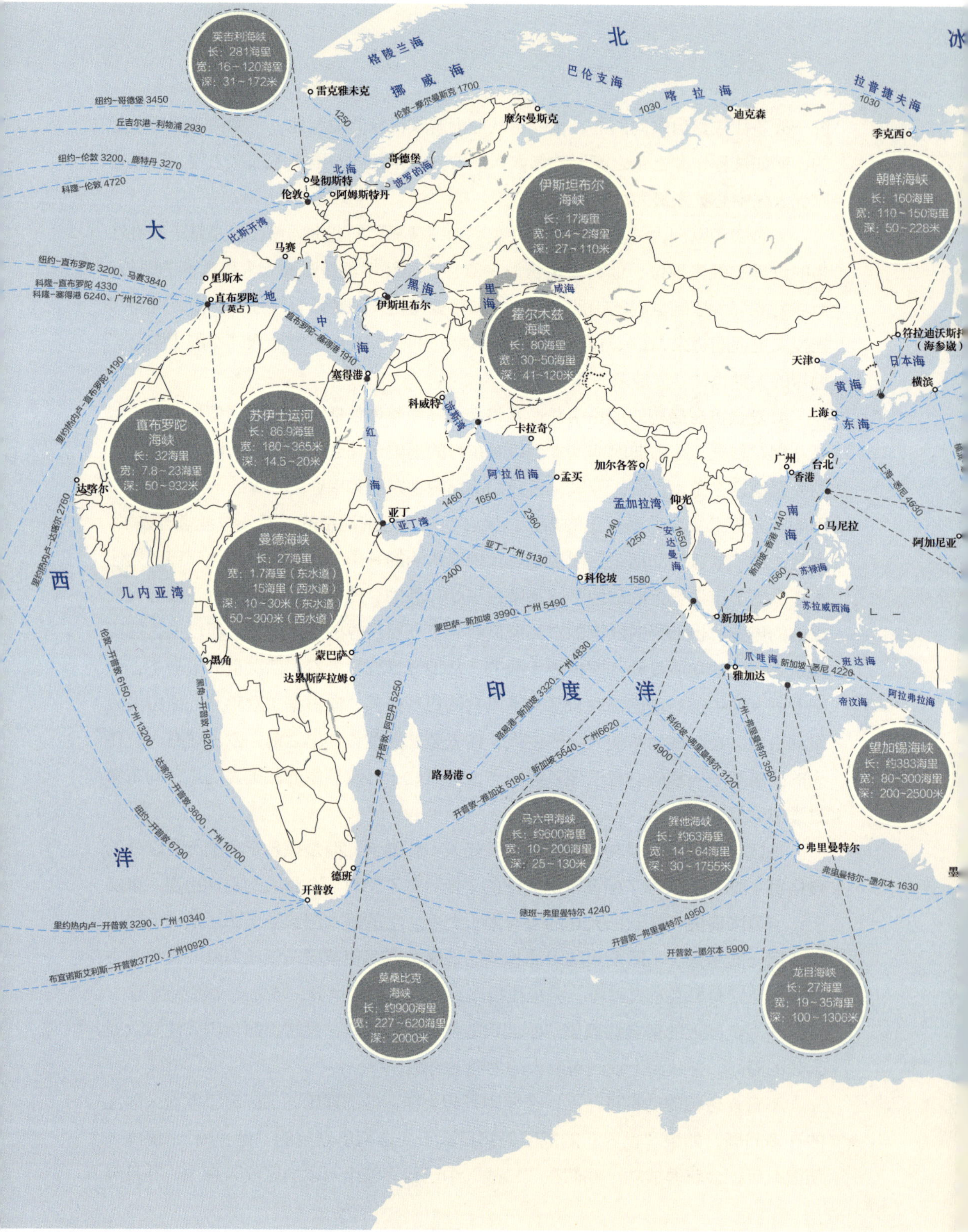

北
冰
大
西
洋
印 度 洋
格陵兰海
挪 威 海
巴伦支海
喀 拉 海
拉普捷夫海
北海
波罗的海
比斯开湾
地
中
海
黑海
里海
咸海
红
海
波斯湾
阿拉伯海
亚丁湾
孟加拉湾
安达曼海
南
海
黄海
东海
日本海
苏禄海
苏拉威西海
爪哇海
班达海
帝汶海
阿拉弗拉海
几内亚湾
英吉利海峡
长：281海里
宽：16~120海里
深：31~172米
伊斯坦布尔海峡
长：17海里
宽：0.4~2海里
深：27~110米
朝鲜海峡
长：160海里
宽：110~150海里
深：50~228米
霍尔木兹海峡
长：80海里
宽：30~50海里
深：41~120米
直布罗陀海峡
长：32海里
宽：7.8~23海里
深：50~932米
苏伊士运河
长：86.9海里
宽：180~365米
深：14.5~20米
曼德海峡
长：27海里
宽：1.7海里（东水道）
15海里（西水道）
深：10~30米（东水道）
50~300米（西水道）
望加锡海峡
长：约383海里
宽：80~300海里
深：200~2500米
马六甲海峡
长：约600海里
宽：10~200海里
深：25~130米
巽他海峡
长：约63海里
宽：14~64海里
深：30~1755米
莫桑比克海峡
长：约900海里
宽：227~620海里
深：2000米
龙目海峡
长：27海里
宽：19~35海里
深：100~1306米
雷克雅未克
摩尔曼斯克
迪克森
季克西
曼彻斯特
伦敦
阿姆斯特丹
哥德堡
马赛
里斯本
直布罗陀
（英占）
伊斯坦布尔
塞得港
科威特
卡拉奇
孟买
加尔各答
仰光
科伦坡
亚丁
达喀尔
黑角
蒙巴萨
达累斯萨拉姆
路易港
德班
开普敦
新加坡
雅加达
弗里曼特尔
马尼拉
阿加尼亚
香港
广州
台北
上海
天津
横滨
符拉迪沃斯托克
（海参崴）
纽约—哥德堡 3450
丘吉尔港—利物浦 2930
纽约—伦敦 3200、鹿特丹 3270
科隆—伦敦 4720
伦敦—摩尔曼斯克 1700
1250
1030
1030
纽约—直布罗陀 3200、马赛3840
科隆—直布罗陀 4330
科隆—塞得港 6240、广州12760
直布罗陀—塞得港 1910
里约热内卢—直布罗陀 4190
里约热内卢—达喀尔 2760
1460
1650
2360
1240
1250
1650
1440
1560
1580
2400
亚丁—广州 5130
蒙巴萨—新加坡 3990、广州 5490
新加坡—香港
上海—悉尼 4630
新加坡—悉尼 4220
伦敦—开普敦 6150、广州 13200
黑角—开普敦 1820
达喀尔—开普敦 3600、广州 10700
纽约—开普敦 6790
开普敦—阿巴丹 5250
路易港—新加坡 3320、广州 4830
开普敦—雅加达 5180、新加坡 5640、广州6620
4900
科伦坡—弗里曼特尔 3120
广州—弗里曼特尔 3560
弗里曼特尔—墨尔本 1630
德班—弗里曼特尔 4240
开普敦—弗里曼特尔 4950
开普敦—墨尔本 5900
里约热内卢—开普敦 3290、广州 10340
布宜诺斯艾利斯—开普敦3720、广州10920

世界主要海峡、运河及航线示意图

入东欧平原的中心，与苏联人在莫斯科—斯大林格勒[1]一线展开争夺。如果不是被美英两国所组成的海洋国家联盟阻击，德国人很有可能已经成功了。

以美英为代表的海洋国家成了苏联的盟友，并与后者一起赢得了战争。从意识形态的角度看，它们其实是很愿意德国将矛头对准苏联的。不过当德国人有望将整个欧洲统一，并有可能据此成为欧亚大陆的霸主时，海洋国家才意识到，这样的局面并不符合它们的利益。

最终的结果是："世界岛"上的人为了这所谓的世界霸权而争得你死我活，蓦然回首，却发现世界的中心已然转到了美国。当然，如果东西欧真的能够和解，并非没有可能将形势逆转，但正如英国原来所做的那样，作为海洋国家的新领袖，美国也绝不会允许这样的事情发生。

拥有海洋就拥有世界

麦金德的学说如果单纯用来解读"世界岛"上的地缘政治，同样具有很强的指导意义。不过自大航海时代起，海洋就已经成为大国角逐的主战场。在他之前，美国人马汉[2]已经提出了"海权论"（1890）。作为英国人的麦金德理应更明白"谁控制了海洋，谁就控制了世界"的道理。以下是"海权论"的主要观点：

1. 谁掌握了世界核心的咽喉航道、运河和航线，谁就掌握了世界经济和能源运输之门。

2. 谁掌握了世界经济和能源运输之门，谁就掌握了世界各国的经济和安全命脉。

3. 谁掌握了世界各国的经济和安全命脉，谁就（变相）控制了全世界。

是不是觉得有些眼熟？美英联盟就是照着这个干的。

马汉的海权论是海洋国家的立国之本，其最大的战略作用就是控制世界的物流路线。我们知道，大航海时代之所以能够让世界迅速从古典时期进入现代社会，很大程度上就是因为让海洋成为全球交流的平台。海洋不仅为各大洲的交流提供了便捷的通道，更让海运成了世界主要的物流手段。从地缘交流的角度看，即使忽视海洋在运量、成本上的绝对优势，仅就海路畅通提高诸板块之间交流的效率（很多板块之前甚至是零交流）而言，也足以促进世界经济和技术的突飞猛进了。

[1] 斯大林格勒为苏联时期的名称，现称伏尔加格勒。——编者注

[2] 马汉（Alfred Thayer Mahan，1840—1914），美国海军将领、历史学家，海权论倡导者。他毕业于安纳波利斯海军学校，参加过美国内战，并著有《海权对历史的影响：1660—1783》等。——编者注

因此，在以海洋为纽带掀起的全球化浪潮中，那些连接各大洋及内海的海峡，包括人工开挖的运河，就成了重要的战略要点。依靠陆地的力量来控制海洋会让事情变得事半功倍，更何况这些海峡两侧还能够提供优良的港口，为海上力量的外延做支撑。

然而，仅仅依照这个理论施行，并不足以真正统治世界。因为即使占据了这些战略要点，这些海峡本身也不可能提供足够的战略纵深来保护自己，其自身也很难积聚足够的力量来对抗外界的威胁。这就好比新加坡可以依靠马六甲海峡航线而富甲一方，但如果爆发军事冲突，在没有外力支持的情况下，它将很难自保。这种情况在太平洋战争中已经出现了，只不过那个时候新加坡作为英国的殖民地，还能够获得英国的支持。

也就是说，这些海峡和运河能否成为有利的地缘力量，更多的是取决于你的海洋实力有多强。而发展海洋实力，又需要你在陆地上拥有足够强的地缘实力做基础。这种地缘实力包括三个方面：一是足够长的可供利用的海岸线，也就是深水不冻港的海岸线；二是足够大的疆域以供发展；三是足够多的人口基数，或者说地理环境能够供给足够多的人口。

从这三点来看，美、中、俄、欧（俄国欧洲部分除外，且暂作为一个整体国家来看）都是符合条件的海洋实力强者。从海岸线的角度来看，面向太平洋的中国、面向大西洋的欧洲，以及左右逢源的美国都拥有足够的深水良港。俄罗斯虽然在太平洋和大西洋上都没有足够的优势，但它拥有可以从三个方向（包括北冰洋）出击的地理优势，能够在一定程度上弥补这块短板，让其他国家在考虑海洋实力均衡时难以忽视它的存在。

就人口数量来说，上述地缘政治板块中人口最少的是俄国，约1.4亿左右；其次是美国，3亿出头；欧洲的人口则将近7亿（不包括俄罗斯）。中国的情况就不必说了，作为世界人口第一大国，比上述三者加起来还要多。作为一个大国，拥有亿级数量的人口是一个必要条件。

除去这四个板块，印度是另一个具有海洋潜力的国家。在人口和海岸线上印度的问题都不大，唯一与上述四个板块存在差距的便是国土面积，仅约298万平方公里。不过这些绝大部分都是适合居住的土地，否则印度也不可能养活数量上仅次于中国的人口。印度的另一个优势则是能够在印度洋上一家独大，与之相比，美、中、俄、欧都会在同一片海洋上看到可称竞争对手的地缘力量。这一点足以弥补印度国土面积的不足。

上述因素，作为当今海洋霸主的美国，心里肯定是有数的。换句话说，如果美国想保持或争取在那些战略要点上的优势，就必须正视其他几个具有海洋实力的国家。这促使美国一方面谋求在经济实力上保持绝对的优势，另一方面则积极在欧亚大陆上寻找合适的地缘政治区进行合纵连横，让局势朝着对自己有利的方向发展。这样做有两个好处：一是分化欧亚大陆的地缘力量，以取得相对的地缘优势；二是在欧亚大陆与外界之间的交流中占据主导地位，以获取最大的利益，反过来巩固它的海洋力量及中心地位。在这种局面下，美国人就需要新的理论以指导自己的地缘战略了。

发现边缘地区的力量

如果说麦金德的理论是以欧亚大陆为出发点，重视的是陆权，而马汉的理论则是以海洋为出发点，突出的是海权的话，那么对于拥有全球视野的美国人来说，他们所需要的理论就必须能将两者完美地结合起来。作为一个以海权立足的国家，美国并不敢轻视欧亚大陆的能量。

在 1942 年，正当太平洋战争刚刚爆发，美国意识到自己很有可能成为新的世界领袖时，地缘政治的另一个重要奠基人斯皮克曼[1]适时地提出了“边缘地带理论”。这一理论的主要观点如下：

1. 谁（无论以武力还是和平方式）统一或整合了欧亚大陆东西两端的边缘地带，谁就掌握了世界最具潜质的地区。

2. 谁掌握了世界最具潜质的地区，谁就能成为欧亚大陆上的世界强国。

3. 谁能成为欧亚大陆上的世界强国，谁就会成为美国最强有力的挑战者。

在“边缘地带理论”中，斯皮克曼将麦金德定义的欧亚大陆东西两端“边缘新月形地带”的地位，提升为欧亚大陆最重要的地缘力量。换言之，他认为这两个能够将陆权与海权完美结合起来的地区，才是欧亚大陆最具潜力的地区。不过，斯皮克曼提出这个学说的目的，是想证明美国才是世界的中心，即美国可以通过对大西洋及太平洋的控制，进而遏制欧亚大陆的地缘力量。而在此之前，欧洲才是世界的中心。

应当说，马汉、麦金德、斯皮克曼三人的学说奠定了地缘政治学的基础。美国

[1] 尼古拉斯·斯皮克曼（Nicholas John Spykman，1893—1943），荷兰裔美国人，地缘战略学家，也是美国外交政策的古典现实主义的发起者之一。——编者注

基本是按照马汉的“海权论”在控制海洋的战略要点（冷战[1]时期苏联的海军无法同美国对抗，就是因为这些要点大都在美国手里）；斯皮克曼“边缘地带理论”则使得美国一方面将亚欧大陆的西边缘地带——西欧控制在手中，另一方面封锁另一头的东边缘地带——中国。这样做就是防止出现一个与之对抗的世界强国。

美国这一战略的最初目标是为了对抗苏联，毕竟在1945年之后，这个欧亚大陆中心地带霸主的实力达到了巅峰状态。尽管在重视海权的美国人看来，麦金德的理论有些过时,但现实促使他们仍尽全力消除陆权的最后反扑。最终,美国通过冷战，将苏联的世界霸主梦彻底打破。之所以美国在冷战时期并没有真正考虑到欧亚大陆两个边缘地区的威胁，是因为它仅考虑了地缘方面的原因，认为这两个孤立于欧亚大陆两端的“边缘地带”并不可能真正联合起来，佐证便是在“二战”时期，以欧洲为基地的德国和以中国为基地的日本所进行的那次“结盟”被证明是失败的，双方并没有办法进行实质上的合作。

事实上，麦金德最终也提升了海洋的战略地位，并对自己的理论做出了修正。1943年，他又提出了一个“大西洋统一体”的概念，把美国、加拿大和西欧包括在一个单位中。这样做的目的看似是对边缘地带理论的认可，实际上还是在强调英国的重要性。因为在这个体系中，英国是当仁不让的地缘中心。只可惜他的这种论证方法仍然无法突破传统的欧洲中心论，最起码它对太平洋的存在过于轻视。

我们应当认识到，除了地缘中心无可避免地转移到美国之外，所谓“大西洋统一体”概念在20世纪后半叶的确发挥了重要的历史作用。这个体系最终战胜了以苏联为代表的“欧亚大陆中心统一体”。然而历史总是在不断地进步，这两大体系之所以能够成为全球地缘博弈的主角，并且诞生美、苏两个超级大国，其根本原因在于西太平洋的地缘力量受到了压制：日本由于第二次世界大战的失败，成为一个不具攻击力的所谓“和平国家”；中国还处在崛起前的实力积累阶段。**当新的世纪到来之际，仅仅将着力点放在大西洋已经显得过时了，无论是从旧有的势力代表——美国，还是从新兴力量的代表——中国的角度来看，太平洋的地缘力量都将超越大西洋。**甚至之前一直处于配角地位的印度洋和北冰洋也已经开始独立体现出它们的地缘潜力了。因此，我们有必要根据形势的变化，从一个全新的视角来审视一下旧有的地缘格局。

[1] 冷战（1945—1990）：第二次世界大战后，西方国家对社会主义国家推行的除战争以外的一切敌对活动的总称。1947年，由美国总统顾问巴鲁克（Bernard Baruch，1870—1965）首先提出。——编者注

第二节　|　谁在主宰世界

可以说在过去的100年中，从“一战”、“二战”、冷战，到中美关系正常化、欧洲一体化、中俄结成战略伙伴关系，等等，都是美、欧、俄、中这四个国家（地区）之间在合纵连横，只不过前期的重点在欧亚大陆的西部，而后期的重点开始偏向东部。

麦、马、斯这三位地缘政治奠基人的学说，从地缘的角度为我们展开了一个多极世界的舞台。**美、俄、欧、中就是这个舞台上的主角。**

从理论上来说，这四个地区都有可能主宰这个世界。但任何一个地区仅仅凭借自身的力量，都很难取得绝对优势，因此与一些重要的地区结盟，并成功地分化潜在的对手，便成了取胜的关键。在选取结盟对象时，地缘价值是首要的选择标准。时至今日，像在“二战”中组成那样有强烈针对性的同盟，已经显得有些不合时宜了，因此本书决定用“俱乐部”来形容这个能够主宰世界的组织。谁是这个组织的领导者，以及这个组织里都有谁，是本节分析的重点。

不过世界是在一直变化的，即使是最后成型的“边缘地带理论”距今也有60多年了。在新千年中，世界似乎变得跟以前不太一样了。因此我们首先要看一下，在大国的政治舞台上有没有新的成员加入。

世界之主的帝王之相

如果仔细研究你会发现，上述三位地缘政治大师的研究无一例外都是将视线投向北半球，或者说是更侧重于北半球的中高纬度地区。这不能怪他们厚此薄彼，而是在过往5 000多年中的人类文明史确实集中在北半球，也可以说是发源于麦金德所说的“世界岛”。

文明诞生的本质在于人类在解决温饱问题后，有余力去寻求一些更高层级的享受，纯粹从生物生存的角度来看，归根结底就是对太阳能的利用。一个土壤、水资源条件越适合植物生长的地区，就越能接受更多的太阳能，产生更丰富的植物资源，并且由此通过食物链满足人们的生存需求。

虽然从气候环境层面来看，**低纬度地区在最初的文明创造中的确拥有优势，但在后来与中高纬度地区的对抗中，这些低纬度地区却总是无法占据上风**（北非、印度、中南半岛莫不如是）。这其中的核心问题在于地缘扩张动力上的差异。低纬度地区的物产比高纬度地区丰富得多，这使得高纬度地区的民族总是有动力向南渗透。而相比之下低纬度的民族往往更安于现状，这一点即使在东亚核心区内部也能得到印证。你总能看到政治中心设在黄河流域的政权向南统一中国，而那几个将京师设于金陵（南京）的王朝，寿命却基本只有几十年。中国有句古话说“少不入川，老不出蜀”，细细品味，所透露出来的也是这个道理。即使将视线投向西方，也会发现案例比比皆是。比如辉煌于古典时期前期的罗马帝国，最终还是崩溃于“北方蛮族”（日耳曼人）的压力之下[1]。

不过随着技术的发展，人类已经能够改变自己所处的小空间里的环境了。我经

[1] 罗马帝国分为东、西两部分之后，西部统治日益薄弱，“蛮族”（主要是日耳曼人）源源入境。476年，西罗马帝国最后一位皇帝罗慕路斯·奥古斯都鲁被日耳曼雇佣兵首领鄂多亚克废黜，西罗马帝国灭亡。东罗马帝国（拜占庭帝国）存至1453年。——编者注

常在夏天跟周边的人开玩笑说，空调才是人类历史上最伟大的发明，否则在这么炎热的季节里谁愿意出来干活。当然，单凭人类可以降低小范围空间温度这点，肯定无法改变低纬度地区的地缘宿命。随着工业技术的出现，在人类有能力大规模利用地球储存了亿万年的化石能源后，游牧民族的命运才被彻底改变了。在这种技术背景下，一些拥有丰富人力资源并且具备其他地缘条件的低纬度地缘政治体，也同样有可能抓住这次转机提升自己的实力，登上世界的政治舞台。

另外，北半球发展空间的日益饱和和过度的开发，促使人类向南半球拓展生存空间并索取资源，这必将提升南半球地区在全球政治中的地位，也意味着在古典时期一直游离于“世界岛”文明之外的南半球有机会出现一两个代表参与这场角逐。不过这是一个渐进的过程，目前处在南半球的南部非洲、大洋洲、南美洲暂时只能当配角。

如果斯皮克曼能够了解中国人的“华夷五方论”[1],并像中国人那样习惯在中心以外的四个方向对称地寻找四个可能的竞争对手的话，那他在欧亚大陆东西各划定一个边缘地区后，也许会将视线再上下扫扫。当然，即使他现在向北看，也只能看到常年冰封、人迹罕至的北冰洋，不过南面的情况就完全不同了。我不能确定为什么斯皮克曼没有将印度归入重要的边缘地区，也许还是那固有的纬度偏见，而且当时印度只是英国的殖民地，从地缘政治的角度看，斯皮克曼有理由认为印度还不具备独立出现在世界政治舞台上的条件。

抛开这些因素，仅从地缘基础来看，印度（或说南亚次大陆）都应该升级为能够在多极世界中占有一席之地的新“欧亚大陆边缘地区”。尽管由于历史原因它有可能是最弱的一环，但反过来也可以说它的提升空间最大。

作为欧亚大陆边缘地区（也是最有潜力的地区）的主要政治体，应该具有以下共同点：

1. 都处在大陆的边缘，一面与欧亚大陆中心地带（或说心脏地带）相连。这一

---

[1] 华夷五方论就是先秦时期把华夏大地按种类及方位分为中夏、东夷、西戎、北狄、南蛮五大部分的理论。——编者注

条欧盟、中国和印度三个地区都符合，所不同的是中国在古典时期结束时将自己的版图延伸到了欧亚大陆中心地带，使自己获得了比其他两个地区更多的战略空间。

2. 另一面都应当面对海洋，有足够长的海岸线。中国面对的是太平洋，西欧面对的是大西洋，而印度面对的是印度洋。在这一点上印度体现出了一定优势，最起码在视线所及的范围内，没有邻国能直接挑战它的海权，而中国和欧洲内部则要分别面对日本和英国的挑战。

3. 在历史上都不断地受到欧亚大陆中心地带游牧民族的压迫。这一点很重要。游牧民族的入侵可以说是一场灾难，但也是文明的碰撞和交流。无论是古代和现代，技术交流都是发展的第一要素，看看地理大发现之前的美洲连马和金属工具都未曾出现，你就会知道地缘封闭的恶果了。如果美洲大陆与欧洲大陆之间能够保有一条交流通道的话，这个问题非常容易解决，并能极大地促进美洲文明的发展。

有人可能会问：中南半岛为什么不能成为另一个边缘地带？问题就在于它身处中国和印度两个边缘地带中间，不用承受来自欧亚大陆中心地带的压力。这固然也是一种优势，最起码整个古典时期让边缘地区闻之色变的游牧势力没有对其造成过影响。但反过来看，这也让中南半岛无法介入欧亚大陆中心的事务。

关于承受欧亚大陆中心地带的入侵，西欧做得最好，在历史上没有被游牧民族完全占领过；中国稍次之，尽管有那么一两次完全失守于北方的入侵，但最终在种族和文化上都保持了完整性；印度做得最差，只能一次次被动地忍让这些高纬度民族的加入，从而成为“世界人种博物馆”，这也是它一直被地缘政治家们轻视的原因之一。好在在英国的帮助下（虽然英国人主观上是为了自己的利益），印度在古典时期结束前完成了统一，并有机会冲击大国地位。

4. 要有相对独立、统一的主体文化。要想成为一个重量级的地缘政治体，拥有精神力量象征的主体文化是必不可少的。如果没有统一的价值观，即使在地理层面上看起来是一个整体，即使勉强组成了国家或者紧密的联盟，其内部的地缘整合问题也将耗去大量的精力。由于欧亚大陆中心地带的地理分割，三个边缘地区都形成了自己独特的文明底蕴。欧洲的基督教（广义）、印度的印度教，以及中国的儒家思想，都是这种精神力量的体现。从主体文化的渗透力来看，欧洲占优，中国次之，印度最差。

5. 拥有足够多的人口。没有足够多的人口，即使拥有广袤的领土，也不可能登上大国的政治舞台，反面的例子就是加拿大、澳大利亚。人口的数量取决于当地的自然环境，换言之便是是否拥有足够多可供发展农业的土地。对于种植业发达的中国和印度来说，这些都不是问题。即使是在拥有种植、畜牧混合农业结构的欧洲，西欧的人口也有约 5 亿。如果整个西伯利亚有一天能够变得适合大规模农业生产，它也很有可能转变为另一个“欧亚大陆边缘地区”。不过恶劣的气候使得它即使是在欧亚大陆中心地带，也只能长期处在配角的地位。

目前，地球的权力中心已经从欧亚大陆中心地带转向以美国为中心的海洋国家，换句话说，获取权力的力量已经从陆权转向海权。因此，我们可以借用麦金德的“世界岛”概念，对全球的地缘结构重新做一个规划。这时我们可以无视海洋和陆地的差别（就是把海洋也定位成需要控制的地区），这样你就会发现，现在谁才是这个星球上最重要的“岛屿”，也就是“新世界岛”。

在规划新的“世界岛”概念之前，我们有必要对这个大国政治舞台上的每一方都进行解读。**就目前的地缘结构来看，北美中心区域与欧亚大陆的三个“边缘地区”以及“心脏地带”是最为重要的五个地缘政治区，与之相对应的政治力量分别是美国、欧盟、中国、印度、俄罗斯。**

我们还是依照传统，先从欧亚大陆开始吧。首先需要了解的是欧亚大陆中心地带的主要政治力量。

俄罗斯——大陆的征服者

作为麦金德所推崇的世界政治枢纽地区的统治者，我们不能说俄罗斯人做得不够好。在俄罗斯的极盛时期（苏联时期），俄罗斯人已经将麦金德所认为的欧亚大陆中心地带的 80% 都占有了。作为欧亚大陆的征服者，俄罗斯人做得并不比他们的前任“蒙古人”差。尤其是在全球竞争的大环境下，俄罗斯人可以将欧亚大陆中心的地缘影响力扩散到整个世界，而蒙古人对日本的那两次入侵是他们仅有的向海外扩张的尝试。结果显示，海洋并不适合蒙古人。如果没有地理大发现，如果没有美国，那俄罗斯将当之无愧地成为世界唯一的霸主；即使有了美国，俄罗斯也并非完全没有机会。

彼得大帝是俄罗斯崛起的关键人物，他于 1682 年接过沙皇之位，开启了俄罗斯融入欧洲文明之路。他清楚地知道，即使他和他的后代在欧亚大陆东西两端充分扩张，也无法获得足够长的开放的海岸线。西欧和中国这两个边缘地区可以战胜，但无法真正征服（这也是游牧民族在无数次碰壁后得出的结论）。因此，向南征服另一个边缘地区，获得印度洋的海岸线，就变成了对抗海洋国家的最佳出路。

在苏联时期，俄罗斯人也仍在为这一目标不断地努力。只是经过英国人数百年的经营，印度已经形成了一个整体，俄罗斯人再想直接控制印度已经不可能了。俄罗斯人最后的努力是在阿富汗。控制阿富汗后,在伊朗和巴基斯坦中间打开一个缺口，然后获取印度洋的出海口（在大中亚部分会具体分析到），这是他们最终的战略目标。在完成这一战略目标之前，与印度的结盟就变成了最佳的选择。因此，如果将俄印之间的长期战略伙伴关系仅仅解读成遏制中国，是不够全面的。俄罗斯更加需要的是一个能插手印度洋事务的机会。合纵连横有很多种组合，俄罗斯只是选择了对他来说最好的组合。

俄罗斯人最终没有完成彼得大帝的遗愿，并且退而求其次，与印度的结盟也并不如意。自甘地[1]以来，印度一贯的政治思想是游离于国际政治中心之外（现在的想法又不同了，毕竟看到了成为大国的机会），并不会明确地站队。因此，俄罗斯无法和印度（南边缘地区）结成像美欧（西边缘地区）那样真正的同盟，从而在战略上已经很难在和美国的角逐中取得胜利了。而在 20 世纪 70 年代，出于各自利益的考虑，中苏同盟破裂，苏联也失去了最后一个有可能结盟的“边缘地区”。在这种地缘背景下，俄国人的失败只是时间问题了。在“海洋帝国”和东西两个边缘地区强大的压力下，强大的苏联终于崩溃解体，这也标志着陆权国家完全退出了争夺

[1] 莫汉达斯·卡拉姆昌德·甘地（Mohandas Karamchand Gandhi，1869—1948），印度民族运动领袖。第一次世界大战后在印度倡导对英国殖民政府开展“非暴力不合作”运动，长期领导印度国大党。1948 年在教派纠纷中，被印度教极右派分子刺死。——编者注

世界中心的竞争。尽管俄罗斯仍保有大部分的欧亚大陆中心地带，但在这个舞台上，它已经失去了领衔主演的资格。

欧盟——世界的发现者

作为大航海时代的开启者，欧洲人对世界的贡献无疑是巨大的，毕竟他们让我们第一次能够以全面的视角审视这个世界。当然，对于欧洲人来说，为地理学做出贡献只是一个副产品，凭借科技实力在那些尚处在古典时期的土地上获取不对称的利益，才是他们所追求的。对于欧洲人来说，那真是一个黄金时代。世界的权力中心就集中在欧亚大陆西端的这片陆地之上，每一个拥有大西洋海岸线的国家都有可能成为世界的一极。

欧洲人自视欧洲为现代世界主流文化及价值观的发源地，在他们看来，一部欧洲史就是一部浓缩的世界史（欧洲人写历史时就是以他们自己为中心的，其他地区只是附带提一下）。由于地中海在“世界岛”西侧的中心地带，欧洲文明从诞生伊始就非常重视海权的争夺。当然，这个“海权”最初指的是地中海的海权——罗马人和腓尼基人的战争就是对地中海的争夺。后来，随着西欧大陆文明的觉醒，欧洲大陆各族争夺的重点也开始转移到陆权之上。

与中国纯粹的农业文明不同，欧洲文明的海洋属性较强。因此，英国作为古典时期地中海海权思想的继承者，并不愿意看到欧洲大陆成为一个强大的整体。而受到开放的海洋思想的影响，多数拥有出海口的欧洲大陆国家也很难适应高度集中的政治。

于是，我们在历史上没有看到这块欧亚大陆的“西部边缘地区”形成一个完整的帝国。德、法两国都希望自己成为这片地区的统治者，如果它们只面对东面占据欧亚大陆中心地带的俄国，我相信德、法还是有机会整合成一股力量。可惜英国不会坐视这种情况发生，所以你会看到英国时而直接登陆（英法百年战争），时而挑动西欧内战（西班牙王位战争），时而又联合俄国（苏联）剿灭德国人统一东西欧洲的企图（“一战”和“二战”）。

在美国因其地缘上的优势成为新的海洋霸主后，迫于东面来自心脏地带（苏联）

的压力，西欧选择了与美英结盟，并最终取得了胜利。但这场胜利的主角是美国，作为配角的欧洲自然不甘于一辈子做配角，毕竟欧洲人认为欧洲才是当代世界文明的发祥地。于是，统一欧洲的计划被提上了议程表，从欧洲共同体到欧盟，欧洲人正在艰难地前行。

从现在的情况来看，尽管欧盟内部的磨合还存在着诸多问题，但它们在形式上离整合的目标相差不远了。这很大程度上缘于苏联的解体。这个欧亚大陆中心地带的霸主在它的极盛时期，不仅控制了整个东欧平原，还将势力范围伸入西欧，并建立起了一系列受其控制的缓冲国（捷克斯洛伐克、波兰、罗马尼亚、保加利亚等）。而在1993年之后，这些摆脱了苏联控制的国家纷纷加入了欧盟，甚至位于东欧平原边缘的波罗的海三国（爱沙尼亚、拉脱维亚、立陶宛）也成了欧盟的成员。如果再丧失了另两个东欧平原国家——乌克兰和白俄罗斯，俄罗斯将不得不直接面对欧盟的压力。

对于欧盟来说，将俄罗斯纳入欧盟范围内是一个不现实的考虑，最起码美国不愿意看到这一点。将欧洲与欧亚大陆的腹地整合在一起的想法只会造成美英联盟与欧洲的分裂。但这并不代表欧盟会止步于东欧平原以外，如果将势力范围伸入东欧平原，欧盟便能够取得战略上的优势，正如俄罗斯人当初在东欧平原以西控制卫星国一样。俄罗斯人当然十分清楚老对手的打算，所以我们会看到，俄罗斯人在白俄罗斯和乌克兰的问题上保持强硬的立场，因为这已经是俄罗斯最后的防线了。

另外，英国在欧盟中的存在也是一个大问题。2012年9月，德、法等九个欧盟国家及两个非欧盟国家在华沙开会，决定在欧洲防务、外交上再进一步：建立统一的国防政策，以及建立更强有力的领导机制。简单点说，就是要建立“欧盟军队”和选举“欧盟总统”了。其实就这两点目标来说，并没有什么新意。可以说欧洲一体化进程成功与否，关键就在于政、军两方面是否有统一、高效的机制。而之前建立的代表立法层面的欧洲议会，以及金融层面的欧元并不足以提高影响竞争力的最核心要素——效率。[1]

---

[1] 关于英国与欧盟关系未来走向，及美国将会不惜牺牲盟友的利益，以保持自己的一超霸主地位的评论，发表于2012年9月20日。英国已于2016年6月23日完成脱欧公投（同时欧盟迅速表示认可）。美国新总统特朗普上台之后，也开始明确以“美国优先”的名义施压欧盟（尤其是针对德国）。——作者注

这样一个明确的目标之所以一直未能实现，原因在欧盟三驾马车之一的英国一直持反对态度。这一点并不让人奇怪，英国的地缘位置决定了它既是海洋国家联盟的核心成员，又是欧洲的一部分。如果这两者之间一直能够和谐共处的话，那么英国人是很可以左右逢源的，就像之前那样。

问题是欧洲作为世界的一极，不可能始终与美国保持冷战时期那样的蜜月期。尤其是在面对诸多来自新兴国家的压力时，美国在战略上显得越来越被动，在战术上则会越来越多地以牺牲盟友的利益为代价，保持自己的一超霸主地位。在这种背景下，英国所一贯秉持的“干预欧洲事务，以确保欧洲大陆无法统一”的地缘战略目标，就会越来越多地体现在具体的战术层面上。不断地在欧洲一体化进程上和德、法两国唱反调就是最明显的表现。

对于英国名为欧洲一部分，实为海洋国家联盟核心成员这点来说，德、法两国比我们这些局外人更为清楚。此次会议明确提出了“要求终止现有成员国对欧盟外交和防务政策的否决权”，很明显是为绕开英国的反对而提出的。这也意味着，德、法两国在战略上已经做好在没有英国参与的情况下，继续欧洲一体化进程的心理准备。从地缘战略上来看，这种决定无疑是十分正确和具有突破性的。

再说说欧盟另两驾马车的关系问题。可能读者已经注意到了，我一直用的是“德、法”而不是“法、德”，来排列欧洲另两个核心成员的顺序。之所以这样做，是因为两个国家中最有可能成为“新欧洲”（甩开英国后）强有力的支持者，并与中国建立长期稳定战略合作关系的国家是德国。像 2012 年在华沙开会的十一国，已经被敏锐的评论家打上了鲜明的德国标签，被称为“柏林俱乐部”。

德国之所以如此卖力，一是基于德国相对英、法两国较差的地缘位置（大陆腹地国家、海洋国家、边缘国家的差别）；二是源于德国在“二战”之后海外利益尽失的现实。有鉴于此，德国是最希望通过欧洲一体化进程，提升自己政治话语权的欧洲国家。可以这样说，如果不能“挟欧盟以威诸侯”的话，德国在国际政治舞台上永远只能做配角。

德国如此强烈的政治企图对于中国来说是件好事。基本没有海洋利益，又远在大陆另一端的德国，与中国几无地缘利益冲突（对于德国来说也一样），这使得两国在战略上共存，甚至在某种程度上相互支持成为可能。基于上述分析，战略上中、德之间的蜜月期应该已经到来。最起码，现阶段双方在经济、技术合作领域会有更多的共识和空间。

印度——低纬度地区的代言人

印度自古是一个平和的国家，这和它的纬度有关——炎热的气候消磨了印度人的斗志。特别是甘地用“非暴力不合作运动”帮印度获得了独立之后，印度人更加迷信这种平和的力量，这使得印度试图超然于国际事务之外。不过，地缘所显示出来的优势有时会改变人的观点。正如美国在“一战”以前一直奉行的是“孤立主义”，试图超然于欧洲事务之外，直到有一天，美国发现自己的地缘优势竟然可以改变世界的格局，它终于还是出手了。最终的结果便是美国成为“这个星球上规则的制定者和秩序的维护者”。

和美国一样，印度也发现了自己的地缘优势，加上巨大的人口基数，在大多数观察家眼里，印度已经可以代表低纬度地区去参与大国之间的游戏了。当然，印度不会有美国那样的野心，能在印度洋上成为区域霸主，并与相邻的中国进行竞争，是更现实的战略目标。

跟欧洲一样，印度半岛在陆地方面也要承受来自欧亚中心地带的压力，不同的是，现实的陆地压力更多来自另一个边缘地区国家——中国。出于边缘地区国家共同利益的考虑，合作才是解决陆地压力的最佳手段。一直致力于与周边邻国解决边境纠纷，并已接近完成目标的中国，在这一点上认识得更为清楚。

中国——世界中心最有力的挑战者

根据现在公认的评估结果，中国是世界中心最有力的挑战者——现有的世界中心当然指的是美国。也许中国还不具有真正的实力以取代美国的中心地位，但相比于其他几个重要的地缘政治区，中国在地缘结构上的确有着明显的优势。下面我们就看看这些地缘优势体现在哪里：

1. 中国占据了很大一块欧亚大陆中心地带。在古典时期，这些地理环境相对恶劣的板块与核心农耕区进行过长达 2 000 年的博弈，不过现在它们已经成为中央之国的重要组成部分，不仅在地缘上可以和东部地区有诸多互补，更可以使得中央之国的核心区所承受的陆地的压力达到了历史最轻。

反面的例子则是西欧与东欧平原的地缘关系。由于二者的核心区之间没有足够海拔和纵深的地理单元作为缓冲，西欧诸国在处理与俄罗斯的地缘关系时，大都只能采取建立缓冲国的方式，以降低双方发生地缘冲突的风险。在历史上多次被瓜分的波兰，也正是基于这个需要而多次被重建。在目前俄罗斯整体处在战略防御状态的情况下，西欧也在尽力把乌克兰、白俄罗斯两个东欧平原上的国家拉进阵营，以期将缓冲带渗透至东欧平原之上。由于西欧目前占有战略优势，这一缓冲带的构筑便是带有战略进攻性质的，只不过它们要面对的是俄国的强力反弹。

2. 基于长期封闭的农业文明，中国产生了集体主义文化。中国的力量源泉并不在于居世界第一的人口，而在于因地缘文化而产生的民族向心力。这种民族向心力体现在具体的行为方式和民族性格中，人们更愿意接受让出部分权力供集中使用，以从国家、民族的角度获得长远的利益。当然，同属东亚体系的日本、韩国等国，在发展的过程中也非常倚重这点。但鉴于中国那超大的体量，中国的政治家们能够集中使用的资源，在这个星球上足以让所有对手胆寒。

3. 中国的战略布局。中国很早就在世界各地布局了，只不过这种战略眼光是被逼出来的。当年的国际环境如此恶劣，逼着中国在世界各地寻找一切可以合作的盟友，以至在欧美早已将势力渗透到世界的每一个角落的今天，中国仍能建立起自己的利益区。

相比之下，苏联的解体已经迫使俄罗斯将主要的精力放在了自保之上；而欧洲人是在吃老本，即使是传统的地缘利益也都交由美国帮忙打理；至于印度，一开始根本没有这个想法，现在若再发力，就要面对欧美和中国的双重压力。

当然，中国如果希望成为世界政治舞台的主角，还需要解决很多问题。可以这样说，本书所有的内容就是分析中国崛起的地缘路线图应该如何规划。

美国——“新世界岛俱乐部”的缔造者

如果说麦金德将视线局限在欧亚大陆，找到了心脏地带，那当我们放眼全球，将蓝色的海洋和黄色的土地结合起来看时会发现，北美大陆（主要是美国）才是世界的心脏，大西洋和太平洋就像两片肺一样拱卫在心脏两边。而原先的“世界岛”各个地区就像腹腔里的脏器那样拥挤在一起，虽然每一部分都很重要，心脏地区的领导地位却天然形成了。

让我们先按照传统的观点，将视线放在北半球。我们可以看到，美国固然是处在中心位置，但它也因此而远离其他几个大陆。要想控制整个海洋，进而压制住欧亚大陆边缘地区，就必须在东西方各寻找一个坚定的盟友。我们可以将这种以美国为中心的组合称为“新世界岛”，而美国就是这个岛的中心和领导者。

首先，这样的盟友必须是完全的海洋国家，换句话说必须是岛屿，半岛都不行，否则基于地理上的联系，很有可能变成“边缘地区”的一部分；其次，这样的岛屿必须有一定的体量，以对抗大陆边缘地区；再次，不能太远，否则会让它对大陆事务毫无兴趣（如印尼之类的国家）；最后，它们必须是海洋强国——并不是所有的岛国都有能力成为海上的强者。

很幸运，板块的运动为美国造就了这两个天然盟友：英国和日本。**如果说北美是“新世界岛”的中心地区，那么英国和日本就是这个“新世界岛”的外围地区。以美国为参照物，英国属于“世界岛东外围地区”，用以控制“欧亚大陆西边缘地区”（西欧）；日本属于“世界岛西外围地区”，用以压制“欧亚大陆东边缘地区”（中国）。**

有了这两个桥头堡，美国余下所要做的就是防止欧亚大陆中心地带与两个边缘地区中的任何一个结盟，并与之组成“新世界岛俱乐部”。这样一来，欧亚大陆就不可能积聚起足够的力量来挑战美国的地位。应当说，美国做得很好，运气也不错：西边缘地区被它邀请来共同统治世界，而东边缘地区又是一个不甘于当小弟的角色，这使得在很长一段时间里，中国既没有与美国结盟，同时也和苏联失和。

美国的中心位置让它可以无后顾之忧地对欧亚大陆的四个有威胁的地区进行“连横”之策。但当主要的对手苏联消失之后，防止它们之间通过“合纵”形成更强大的对手又成了新的问题。

对于新世界的格局来说，最值得注意的当然还是上一个千年留下来的传统优

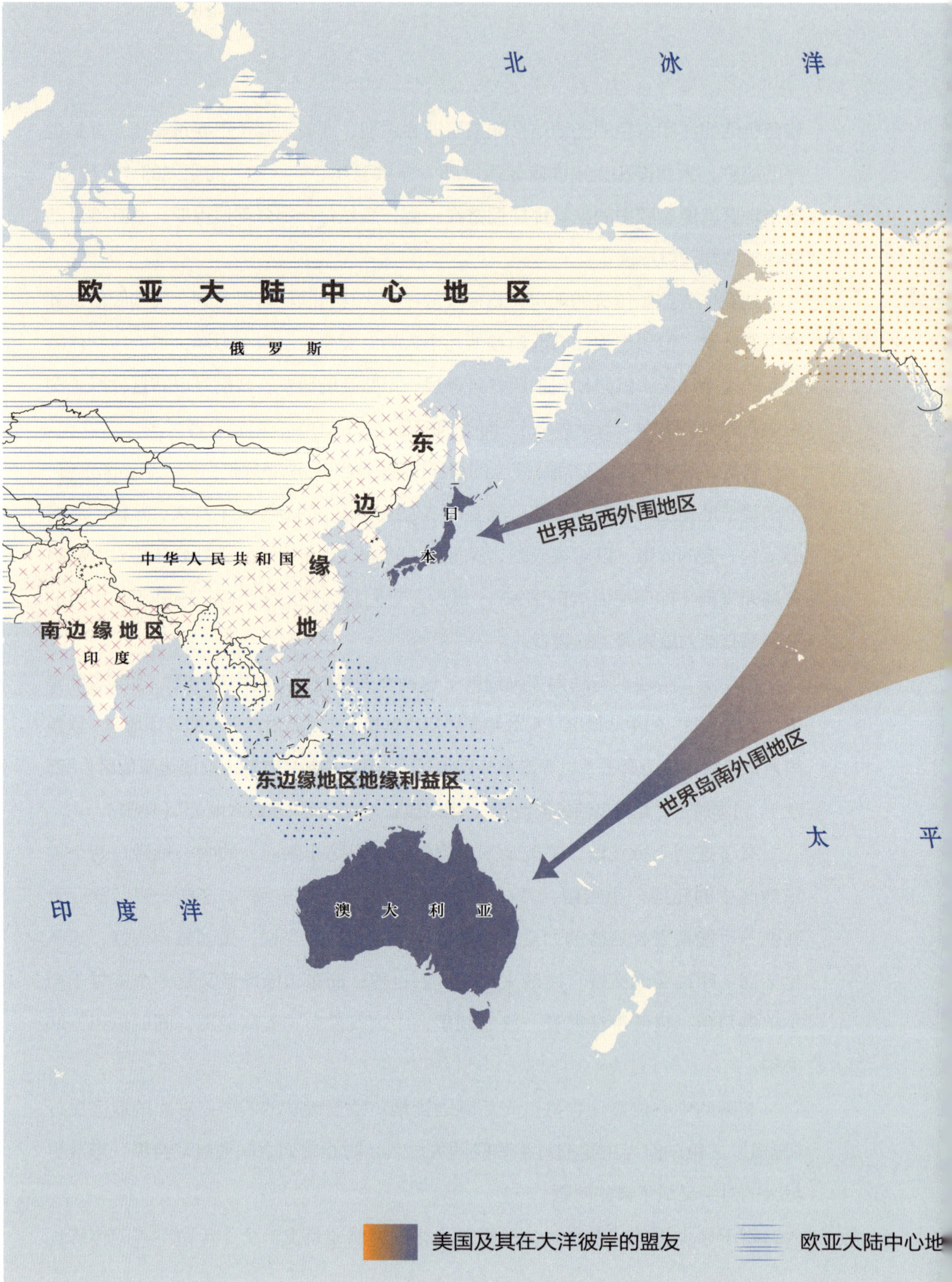
北冰洋
欧亚大陆中心地区
俄罗斯
东边缘地区
日本
世界岛西外围地区
中华人民共和国
南边缘地区
印度
东边缘地区地缘利益区
世界岛南外围地区
太平
印度洋
澳大利亚
美国及其在大洋彼岸的盟友
欧亚大陆中心地

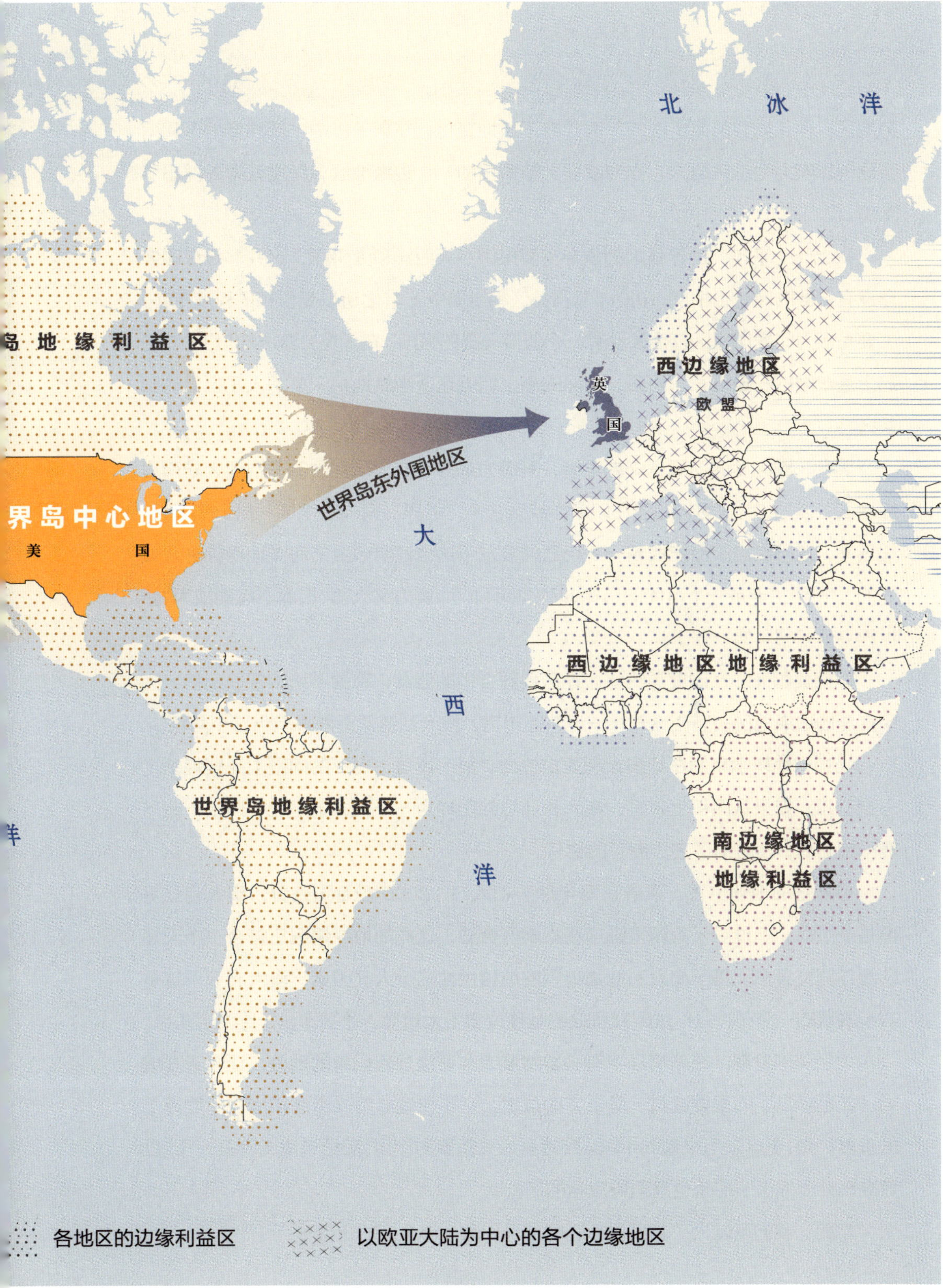

“新世界岛”地缘结构示意图

势地区。但正如我前面所说的，时代在不断地变化，在新千年中，低纬度地区和南半球的影响力会越来越大。作为欧亚大陆最弱的一个边缘地区，印度就率先浮出了水面。

在上一个千年，世界强国的争夺主要集中在大西洋和太平洋，这并非是说印度洋没有足够的利益（相反，印度洋的利益区相当集中），其之所以受重视的程度不够，主要是因为印度洋地区以往并没有一个值得一提的强国。在大英帝国将印度变成“王冠上最耀眼的一颗宝石”之后，海洋的霸主们就理所当然地把印度纳入了自己的利益区。

因此，在印度的羽翼越来越丰满，有潜力成为具有大国实力的“欧亚大陆南边缘地区”以后，美国便将如何在印度洋找到一个“世界岛南外围地区”提上了议程。很不幸，这一次美国没能找到一个合适的盟友（这也证明印度的海洋地缘优势是最好的）。斯里兰卡是一个可能的选择，但它面积太小，实力又太弱，根本不可能成为“新世界岛俱乐部”的一分子。

既然美国无法在印度洋的核心地区找到合适的盟友，那就不妨将视线南移，到印度洋的边缘地区去碰碰运气——运气还不错，澳大利亚似乎能够担当这个角色。

当初，地理学家们在给澳大利亚定位为“洲”还是“岛”的问题上无疑耗费了一番心思。如果从面积上来看，澳大利亚勉强能称为一个洲，于是在将周围一些岛屿配给它后，还是给了它“洲”的称号。

但从它的地理位置（孤悬在南半球）和人口（2000 多万）来看，澳大利亚更像是一个岛。不过对于美国来说这些都刚好合适，这样的地缘情况正符合一个天然的海洋盟友身份。基于澳大利亚是英国的前殖民地这个人文因素，澳大利亚早就是美英联盟的一分子，只不过因其所处的地理位置不太重要，才基本属于跑龙套角色。

之后美国发现，在新格局下有必要将澳大利亚提升到配角的地位，让它正式成为“新世界岛”的重要成员。基于它的位置，它不仅能够用来牵制印度在印度洋上的过度扩张，更可以用来遏制中国。既然有如此重要的作用，那给予澳大利亚一个“世界岛南外围地区”的角色是理所应当的了。

自此，我们可以为“新世界岛”的成员们做一个全面的定位：

美国是其中的老大，也凭借几个外围地区的支撑成为世界的中心；英国、日本、澳大利亚是这个俱乐部的重要成员，美国可以以它们为跳板，从三个方向遏制欧亚大陆。太平洋和大西洋则是联系它们的纽带，也是“新世界岛”力量的源泉。

西欧则是“新世界岛”最为重要的盟友。由于西欧的边缘性质，美国借助它进入欧亚大陆，防止欧亚大陆中心地带的主人——俄罗斯坐大。而西欧所得到的好处就是与“新世界岛”共同分享海洋的利益。

美国、英国、日本、澳大利亚、西欧大陆国家，共同组成了“新世界岛俱乐部”。如果有必要，它们还随时准备接纳新的成员，条件是必须承认“新世界岛中心地区”，也就是美国在这个俱乐部的中心地位。加拿大就是这样一个例子。凭借与英国和美国双重的地缘关系，加拿大避免了沦为像墨西哥那样的“局外人”的地位，成功地加入了“新世界岛俱乐部”，尽管它在其中只是一个次要角色。

在这个俱乐部里，英国的地位比较特殊。一方面，它是“新世界岛”的重要成员，与美国的地缘关系最为密切。在“新世界岛”的架构形成之前，美英所组成的海洋国家联盟是这个星球最为重要的地缘力量，无论是在“一战”还是“二战”，这个联盟都是“关键先生”。然而通过这两次战争，美国成功取得了这个联盟的领导权，并且将太平洋西侧的日本拉入，构筑起了以自己为中心的“新世界岛俱乐部”。另一方面，英国又是欧洲的一部分，尽管外岛的身份让它对大陆事务总是若即若离，但它也不能接受让自己完全置身于大陆事务之外。不过，如果将来一定要让英国在美国和欧洲大陆之间做个选择的话，它无疑还是会尊重自己海洋国家的属性。

对于美国来说，英国的这种双重身份也是它所需要的，特别是在欧洲大陆（西欧）有可能借助欧盟形成合力的时候，尾大不掉的担心并不是多余的。也许到那个时候，英国就能够真正发挥“新世界岛东外围地区”的地缘作用了。至于这个作用是什么，我们前面已经分析得很清楚了，那就是用来遏制欧洲（欧亚大陆西边缘地区）。

大国的后花园

在分析完这个地缘舞台上的主角和它重要的助手之后，我们需要关注一下那些次一级的角色，也就是这些大国以外的地区。正如每个“大哥”都要有自己的地盘一样，分别代表地球上五大地缘政治区的五个政治体（美、俄、欧、中、印）都需要有自己的地缘利益区。

尽管现在已经不可能像殖民时代那样，列强们自说自话地就将地球瓜分干净，但这并不妨碍我们从地缘角度分别为这五大地缘政治区划定地缘利益区。既然是地缘利益区，那大国们的目标当然是希望在其中成为主要的，甚至是唯一的领导者，这个“唯一”指的是将其他大国的政治影响力排除出去，虽然这在全球化的今天很难做到，而作为一个战略目标却又是必需的。下面我们就对各大国的地缘利益区做一个分析：

俄罗斯：基于位置的原因，俄罗斯的地缘利益区就是那些尚未被其占据的欧亚大陆中心地带。由于俄罗斯所处的中心位置，这些国家对于俄罗斯来说并不仅仅属于地缘利益区，它们还要承担它与三大边缘地区之间的缓冲作用。

在苏联最为强盛的时期，它在控制了整个欧亚大陆中心地带之后，甚至将地缘利益区深入到了西欧以及东亚。那些在政治上被划入“东欧”的卫星国以及朝鲜就是典型的例子。

然而，“三十年河东，三十年河西”，正如我们所看到的那样，在苏联解体之后，俄罗斯的地缘利益正处在收缩状态。在可以预见的将来，俄罗斯人都需要为如何恢复旧有的地缘影响力而努力奋斗。俄罗斯人曾经希望用“独联体”[1]这个联邦形式将自己的地缘利益区稳定住，然而这个带有强烈后苏联色彩的组织并不成功。2011年11月，俄罗斯和它最忠实的盟友——白俄罗斯、哈萨克斯坦共同签署了协议，计划以欧盟为蓝本，于2015年在欧洲大陆中心地带建立“欧亚联盟”组织，这便是实现这一战略目标的最新平台。不管这个计划最终能否成功，又是否能让俄罗斯在前苏联范围内完全恢复影响力，最起码在地缘政治层面俄罗斯人并没有做错。

欧洲：欧洲曾经是世界的中心，可以说在全球都有它的利益区。但既然现在甘为配角，那么欧洲把利益区放在传统的北非—阿拉伯半岛会更为现实。北非—阿拉伯半岛实际上就是传统的地中海文明区，在古罗马时期，这一地区就是欧洲列强争

[1] 独联体全称独立国家联合体，是苏联解体后由其中12个独立国组成的联合组织。——编者注

夺的对象。

欧洲在这一区域应该还是有优势的。从表面上看，欧洲人取得了全面的胜利，甚至连土耳其人都已经准备加入欧洲的行列了。不过物极必反，有时候赢得太多也未必是一件好事，比如现在，欧洲人不得不承受那些阿拉伯地区极端分子的强力反弹。

不过，地缘利益区的概念并非是说大国一定要从中获取不对称的利益。在殖民时代也许是这样，但是现在这种想法已经过时了。记得有一部描述社团的书中有这样一个情节——一个社团的老大叹道：以前做老大是向小弟们要钱，靠小弟养活；现在老大是要帮小弟们赚钱，否则谁跟你。

将国际政治与江湖争斗做对比，也许显得不够严肃，不过其中的确有很多道理是相通的。当然，欧洲人也可以选择放弃经营自己的地缘利益区，只是这意味着欧洲人不仅要放弃其中的既得利益，还要容忍其他的大国势力介入。可以想象一下，如果有其他大国在北非—阿拉伯半岛一线驻军，欧洲会有什么样的反应。所以说，地缘利益区并不仅仅关系到大国的利益，更关系到大国的安全。

值得庆幸的是，美国代替欧洲承担了大部分的风险，这也是欧洲加入“新世界岛俱乐部”的好处。不过前提是欧洲将门口的地缘利益区交由美国来打理，并由美国获取其中最大的地缘利益。所以我们常说，风险与利益共存，光占便宜不吃亏的事是不存在的。（此处所说的欧洲泛指俄罗斯以外的欧洲，俄罗斯在地缘上的定位为“亚欧洲”。）

美国：在美国人看来，他们的利益区遍布全球。但在最初起家时，美国也是很务实地将利益区定在了南、北美洲。1823 年，美国的定位还只是一个地区大国，当时的美国总统门罗提出的政治口号是“美洲是美洲人的美洲”，这就是美国希望控制自身地缘利益区的最好解释，也是划定地缘利益区的典型范例。

对于美国来说，在将目光投向世界之前，首要的是保证自家后院的安全。从历史上看，由于美洲大陆孤悬海上，美国作为南、北美洲唯一的世界性大国，实际上并未受到过大的挑战。即使是在美苏争霸时期，苏联也只能获得一个像古巴那样没有战略纵深的支撑点，这和欧洲之于美国的地缘作用不能相提并论。即使是这样，对于追求绝对安全的美国人来说也是无法容忍的。因此我们会看到美国为了颠覆古巴，数十年如一日地做着努力。军事解决方案并非不被考虑，美国人也并非没有做过尝试，不过考虑到这其中所带来的政治风险，以及可能取得的地缘利益有限，这种激进的解决办法并不会是第一选择。毕竟，将钱花在更能生钱的地方才是首选。

应该说，美国的地缘利益区是最大的，不过由此而潜伏的危险也是最大的。因为在新的世界格局中，最有可能继印度之后登上大国舞台的国家就是位于南美的巴西，如果巴西最终崛起的话，那才是美国衰弱的真正标志。

印度：印度在全球的布局是最晚的，基于地理位置，东南亚、北非、南部非洲似乎都有可能成为它的地缘利益区。但事实上定位必须考虑其他大国的因素，并且需要相对可能的地缘利益区在各方面都有足够的优势。因此，南部非洲是印度最有可能的地缘利益区。然而，另一个边缘利益区国家——中国，早在 50 年前就开始在这里进行政治布局了，当然，那时候并非出于扩张地缘影响力的原因，而是出于国际地位的考虑。换句话说，中国是为了恢复联合国常任理事国的席位，至于非洲的地理位置是否能够与中国产生地缘经济、文化上的联系并不重要。

上述努力使得中国在今天能够更加容易地走进南部非洲，以至于美国都不得不正视中国在非洲的力量。近几年美军试图在非洲设立“非洲司令部”，其战略目的就是加强对这一薄弱环节的控制，防止中国坐大。2014 年 8 月，美国举办了首届“美国—非洲领导人峰会”。在会议期间，美国战略与国际问题研究中心非洲项目主任库克（Jennifer G. Cooke）在接受中新社记者采访时甚至表示：“相信非洲有足够的空间容纳美中两国。”这句话不由得让人想到，2012 年中国国家领导人的那句名言：“太平洋够大，足以容下中美两国。”

在中美两国角力非洲之时，印度在非洲也并非没有作为。相比政治、经济目的明显的中美两国，印度在非洲影响力的扩张更接近地缘本质，且影响深远。距离和气候是促使印度加大南部非洲影响力的地缘原因。对于习惯于温带四季分明气候的中纬度大国来说，热带气候是最大的障碍。这也是欧洲人殖民非洲数百年却最终只能在非洲纬度最高的地区——南非占据些许优势的根本原因（欧洲裔的南非人也只占该国人口的 18%）。然而一直生活在热带地区的印度人则不存在适应的问题。并不打算在南部非洲定居的中国人往往能够看到很多印度人修建的小区。事实上，很多印度人已经将非洲当作第二故乡，甚至将去非洲发展称为“回家”。同时由于非洲的许多国家属于英联邦国家，在政治、法律、语言等方面与印度系出同门，这也增强了印度人在非洲的归属感。2008 年 4 月，印度举办了首届印非峰会，标志着印度已经从地缘战略层面主动在非洲扩张影响力了。

中国：中国的地缘利益区很明显，就在中南半岛和南洋群岛地区，也就是我们所说的东南亚。基于历史原因，中国在这一地区的影响力是显而易见的，但南海问题是一个大问题，中国必须先解决好这些利益冲突，才能拥有稳固的“后方”。

从现在的情况来看，美国是影响中国经营“后方”的主要阻碍。这一点并不奇怪，对试图控制世界的美国来说，到处都可以是它的利益区，更何况处在东南亚的那几个重要海峡——它们是沟通印度洋和太平洋的重要通道。从中国的角度来看，在东南亚与美国展开军事对抗没有必要。这也不是美国所愿意看到的，毕竟与之相比，中国在东南亚更具有地缘优势，足以抵消双方的实力差距。

中国可以选择的手段，一是加强与东南亚的经济合作，最终实现经济一体化；二是进行基础设施的互联互通（如高铁），拉近双方的地缘距离，这也是真正实现经济一体化的重要保障。正如我们在前面所分析的那样，带领大家共同致富总比单纯地控制对方要更容易被接受。但这种务实的想法却不为西方人所理解，对于他们来说，精神似乎永远高于物质，特别是在自己已经营养过剩的情况下。

第三节 | 中国如何崛起

中国究竟存不存在成为未来世界中心的可能性？如果要达成这一战略目标，需要和其他地缘力量做怎样的组合？

在分析完以美国为中心的新的世界地缘格局后，我们需要知道，中国究竟存不存在成为未来世界中心的可能性。或者说如果要达成这一战略目标，需要和其他地缘力量做怎样的组合。在此之前，我们还是要先分析一下：为什么世界的权力中心会从欧亚大陆转移到北美。

"新老世界岛"之争

欧亚大陆之所以会将中心位置让位给美国，一个很重要的原因就是它一直处在分裂状态，所以斯皮克曼才会提出：谁统一或整合了欧亚大陆东西两端的边缘地带，谁就能挑战美国。

美国对斯皮克曼的"边缘地带理论"是非常重视的。当美国把占据中心地带的俄国作为主要对手时，它的战略就是联合边缘地带，包围、遏制中心地带。这一地缘政治战略应该说获得了成功，欧洲成为美国的铁杆盟友，而中国在冷战后期也结束了孤立政策，改善了同美国的关系。

在战胜苏联后，美国继续将西边缘地区牢牢地控制在手中，以阻止它与东边缘地区达成任何性质的战略同盟。尽管目前这种可能性非常小，但美国还是不愿意给这两个边缘地带的联合留下一点可能性。美国首先要做的就是延缓欧洲的统一，毕竟一个人如果发现自己有独立的能力后，想法总归会发生一些变化。

不过，世界是变化的，斯皮克曼的理论在目前需要得到一点修正（或者说完善）。最起码印度已经成长为一个独立的且具有大国潜质的边缘地区了，而俄罗斯的衰退使得它与中国合作的可能性反而加大了。

斯皮克曼有一点说得没错，欧亚大陆两块边缘地区联合以后，会成为美国最强有力的挑战者，简单来说就是两个副极地区联合起来可以挑战主极地区。问题是现在有四个副极。鉴于这四个副极都在欧亚大陆，我们不妨将这种未来有可能出现的争斗定义为“新老世界岛之争”。为此我们可以定出以下原则：

1. 无论是主极还是副极，首先要做的都是控制自己的地缘利益区。

2. 任何两个副极如果联合起来都会对主极地区（美国）形成强有力的挑战，前提是另两个副极地区处于中立状态。

3. 如果主极地区和其中一个副极地区结成同盟（简称 A 同盟），则另外三个副极地区联合起来（简称 B 同盟）才可以与之对抗。

4. A、B 同盟之间可能达成均势，但作为挑战者的 B 同盟只有在吸收三个“世界岛外围地区”中的一个之后，才有可能形成战略优势。而与这个新成员最近的副极地区将成为 B 同盟的领导者。

读者如果有兴趣的话，可以按照上述原则任意组合，看看会出现什么样的结果。这个理论我姑且称之为“新世界岛论”。如果以中国为中心套用以上理论的话，可以将之称为“中国崛起的地缘路线图”。

我们不妨先设想目前最不可能的组合。A 同盟：美国 + 俄国；B 同盟：欧洲 + 中国 + 印度。此为三个最有潜力的地区对抗最强的陆权国家 + 最强的海权国家。

这种组合类似于战争中的包围与反包围，就目前的实力对比来看，似乎 A 同盟的胜算要大些。不过 A 同盟失去了所有的边缘地区，也就意味着失去了欧亚大陆的桥头堡，美国的战略影响力会大大缩水，B 同盟并非没有胜算。

我们拿“二战”时的情况来做个参照。当时的德国就是先用武力统一了“欧亚大陆西边缘地区”（西欧），然后开始独立挑战美苏联盟（类似于 A 联盟），而日本的意图则是先占有“欧亚大陆东边缘地区”（中国）后，开始向海陆两方面扩张。单纯从地缘角度，可以试想一下，如果印度不是在英国的控制之下，而是能够成为独立的力量，与西欧和中国完成战略上的联合，并由德、日领导这三个边缘地区，那么战争胜负也未可知。

当然，历史是不能假设的，做这种假设只是一种探讨，关键在于说明：三个边缘地区的同盟在对抗强大的陆权与海权的同盟时，并非没有胜利的机会。在当前的世界格局中，出现“二战”时期那样的全面武力对抗是不大可能了。由于核武器的毁灭性力量，在 1945 年以后，地球上的主要政治力量选择了“冷战”作为新的对抗方式。在这一对抗方式下，战争的规模大大缩小。而大国之间更多的是通过代理人进行对抗。随着地缘融合度越来越高，即使如冷战这样“隔岸发功”的对抗方式，出现的概率也越来越低了，而更有可能出现的是经济战。但无论是哪一种对抗方式，都必须关注地缘的因素。比如一个重要的港口，即使不用作军事目的，它的商用价值也同样重要。

事实上，在冷战时期，中国并没有什么机会，鉴于中国“边缘地区”的身份，中国倒向任何一方都将对另一方造成极大的威胁。但鉴于中国当时的实力，不管倒向哪一方，中国都只能做配角。不过，哪个明星不是从配角甚至是跑龙套开始做起的呢？

中国的机会是从苏联解体开始的。如果俄罗斯仍是强大的主极地区，中国也并不会与之结盟，毕竟对于中国这样一个有想法的大国来说，强大的俄罗斯所产生的地缘威胁要远大于美国。不过现在情况完全不同了，苏联的解体让欧亚大陆中心地带对中国的压力骤然减轻，表现在中亚五国的独立以及俄罗斯对蒙古的控制力减弱，中俄双方由此已经可以达成地缘上的平衡。这时再进行结盟是中国可以接受的，也是双方所需要的。俄罗斯需要保住它剩下的战略影响力，而中国需要扩展自己的战略空间，而这些都需要面对共同的对手——美国。

中俄双方的联合开始于“上海五国”机制（1996），创始国为中国、俄罗斯、哈萨克斯坦、塔吉克斯坦、吉尔吉斯斯坦。5 年之后（2001 年 6 月 14 日），联盟被贴上了正式的政治标签——上海合作组织 [1]，并同时吸收了另一个“中心地区”的国家——乌兹别克斯坦作为创始国加入。由于联盟的实力尚不足以和欧美联盟对抗，一切必须低调进行，因此最初的合作只是以解决边境问题为由。即使在正式成立上合组织时，也只能模糊地提出在政治、安全、外交、经贸、人文方面进行互利合作。之所以没有明确战略上的目标，一方面，是不希望因此引起外界（主要是美欧联盟）的不安；另一方面，组织的成立的确是摸着石头过河，大家更多的是出于地缘上的原因，觉得有合作的必要。至于最终的任务和定位，则要随着形势的发展逐步进行调整。

中国的崛起路线图

现在我们可以为中国的崛起画出路线图了：

1. 与欧亚大陆中心地带的大部分国家（主要是俄罗斯）结成同盟。

2. 将“欧亚大陆南边缘地区”（印度）拉进同盟。

3. 寻找可能的“世界岛外围地区”，并使之倒向同盟。

其中印度是一个大问题。它之所以愿意介入上合组织的事务，主要是不希望巴基斯坦获得额外的政治力量，另外，俄罗斯的力邀也是原因之一。因此，问题的关键在于中印之间的互信。就目前的中印关系来说，双方竞争与合作同时上升。印度不愿意与中国走得太近的原因与当年中国和苏联分道扬镳类似，就是在地缘优势完全属于中国时，印度没有足够的安全感。在这种情况下，很自然的反应就是自我保护，与潜在的“敌人”保持距离。

---

[1] 上海合作组织简称上合组织，是中国首次在其境内成立的国际性组织，并以其城市命名，宣称以“上海精神”解决各成员国之间的问题。——编者注

仅从地缘的角度来看，中印之间并非无法达成和解。因为印度已经在另一个地区被动提升了对中国的地缘优势，这个地区就是印度两侧的印度洋。这主要是源于中国的高速发展，使得从非洲和中东地区向中国运送原材料的航线日益繁忙。尽管中国现在将主要的精力放在了发展蓝水海军上，并最终希望能够在印度洋获得足够的话语权，以保护自己的海洋利益，但有一点必须面对现实：无论中国的军力如何发展，印度洋的地缘优势始终是掌握在印度手中的，这一点即使是美国也不得不承认。

因此我们会发现一个悖论：中国从自身的角度出发，是非常不希望印度洋掌握在一个可能的竞争对手手中的，毕竟如果印度占据了海上的地缘优势，就会抵消中国在陆地上的地缘优势；但这种情况的出现却又有助于印度与中国达成战略平衡，消除它的不安全感，为最终实现地区和解铺平道路。

另一个地缘上的因素是俄罗斯。出于牵制中国的需要，俄罗斯非常希望印度能够加入，以平衡中国的势力。由于地理上的隔绝，俄罗斯和印度并不存在地缘利益上的冲突。对于这一点印度也很清楚，因此才会有俄印之间长期的战略合作。结合这一点，相信印度在地缘上能够获得足够的安全感。也唯有如此，中印之间才能获得最终和解。

即使中、俄、印三国最终能够结成紧密同盟，按照前面所制定的原则，最多也就是可以和美欧联盟相抗衡，并不能由此而占有足够的战略优势。这其中还有一个非常致命的问题：同盟并不是一个简单的 1+1=2 或 1+1>2 的问题。一个有凝聚力的同盟当中必须有一个主导，其余则甘当副手。在美国所主导的同盟中，类似的问题就不存在。至于中、俄、印三国，就目前的情况来看，还无法形成完美的权力结构。不过，经济基础决定上层建筑，在当前的国际环境下，一切可能的合作通常都是从经济合作开始的。而无论是在中、俄、印三国中比较，还是放在所有新兴经济体中比较，中国的优势都是非常明显的。假以时日，这种经济优势也必将增强中国在合作中的话语权。

单从经济层面来看，“金砖国家”之间的合作平台对于中国的价值要更大。事实上，“金砖国家”这个概念刚出来时，只是个纯粹的经济概念，是经济学家将几

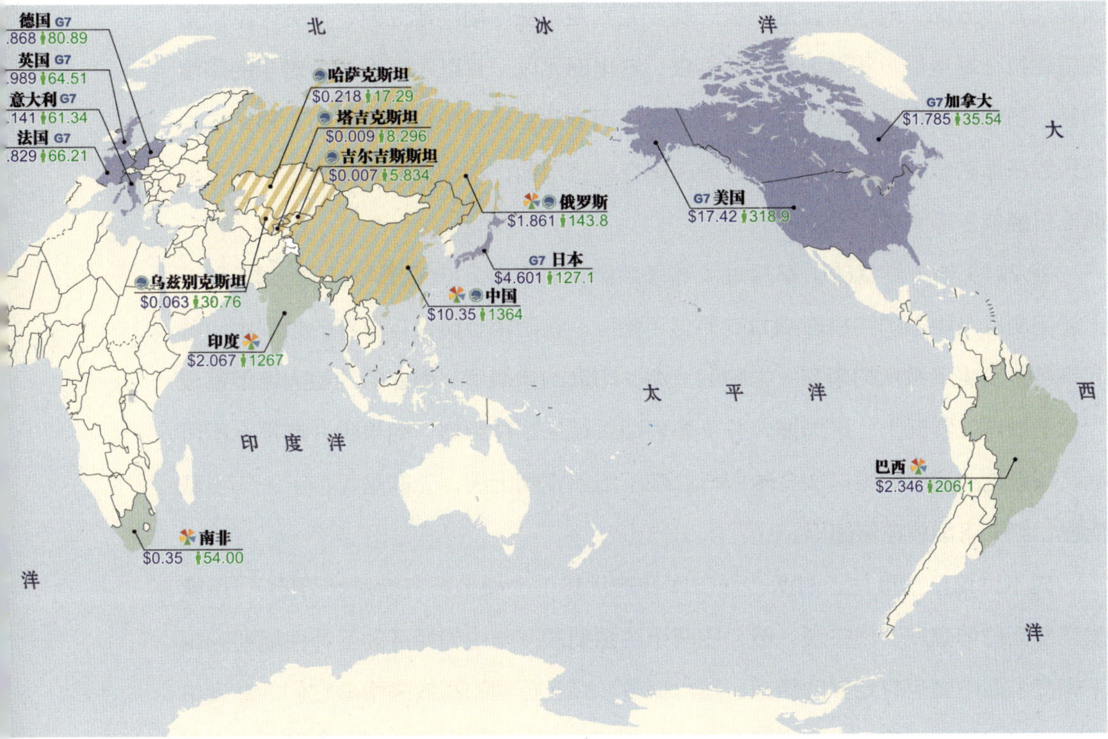

G7　七国集团：加拿大、法国、德国、意大利、英国、日本、美国

上合组织：中国、俄罗斯、哈萨克斯坦、吉尔吉斯斯坦、塔吉克斯坦、乌兹别克斯坦

金砖五国：中国、俄罗斯、印度、巴西、南非

$10.35　国内生产总值（GDP）现价美元，单位（万亿）

1364　人口总数，单位（百万）

七国集团、上合组织、金砖五国成员国基本信息示意图

资料来源：世界银行（2014）

个体量最大的新兴经济体罗列出来的简单组合（俄罗斯算解体之后的“复兴”）。不过这个概念被接受之后，很快就带有强烈的地缘政治意味了，尤其是在中国主导把南非拉进来之后。按照之前内容中地缘板块的划分原则，所谓“金砖五国”涵盖了欧洲大陆中心国家（俄国）、欧亚大陆东边缘国家（中国）、欧亚大陆南边缘国家（印度）、南美洲中心国家（巴西）、南部非洲中心国家（南非）。它们在对西方七国集团所主导的旧经济秩序进行挑战的同时，也不可避免地慢慢影响到政治秩序。

当然，即使是在美国拥有绝对主导权的“七国集团”内部也会有竞争和博弈，因此“金砖五国”同样不会是铁板一块，尤其是新秩序刚刚建立时，相关国家总是希望能抢个好身位，获得更多的话语权，这里面尤以一直以中国为竞争对手的印度为甚。虽然中国在极力否认自己会像美国在西方政经结构中占主导地位一样，成为新兴经济体的领头羊，但事实上，最起码在经济层面，中国在新兴经济体中的主导地位已经成为事实。

就 2014 年 7 月金砖国家通过《福塔莱萨宣言》敲定金砖银行成立一事而言，上述问题以及中国的终极影响力就得到了验证。在确定金砖银行总部的过程中，看起来各方发生了激烈的争夺。中国的上海、印度的新德里、南非的约翰内斯堡都成为候选城市。实际上，这场博弈并不像表面看起来那样激烈，结果也并非那么不可测。可以这样说：如果这次金砖银行总部不能落实到上海，无非是再拖上一年半载而已，绝无可能放在新德里。

先不讨论新德里与上海两个城市本身的优势（上海是拥有绝对优势的），单就国家层面的博弈和合作来说，俄、巴两个资源型国家与中国经济的互补性就要远高于印度，而中国也有足够的经济、技术储备，以及行动的高效来帮助它们。最近中俄之间与中巴之间的一系列经济合作就是证明。其实如果印度放开心胸的话，中印之间的合作前景也很广阔，这也是双方下一步共同努力的方向。

至于南非，其本身能够跻身金砖行列，很大程度上是因为中国的地缘政治布局，其本身也有自知之明。加入总部之争无外乎有两种可能：一是感觉中、印僵持不下，这种时候有可能会折中选择第三方，这倒也不失为一个机会；二是中国有意识地引入（或者认可）南非加入争夺，这样印度即使落败，面子上也多少好看点，毕竟在三方角逐中落败总好过在一对一的争夺中被淘汰出局。事实上，国际政治中的利益诉求总是错综复杂的，南非介入这样的竞争，上述两方面因素应该是并存的。对南非来说，能捡个便宜最好，捡不到的话，最后表态支持中国，也落个人情。当然，印度既然争了，也得有个台阶下，特别是在新总理上任，竞争对手又是中国的情况下。“首任行长来自印度”看着有面子，但因为行长是轮换的，其实也不具有太大价值，但这个面子对于务虚大于务实的印度来说是再合适不过的了。

不管这些被排除在“新世界岛俱乐部”之外的国家之间如何磨合彼此之间的关

系，它们最多也只能取得与旧秩序维护者同等的影响力。纯粹从地缘政治的角度看，只有把一个“世界岛外围地区”拉进这个新兴阵营，中国才有可能凭借这个新兴同盟的产生，真正成为世界的中心。那么从地缘关系上，最有可能向中国靠拢的“世界岛外围地区”是哪个呢？答案是日本。之所以这样说，有四个原因：

1. 日本长期受到东亚文化的影响。

2. 由于地缘的关系，日本与中国（或说与亚洲）有足够的历史渊源。

3. 虽然中日有很不愉快的过去，但究其根本是因为日本“崇强欺弱”的思想在作怪。换句话说，日本并不忌讳臣服于大陆国家，但前提是你必须是强者。日本对于唐朝的敬畏，以及对于美国的服从，都是源于它的务实态度。所以对于日本你并不需要主动去做什么，如果你的实力真的有一天强过它许多，最起码它会保持中立。

4. 如果中国希望在未来的新兴联盟中占据主导地位，那就必须将自己门口的“世界岛外围地区”拉进自己的阵营。这一方面是为了削弱美国的地缘优势，另一方面也是弥补自己的地缘劣势（海路被封锁）——此消彼长。

日本这一“世界岛外围地区”对以美国为中心的“新世界岛”而言，战略地位是非常重要的。如果中国能使其与自己合作，也能起到同样的作用。同时，如果中国能够分别同俄、日结盟（不一定要在一个同盟中），那么除非印度完全倒向美国，否则中俄日同盟的实力完全可以与美欧同盟相抗衡。

当然，在可预见的将来，一定要把取代美国做世界中心这件事当成目标会显得有些好高骛远。毕竟中国现在还只是刚刚开始复兴之路。明太祖朱元璋在争夺天下时所遵循的“高筑墙，广积粮，缓称王”的原则，依然适用于今日的中国。因此，上文所规划的路线图与其说是为中国成为世界中心准备的，不如说是为中国崛起划定了一个地缘方向。至于日本与中国的关系究竟有没有调和的可能性，我们在东亚部分会有更深入的解读。

第二章

欧亚大陆第一缕阳光：东亚与西太平洋地区

在 21 世纪，东亚无疑是最具发展潜力的地区。这一地区已经展现或即将展现的地缘力量已经让世界为之震撼。相对欧亚大陆的另一端而言，东亚大陆的政治格局要简单得多，并没有欧洲复杂，但这并不代表东亚的地缘博弈就会简单许多。事实上，现在的政治结构恰恰是经过长期的地缘博弈而形成的。鉴于中国是这一地区最重要的组成部分，我们需要花较多的时间从历史和现状来分析其中的地缘因素，并且以之推导出未来的地区组织结构。

第一节 | 东亚的范围

东亚，欧亚大陆最东边的区域，是这块最广阔的大陆上最先迎接太阳的地方。这里有前台和后台的大国，有经济上和精神上的强国，没有弱者。

首先我们要明确东亚究竟指的是哪些地区，如果按照本书的划定标准，欧亚大陆东边缘地带可以约等于东亚大陆。只是除大陆之外，外岛也是不可忽视的地缘力量。因此东亚的范围可以说是东亚大陆加上东亚外岛。按照纯粹的地理结构加以划分，是一个比较客观的方法。不过现实的情况是，这些地理单元本身需要通过控制它们的政治体来体现地缘力量，而这些政治体的范围本身，又未必与东亚的地理范围完全契合。因此我们需要先从国家和地区的角度，来看看政治上的东亚都涉及哪些国家。

从国家的角度来看，能够真正被视为东亚国家的，应该是如下几个：中国、朝鲜、

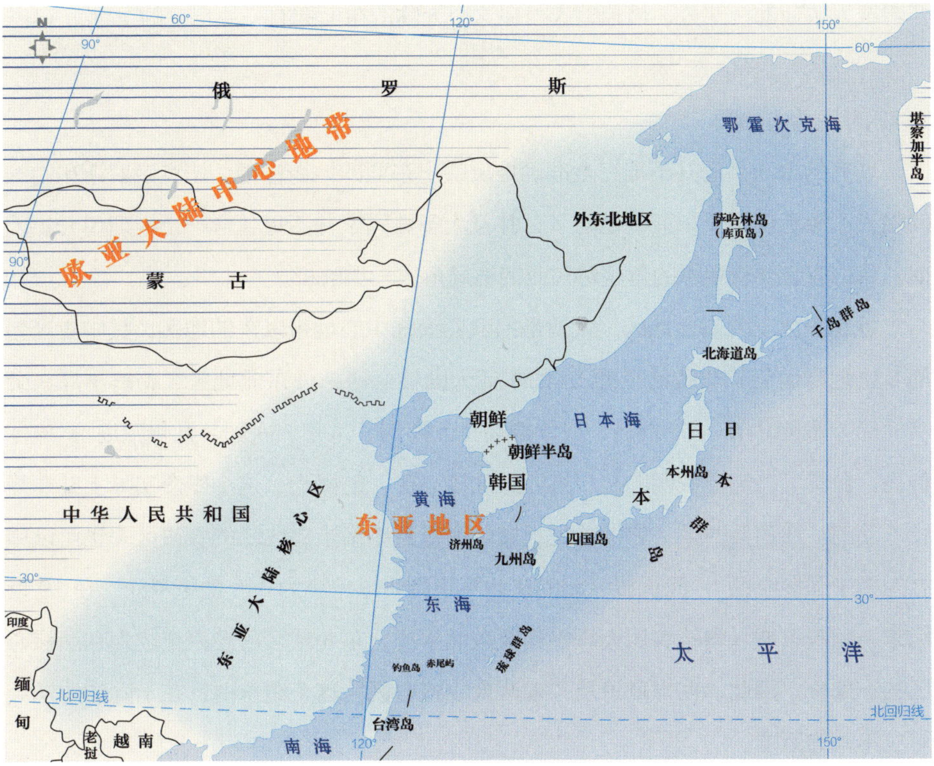

东亚地区范围示意图

韩国、日本。而俄罗斯由于它本身所具有的地缘实力以及在太平洋的海岸线，即使不被视为东亚国家，最起码也是东北亚地缘博弈的重要参与者。这就好像中国虽然不是中亚国家，但因为地缘关系，同样是中亚地缘博弈的重要参与者一样。蒙古高原有时也会被划入东亚的范围，但是就本书所研究的角度来看，它更应该被看作北亚的一部分。

东南亚的国家有时也会被视为东亚的一部分，特别是在“二战”时期，整个东南亚甚至大洋洲都被囊括在了日本人所划定的“东亚共荣圈”中。如果政治家们决定扩大东亚的范围，那是他们的权力。但就本书而言，我们还是需要尊重地缘规律。

要想成为东亚的一部分，最起码应当在这个大陆的东面拥有一块自己的土地。

东亚的地缘结构

现有的政治格局并不能完全准确地反映出东亚的地缘格局，毕竟俄罗斯和中国的疆土已经不仅限于东亚的范畴了，并且大多数国家并不只包含一个地理单元。因此，我们有必要从地缘的角度对东亚的格局再做一次解析。

地缘角度上的东亚地区，大致是指欧亚大陆中心地带以东的地区，其中应当包括 8 个地缘单元（非政治上的），即东亚大陆核心区、外东北地区、朝鲜半岛、萨哈林岛（库页岛）、千岛群岛、日本群岛（北海道、本州、四国、九州四岛）、琉球群岛、台湾岛。需要说明的是"东亚大陆核心区"的概念，这个概念实际上并非静止不动的。在古典时期，它指的是长城以南直至中南半岛北缘的农耕区（也可以称之为古中国核心区），而长城以北的东北平原则可以单列为一个地缘单元。在 19 世纪末，随着长城以南的农民大举移民至东北平原，东北地区已经完全成为东亚核心区的一部分。因此，在本章论及"东亚大陆核心区"这个概念时，在不同的时期会对应不同的范围。

由于"欧亚大陆东边缘地带"的边缘定位，东亚诸板块有一个共同特点，那就是各自都拥有海岸线。东亚大陆与外岛之间的鄂霍次克海、日本海、黄海、东海等海域，自然而然地成了板块间的连接平台。尽管在绝大部分历史时期，东亚重土轻海的文明背景让这些海域很少显示出其地缘影响力，但从大英帝国用炮舰打开中国的大门那一天起，东亚的地缘交流与博弈模式就不可避免地向海洋模式转变了。以海洋为中心，定位彼此之间的关系也变得十分有必要。

就地缘关系来说，漫长的海岸线使得本板块之间的关系也有远近亲疏之分。我们需要找一条合适的地缘分割线，将整个东亚地区进行一次南北切割，以便于观察彼此之间的影响力。若以海洋为中心切割东亚地区地缘格局的话，北纬 30 度线就是这样一条合适的地缘分割线。基于方位，分割线以北可以称之为"东北海区"，以南则是"东南海区"。

"东北海区"所包含的地理单元有东亚大陆核心区北部、外东北地区、朝鲜半岛、库页岛、千岛群岛、日本群岛，涉及的国家有中、俄、朝、韩、日。这一地区同时也是东亚地缘政治博弈的焦点区域。经常在历史、时政新闻中出现的地缘政治概念——东北亚，所对应的范围也正在于此。至于“东南海区”，则包含东亚大陆核心区南部、台湾岛、琉球群岛三个板块。从国家的角度来看，在这一地区面对面参与博弈的就是中日两国了。

上述划分的地缘政治意义在于让大家弄清：一个板块出现问题时，谁才是它真正的相关第三方。比如在解决朝鲜半岛问题时，占据外东北地区的俄罗斯，其意见是必须被考虑进去的，但在钓鱼岛问题上，俄罗斯人就不会试图发挥地缘影响力了；反过来说，中国台湾岛的居民也不会对日、俄争夺北方四岛的问题感兴趣。至于中国大陆，则无可避免地需要在整个东亚地区发挥最重要的影响力。

第二节 | 中央之国

中国是东亚地区最重要的成员，也是我们的立足之地和本书立论的基础。中央之国的称谓自古有之，代表了中国人的自我认识；而“海中地”与“地中海”的概念则造成了东西文明的巨大差异。

在了解了东亚的范围之后，我们就很有必要了解一下在这样的地缘格局之下，为什么会形成目前的政治格局，特别是其中各方的角色问题。作为比对对象，我们需要不时地将视线投向欧亚大陆的另一端。

“海中地”与“地中海”

与欧亚大陆另一端情况不同的是，东亚的历史主体是一部中国史，在这个中央之国看来，其他的地区只能试图影响历史，而不能成为历史的主宰。而同时期的欧洲只是在古罗马时期出现过实力超群的帝国，更多的时候则是处在多个民族的均势当中。这种百家争鸣和一家独大的现象最终造成了东西方不同的政治观，即东方式的集体主义和西方式的分权体系。

社会学家们试图从各个角度去解释这一现象的形成，但人文的因素并非根本原因。之所以东西方的文化不同，归根结底是因为双方的地缘环境的差异。

当我们从地形图上观察这个世界的时候，就可以清楚地看到“世界岛”两边的地理结构有多么不同。

欧亚大陆西端的文明史发源于地中海沿岸。西方人对地球的最初认识是陆地围绕着一片海，因此海权思想早早地植根于他们的思维里。这种地理结构也使得地中海沿岸可以相对独立地形成各具特色的文明体：希腊、罗马、腓尼基、犹太、阿拉伯……它们之间的联系是紧密的，但又是相互独立的。

如果说西方的历史起源是一部“地中海”史，那么东方文明则可以被形容为“海中地”。作为西方文明的心脏地带，地中海主要发挥着沟通沿岸各民族的作用。而东方文明的中心——东亚核心区，则是一片实实在在适合于居住并集中管理的陆地。由于这片陆地是如此广阔，以至于在古典时期，所有的东方民族都认为占据了它就占据了世界的中心。因此，最终成为这片大陆主人的“华夏族”将其认定为“中央之国”也就不足为奇了。

中央之国纵然能够凭借自身的力量，将东亚几乎所有适合耕种的土地都纳入自己的核心圈，却也不能无视周边民族的存在。事实上，作为一个有实力的大哥，四周也是需要小弟拱卫的。不得不说周人是富有远见的，在华夏族尚未将所有适合耕种的土地都收入囊中时，就及时地抛出了“华夷五方论”，从理论上确定了华夏族在这片大陆的中心地位，其他地区的民族只能从四个方向臣服于“中央民族”。

当秦始皇最终将中央帝国的势力延伸到东海和南海之后，他有理由相信，帝国已经占据了这片陆地的全部，尽管他只看到了东海和南海。中央之国一定是漂浮在一片海洋之中的，之所以没有看到北海和西海，并不是由于自身能力的不足，而是北面和西面的大陆一片荒芜，如果仅仅是为了让帝国疆土与北海、西海相接，而硬要去征服、经营这些蛮荒之地，会显得不够务实。在它们显现出自己的地缘价值前，把它们交给那些夷狄管理并不会有损帝国的威严。当然，前提是他们要听话。

从地缘的角度来看，秦始皇和他的后继者持这样的看法也是有一定道理的。西北方面正是地形复杂的欧亚大陆中心地带，这事实上使得中国的核心地区可以孤独地存在于大陆的东方。当然，对于凡事都讲究对称原则的中国人来说（这是中心人物的通病），不知道西海和北海是否确实存在，总归是一种遗憾。中央帝国的子民最终确认了自己已经占据了所有富庶的地区，而四周的夷狄似乎也认可了中央帝国这种地缘的优势。毕竟“地是死的，人是活的”。要想改变自己的命运，他们所需要做的就是一次次地向中央帝国进军，有那么几次还的确获得了成功。问题是“华夷五方”的宣传实在是太深入人心了，以至于当边缘民族有可能入主中原时，为自己找个华夏族的出身通常会成为必备的功课。当然，并不是每个人都愿意这么做，起码蒙古帝国的建立者觉得不需要这么做，特别是在他们第一次将欧亚大陆的两端连接起来，有机会接触更多的文明形态之后。只是中央帝国的地缘优势太过明显，无论这些草原的强者是否接受华夏文明，中央帝国还是迅速恢复到了它原来的状态，**直到欧洲人从海路真正将中国和世界联系起来后，中国人才真正明白了自己并不是世界的中心。**

无可否认，长期以来的“中央之国心态”影响了我们每一个人，以至于在中华民族出现复兴的征兆时，人们讨论最多的还是中国能否成为世界的中心。问题在于，纵然东亚核心区有千万种理由成为一个统一的整体，但如果边缘地区的地缘力量过于强大，中央之国仍然不可能取得东亚的核心地位，这是因为中央之国并不是孤立地存在于东亚地区的。

中央之国的地缘博弈

今天，中国所能直接控制的版图，比绝大部分历史时期都要好上许多。在中央之国的形成过程中，西、北两个方向（尤其是后者）曾经长期是华夏文明地缘压力的来源地。尽管由于地缘政治结构的变迁，以及技术的发展，今天的中国所承受的地缘压力在方向和技术特点上都与以往有了很大的不同，但从大历史的角度了解这一进程，将有助于我们了解自己的地缘特点。

从地缘分割的角度来看，长城曾经长期是中央之国的北部边境。那些在长城

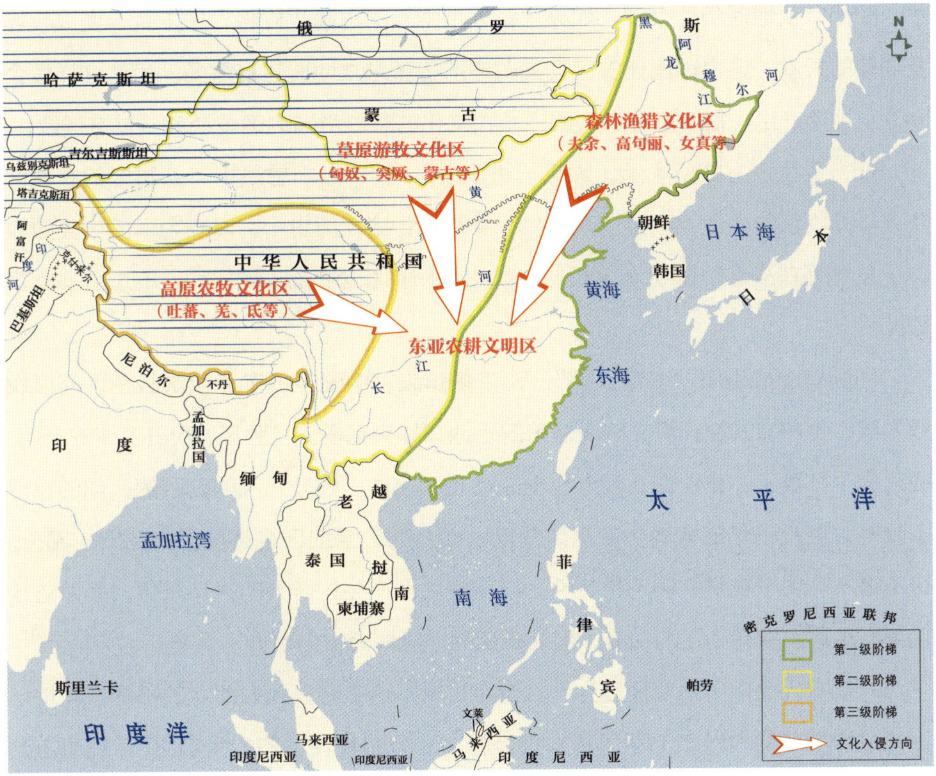

中华文明地缘融合示意图

之外不断对东亚农耕文化区造成威胁的民族、板块大致可以分为三类：东北地区的“森林渔猎民族”、蒙古高原的“草原游牧民族”，以及青藏高原的“高原农牧民族”。可以这样说，自秦始皇将核心农业区第一次纳入“中央之国”以后，这些来自东亚大陆边缘且不以农业为主要生产方式的民族与核心农业区的政权之间的博弈，就成了中国的历史主线。从整体的对抗情况来看，核心农业区虽然在整体实力上占有绝对优势，但鉴于在古典时期的生产技术下，这几块边缘地区并不具备开展大规模农业生产的条件，因此中央政权没有办法凭借强大的人口和经济优势征服这些地区。

相比之下，核心农耕区所积累的财富却无时无刻不在诱惑着那些在边缘游走的非农业民族。他们的生产方式带来了军事上的优势，这便是他们挑战中央政权的资本。即使单从地理条件来看，如果那些入主中原的边疆政权将农田撂荒，变成牧场及野兽的天堂，这也远比让农民们去改造那些苦寒之地要容易得多。虽然这样做会降低土地的产出，很不划算，但固守游牧文化的蒙古帝国的确曾经尝试过这样做。

一方受生产方式所影响，缺乏“进取心”；另一方却总是抱有从富庶的农业区获得额外收获的心理，这会让人产生一种错觉，即在历史中，以农为本的中央政权似乎总是处在战略防御状态（长城就是这种防御状态的最好表现）。不过事实果真如此吗？

中国有个成语叫“多难兴邦”。两千多年来，中国经历了无数次战争，而以农业为核心生产方式的农耕文明所覆盖的土地却越来越多。打胜了，我占了你的土地，同化你；打败了，我让你占我的土地，还是同化你。到最后我的是我的，你的也成了我的。经过千年的博弈，甚至这些难以融合的边缘地区也都成了中国的一部分。这不得不归功于农耕文明的稳定性，以及就此而产生的巨大的人口基数。虽然边缘民族在军事上拥有一定的优势，但在长期的地缘博弈中仍是处于劣势。

可能有人会问：西北地区为什么没有讨论？这主要是因为西北的那两个盆地还不能成为主要的地缘政治区，基本只是作为北方游牧民族的“大后方”。高原上的农牧民族和中原的汉民族出于自身安全考虑，有时也会去染指一下。核心区的中央政权主要是通过河西走廊进入西北，但这条狭长的走廊无可避免地会受到青藏高原和蒙古高原的两面夹击，所以在清以前，中央政权只成功过两三次（典型案例是汉、唐开拓西域）。同样的道理，想以准噶尔盆地或塔里木盆地为基地打进核心区也是非常困难的。历史上只有那个曾经征服了波斯、印度的跛子帖木儿做过这个梦，可是梦还没醒他就死了。

在结束本节之前，我们还是要对东亚核心区内部的融合做一个解读，找到“黄河文明与长江文明之间亦存在差别，为什么最终却能够融为一体”的答案。为此我们需要先了解一下中国的地理结构。

中国的地理结构整体是呈东西向的三级排列，从这个角度看，黄河文明与长江文明之间并不存在高度上的差别，这便使得纬度成为双方地缘博弈的关键因素。最终的结果是形成了以黄河文明为政治标签，并且跨越整个温带与亚热带的东亚核心区农耕文明。之所以二者能够保持这种稳定的统一状态，一是因为双方同属于农耕文明，具有同质性；二是与来自北方的地缘压力有着莫大的关系。黄河流域在受到具有高度和纬度优势的北方游牧民族（或具有纬度优势的东北渔猎民族）入侵时，这种有层次的地理布局会带来更为广阔的战略纵深。黄河文明与长江文明也会因为这种地缘压力而更为紧密地结合在一起，最终形成一种地缘互助的关系，即黄河流域负责直接与来自北方的入侵者对抗，长江流域则提供必需的战略后勤保障。对于后者来说，因为黄河流域的缓冲作用可以减轻来自北方的地缘压力，所以为黄河流域提供地缘支持也是心甘情愿。

在这种南北互助模式下，中央之国的核心版图在北方压力一次次冲击下完全融为了一体。而这种单一文明的体量，加上农耕文明的稳定性，使得东亚核心区总是能够在此类地缘博弈中保持完整，甚至在东亚核心区完全失守于北方入侵者之手后，也能迅速恢复原状，并且让生活于此的农民乐于接受这种状态。

第三节 | 气候与东亚格局

影响东亚地区政治格局的其实不是国家实力、军队和武器，而是几千年来人们对这里的地理环境、纬度、气候、降水等自然因素的熟悉和适应。

相比于欧洲纷杂的民族与政治关系，东亚的情况则要简单得多，但这并不代表东亚就只有中国一个声音。最起码在东亚大陆的边缘，朝鲜半岛在大部分时间里都游离于华夏文明之外。我想大家应该一直都有迷惑，为什么古代中国的力量如此强大，但朝鲜半岛还是能够独立存在？为什么东北地区长期不能融入中国的核心区？为什么外东北地区和库页岛地区在 19 世纪被外国夺走后，中国并没有强烈的反应？这其实都与东亚的气候有关。

北纬 42 度温度线

在探讨东亚的气候特征之前，我们首先要明确一点——千万不要把地缘问题简单地理解成地球表面的地理状况。**地缘是个立体的概念，即使不考虑所延伸出的“地**

缘政治”“地缘文化”等概念，也还应考虑气候环境的因素。我们一直在强调高纬度地区相对于低纬度地区有一定的地缘优势，这种地缘优势很大程度上就体现在气候中。一般情况下，低纬度的居民很难适应高纬度相对寒冷的气候，而高纬度居民适应中低纬度地区的障碍要小很多（包括生产方式）。大家看看有多少东北人愿意定居在海南岛，而又有多少海南人愿意定居东北，就能感受到这一点了。

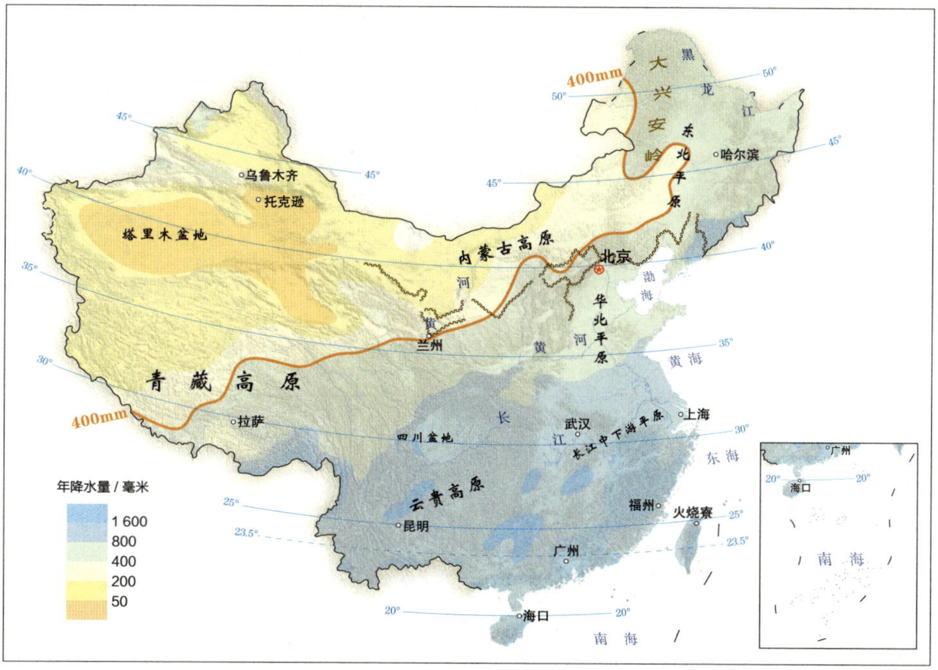

400mm等雨量线示意图

《中国大历史》的作者黄仁宇先生曾经提出“15 英寸等量雨线”[1]的概念，以此来解释中国核心区的北方边界。他认为在年降雨量低于 400mm 的地区，农业活动便无法展开。这条线在中间的一部分大致和长城吻合，这似乎可以解释古典时期的汉族始终无法向北方形成有效突破的现象。然而这条线在东亚的东北部出现了问题，即黑龙江省及其以南地区年降雨量高于 380mm，但长城以南的农耕民族却只能在

[1] 降雨量的规范计量单位为毫米（mm），黄仁宇在著作中的描述为“15 英寸”，15 英寸等雨线 = 381mm 等降水量。——编者注

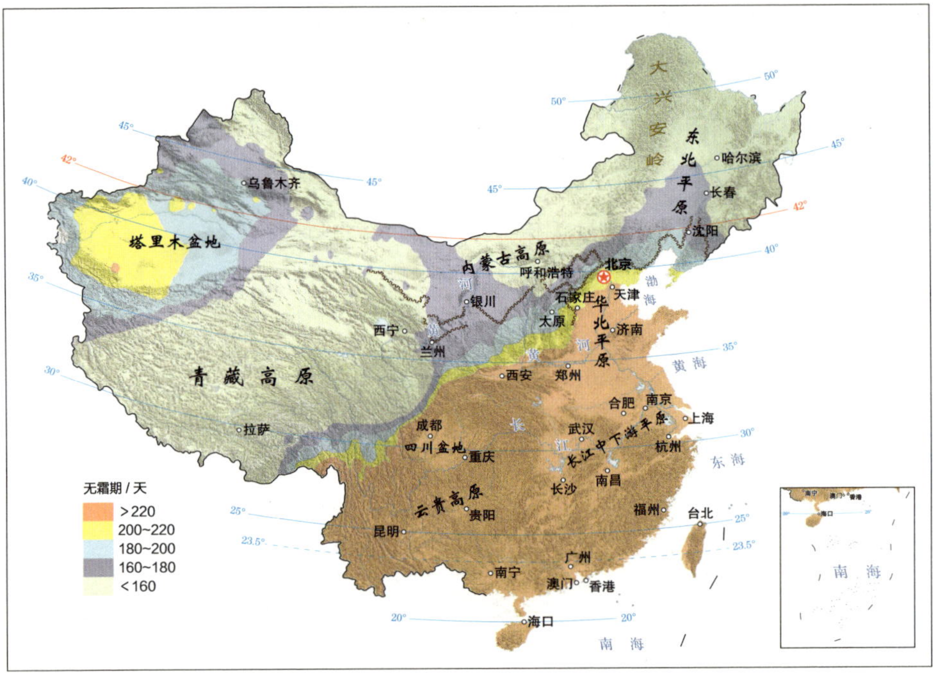

无霜期分布示意图

辽河平原与“东北渔猎民族”长期形成对峙状态（明亡清兴的那一段历史就是典型例子），古代中原的势力很难再驻足于长城以北地区。

这就不是“等量雨线”理论可以解释的了。事实上，如果我们把温度的因素综合考虑进去，问题就能够迎刃而解了。东亚的地区从北向南依次跨越寒温带、中温带、暖温带和亚热带。农业生产中有一项很重要的指标——无霜期，即在同一地区，春天最后一次霜降至秋季最早一次霜降之间的天数。无霜期的长短与农作物生长期有密切联系，无霜期长，生长期也长。

处在不同的温度带，无霜期的长度也不尽相同。长江流域属于亚热带，无霜期多达 250 天，华南地区甚至可以达到 300 天以上，黄河中下游地区属于暖温带（北纬 32 度～ 42 度），无霜期也有 200 天左右。上述三地的气候都足以满足农业生产的需要。

北纬 42 度线以北的地区属于中温带，无霜期平均只有 150 天左右了，而且对农业生产危害最大的霜冻现象出现在 9 月初，也就是农作物临近最终成熟的时期，这非常不利于农业的发展。要想在这一地区发展大规模的农业，就需要选择耐寒、生长期短的作物。直到 19 世纪末，外来品种的引进才解决了这一障碍。因此在绝大部分古典时期，这片土地对农耕文明缺乏足够的吸引力。不过由于山林河流众多，这一地区成了渔猎民族的天堂。

地缘孤岛

朝鲜半岛和日本可以说是东亚的两个异类。在东亚大陆最终得以统一的情况下，它们仍能够长期保持独立的状态，将之称为“地缘孤岛”是再合适不过的了。

如果按照东亚大陆温度带的划分法，朝鲜半岛和日本本土（北海道除外）基本都处于北纬 32 度到 42 度之间，应当都属于暖温带地区。而事实上韩国南部、日本中南部地区由于受太平洋暖湿气流影响，在气候上已经可以归为亚热带了。不过，无论是属于暖温带还是亚热带，这些丘陵平原区都属于天然的农业区。如果条件允许，长城以南的农耕民族应当都会向这里进行自然迁徙。而实际情况是，这两个地区都成为独立的政治单元，分别由不同的农耕民族所覆盖。

对于日本成为独立的政治单元这一点是很好理解的，毕竟海洋本身所起到的阻隔作用足以让东亚核心区的农耕民族望洋兴叹。“海中地”的地缘格局让处于“地”中的民族对于那些外岛根本没有征服的欲望，最多只是希望在那里寻找一下仙人的踪迹。即使对于朝鲜半岛来说，居住于其上的族群对东亚大陆的兴趣也远大于一水之隔的日本。唯一在古典时期对日本产生过浓厚兴趣的，便是在欧亚大陆上所向无敌的蒙古帝国。对于蒙古人来说，远征日本更多的是基于征服的欲望，而不是扩展生存空间。当然，以当时的技术条件是无法突破海洋屏障的。即使没有那场吹翻了大部分船只的暴风，蒙古帝国也无法将日本纳入帝国的版图。更何况暴风本身也是一种地缘因素。

与日本的外岛性质相比，和东亚大陆相连的朝鲜半岛似乎没有理由独善其身，但它的确做到了。如果要解释这一点，在观察朝鲜半岛的地理特点之前，我们需要先将视线稍稍向西偏移一点。

在华北平原与东北地区之间有一个重要的枢纽地带，那就是辽河下游平原（大体处在辽宁省内）。从降雨量的角度来看，这里正好处在 15 英寸等雨线以南；而从温度的角度来看，这里亦正好处在暖温带和中温带的交接处，基本算是中温带。地球的温度并不是恒定的，也就是说存在着高低转换，每当温度升高时，辽河流域便会跨入暖温带的行列。这种时候农耕民族往往会占优势，反之则是渔猎民族占优，进而威胁长城以南的农耕区。可以确定的是，明亡清兴之时，东亚正处在一个寒冷的小冰河期。

气候变化是辽河下游平原处在不稳定状态的原因之一。而处于四战之地更是让它成为东北亚的枢纽地区。这主要是因为它不仅仅与华北平原相连，更是处在亚洲东北部的四个重要的地缘政治区之间。南面的华北平原为农耕属性的汉族所占据，西面蒙古高原上的游牧民族亦可以通过大兴安岭与燕山山脉之间的缺口进入这一地区；而生活在东北森林中的渔猎民族进入辽河平原更是没有障碍；即使是在东面的朝鲜半岛上生活的族群，也可以沿着西部的海岸线，越过长白山余脉，顺利地进入这一枢纽地区。

当华北平原上的农业人口希望继续向北寻找可耕种的土地时，大部分时候可以通过燕山边上那条狭窄的沿海通道进入辽河平原，这条通道的名称叫作“辽西走廊”，著名的山海关就是这条通道的南起点。之所以这一地区被称为辽西，是因为它的东面为辽东半岛。

即使加上燕山中那些能够通行的河谷通道，辽西、华北两大平原之间的地理联系也很脆弱。当然，燕山山脉的存在能够帮助中原政权依山修筑长城，以保护一马平川的华北平原，问题是生活于东北的渔猎民族也很容易切断这种联系。换言之，华北平原的农耕民族翻越燕山走廊然后控制辽河平原的难度，要远大于东北平原的渔猎民族进入辽河平原的难度。此外，辽河平原与蒙古高原的地缘联系，使得蒙古高原的游牧民族也成了这里的常客。

历史上，朝鲜半岛的族群也会有控制辽河平原的想法。不过相比之下，另外三股地缘力量要强大得多。在这种地缘格局下，生活在朝鲜半岛的族群更多的是谋求自保。因此，这块古典时期最北部的农耕平原成为拉锯区也就不足为奇了（在东亚核心区的北部防线还有两个类似的对峙区，分别是河套地区与河西走廊，只是拉锯的原因不同）。

理解了这些，对于为什么朝鲜半岛最终能够成为一个独立的地缘政治区，我们就可以解答了：长城以南的农耕民族在陆地上无论是自然渗透，还是采取军事行动，都只能沿着海岸线，通过辽西走廊先进入辽河平原，再绕过辽东丘陵，最终进入朝鲜半岛。而辽河平原作为枢纽位置所引发的不稳定性，使得长城以南的农耕民族即使能够占据这一地区，进而控制整个辽东半岛，也很难再有力量向朝鲜半岛渗透了。即便成功进入朝鲜半岛北部的沿海平原地区，辽河平原的不稳定性也很容易切断朝鲜半岛与东亚核心区之间脆弱的地缘联系。其后果就是渗入半岛的人口或退回东亚核心区，或融于当地族群。

此外，朝鲜半岛本身的地形条件也有利于形成一个相对封闭的地理单元。朝鲜半岛的北部地形多山（山地占了 80%），这些山地不利于农业生产，但可以为沿海的平原地区提供保护，毕竟对于进入半岛北部低地地区的外部势力来说，他们不得不面对北部山地所带来的地缘压力。而南部有几个相对面积较大的平原，农业相对发达，这使得朝鲜半岛在完成政治统一之后，也可以独立形成一个类似于中国南北互助的地缘结构——北部地区用来阻隔外族的入侵，南部地区提供相应的经济支援。

基于上述地缘因素，无论是来自长城以南的农耕民族，还是来自其他地区的族群，都很难打入这个小系统。因此，朝鲜半岛才能成为一个独立的地理单元乃至政治单元。

中央之国核心区的气候

以纬度划分气温带并不是绝对的，高度也是一个重要的因素——高度越高，气候越寒冷。另一个重要因素是湿度，主要是指海洋暖湿气流的影响。就中国现有的版图来说，青藏高原和蒙古高原的存在就破坏了温度带的连续性。青藏高原由于地势太高，整个属于“垂直温度带”，即使在同一个纬度，由于海拔的不同，也可以分属好几个气候带。

农牧分割线上的焦点地区

蒙古高原呈一个倒三角形状，其前突至北纬 42 度线以南的区域由于海拔的原因仍属于中温带。这片地区虽然在古典时期不适合大规模农业生产，但它地处黄河沿岸，因引黄灌溉便利而水草肥美，比蒙古高原其他地方更适合养马，因此受到游牧民族的青睐。这片地区因为正处在黄河“几”字形的转弯处，所以被称为“河套地区”，黄河沿岸的狭长冲积平原便被称为“河套平原”。当然，如果有需要，长城以南的农耕民族也可以利用黄河水进行农业生产，不过古典时期的华夏民族更看中的是河套地区可供给的战马，以此来抵消游牧民族的机动优势。这一地区也因此而成为农耕民族和游牧民族反复争夺的地区之一。

另两个位于农牧分割线上的焦点地区是辽河平原和河西走廊。辽河平原的重要性前面已经说过了。河西走廊则是一条狭窄的通道，汉民族争夺它主要是为了保有和西方联系的通道。幸好这一地区有一半的土地也处在暖温带，并且太平洋暖湿气流勉强还能把水汽送抵至此，所以来自东部的农业民族还能适应。但河西走廊毕竟过于狭窄，所以历史上无数次地被马上民族所截断。

能否获得上述三个地区是古典时期的中国是否强大的重要标志。而这三个地区也恰恰处在适合耕种的暖温带与难以耕种的中温带交界处，它们也因此而成为长城修建的地点。

现在我们可以得出结论了：**中央之国的核心区之所以长时间困于长城以南，并不是由于实力问题，而是长城以北地区并不适合耕种，对农耕民族缺乏吸引力。**随着农业技术的发展，中温带地区已经可以展开大规模的农业生产了，因此这些长城以北的地区已逐步成为中国的核心区，东北地区就是最典型的例子。

对于汉民族为什么没有继续往中南半岛前进，从温度的角度也能给出一定的解释。汉民族所能适应的温度带主要在暖温带和亚热带之内，太冷固然不行，太热也很难吸引足够的移民。因此在经历了几次尝试后，古典时期的政治家们逐渐放弃了将疆土再向南延伸的想法。

当然，小规模的民间移民是一直存在的，不过大部分人经过一段时间后，因为要适应当地环境而被本地民族同化了（仅指中南半岛）。

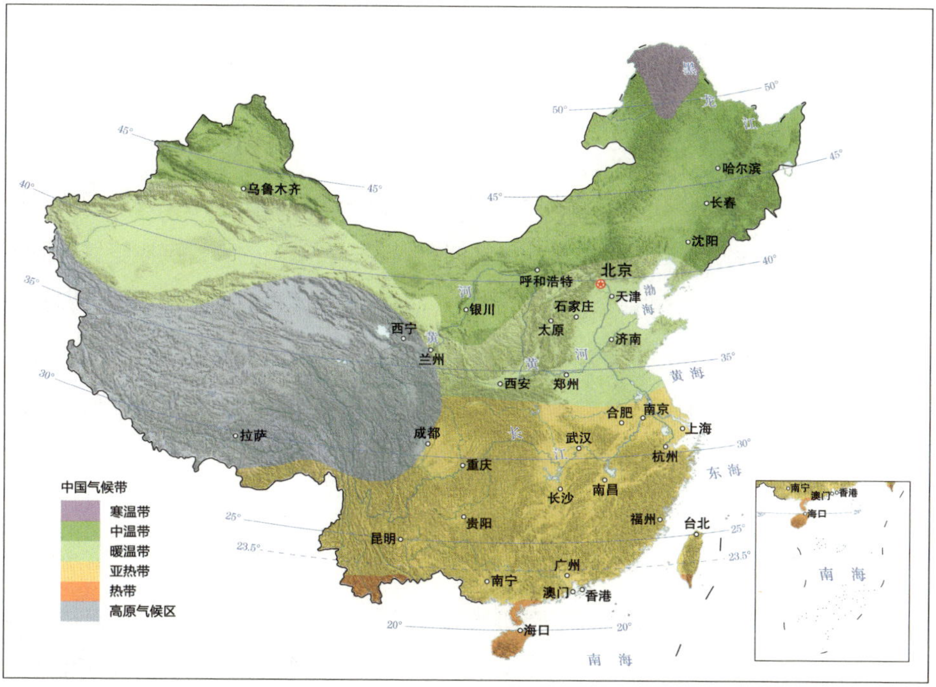

中国温度带分布示意图

第四节 | 农耕民族的扩张

东亚地区强大的农耕文化是东亚文明的坚实基础，虽然不断受到游牧文化和渔猎文化的袭扰，但最终仍是农耕文化融合了其他文化，成为胜利者。

一般而言，与那些好战的游牧民族相比，我们认为农耕民族是比较温顺而不具有威胁性的。但从历史的角度来看，能够拥有强大人口基数的农耕民族更具有地缘侵略性。与游牧民族习惯于逐水草而居不同，农耕民族只要找到一块能够达到农耕条件的土地，他们就会在此定居下来，并最终繁衍出足够的人口来利用每一寸可以耕种的土地。在古典时期，暖温带和亚热带的土地是最适合耕种的地带，但这并不意味着北方就完全没有可耕种的土地。

最后的耕地

如果说长城以南的东亚大陆和朝鲜半岛，以及日本都处在适合农业生产的暖温带或亚热带气候区，并因此而成为农业核心区，那么北纬 42 度以北的地区相对于以南的农耕区来说，就属于边缘地带了。这些北部边缘地带的气候依纬度又大致可以划分为中温带和寒温带。其中东北平原及其以东范围的中温带地区，在古典时期虽然很难开展大规模的农业活动，但森林、河流交错的自然环境可以提供丰富的野生动植物资源，很适合渔猎民族的生存。

由于这部分中温带地区仍能孕育出战斗力强大的渔猎民族，农耕民族进入该地区便存在着很大的难度。加之古典时期的农业技术尚不足以在这块地方展开大规模农业生产，因此农耕民族没有争夺中温带地区的动力。需要注意的是，因为种植业能够使土地的产出成倍增长，所以如果气候条件允许，森林本身并不会成为转型农耕的障碍，烧荒取地便是最为原始和自然的获取耕地的方法。事实上，我们所定义的渔猎民族通常在经济结构中已经融入了一些原始农业成分，只不过这些成分的加入并不会影响对其族群属性的定性。就像我们不能因为游牧民族在放牧之余也会打猎，就将之归为渔猎民族一样。

在东亚大陆参与地缘博弈的渔猎民族，主要生活在属中温带的东北地区。在中央之国的历史中，他们曾经以肃慎、靺鞨、女真、满等民族标签出现在地缘舞台上。与这些穿行于白山黑水间的马上民族相邻的，是东亚大陆核心区和朝鲜半岛的农耕民族。而在外岛地区或者说日本，渔猎民族的代言人则是北海道岛上的虾夷族，与之博弈的则是日本主体民族——同样是农耕属性的大和族。

最终的结果是：强大的农耕民族取得了最终的胜利，在 17 世纪，中国东北部的中温带地区被入主中原的满族人带入了中国的核心区。不过，对于自己是否有能力统治数量庞大的农业民族，入主中原的满族人信心不足，为了给自己留后路，东北地区被列为农业人口迁入的禁区。直到 1860 年，清政府迫于人口压力而部分开禁，并于 1904 年全面解除禁令，其后的民国政府甚至开始组织大规模的移民行为。东北地区的人口由最低谷时期的 20 多万迅速上升到千万级，自此东北地区才算完全融入了中国核心区。

在海的对面，大和族也在 1807 年取得了阶段性胜利，将军事力量渗透进虾夷岛。经过 60 年的战斗，借“明治维新”之机，大和族于 1869 年正式将虾夷岛划入日本版图，并开始组织移民，还将此地改了一个新名字——北海道。1920 年，北海道的人口从30年前的10万人迅速增长到240万，目前人口约560万。从此，北海道彻底“和化”，成为日本核心区的一部分。

至于千岛群岛，俄日两国分别在18和19世纪对其进行了开发。1855年，双方签署《日俄亲善条约》，规定千岛群岛南部归日本，北部属俄国，库页岛暂时搁置。1875年，两国签订《桦太与千岛群岛北部互换条约》，将日占库页岛南部与俄占千岛群岛北部相交换，日本以库页岛的代价取得整个群岛（1945年以后，千岛群岛全部划归苏联，现为俄罗斯所有，日本对于南部四岛仍在主张主权，即“北方四岛”问题）。

从以上情况可以看出，无论是大陆地区还是外岛地区，在整个古典时期，暖温带的农耕民族都无法取得对中温带渔猎民族的全面控制，但在古典时期行将结束之时却取得了决定性的胜利，这主要基于以下三个原因：

1. 地理大发现后，美洲高产作物（土豆、玉米、红薯等）的引进造成了人口大爆炸。以中国为例，在清以前的整个古典时期，人口都在千万级（明人口据估计不会过亿），而到了清中叶，仅100多年的时间内便猛增到了3亿。人口的压力使得农耕民族不得不进入中温带地区寻求生存空间。对于大部分处在“15英寸等雨线”范围内的东北平原来说，无疑是最能吸引农耕民族目光的。东亚核心区、朝鲜半岛、日本本岛上的农耕民族都对这一地区展开了争夺。当然，最终取得胜利的是拥有更大人口基数和更多地缘联系的东亚核心区的农耕民族。

2. 农业技术的提高使得在中温带地区开展大规模农业成为可能。比如日本在移民北海道地区后培育出了耐寒的稻种，后经朝鲜引入中国东北地区，经过移民们的不断选育，最终使得东北地区也成了水稻的主产区。

3. 农耕民族文明程度更高，在西方文化东进的时候更容易吸收先进文化，这便拉大了与渔猎民族的差距。在古典时期向现代社会变化时，这个差距便能够让农耕民族所组织的政权迅速取得优势。这一点在日本的大和族与北部的虾夷族的竞争中表现得最为明显。而在中国，由于入主中原的渔猎民族已经基本融入主体民族而成为主体民族的一部分，这一点便不重要了。

最终的结果就是：在古典时期末争夺中温带的斗争中，中国消化了东北地区（或称“关外”)，日本得到了北海道，而中温带的渔猎民族也随之“农耕化”了。在这次扩张潮流中，夹在两大势力之间的朝鲜半岛，其农耕民族并没有取得政治上的成果，不过他们最起码在东北地区的这段历史中留下了自己的地缘烙印。

农耕民族的禁区

如果说在古典时期渔猎民族还能在中温带地区形成强大的势力，以对抗暖温带地区的农业民族，那么在温带最北的地区——寒温带，生存压力就有些挑战人的生理极限了。并不是说所有的寒温带地区都不适合发展文明，毕竟欧洲中世纪的历史大部分就是由这一地带的民族创造的（这与地缘有关，在分析西伯利亚的时候会说到）。但在亚洲地区，这一地带的气候实有愧于“温”这个字。因此在这一地区，还有一个更加贴切的名称——“亚寒带”，也就是仅次于北极寒带地区。

在中国目前的版图中，黑龙江的北部（也就是“鸡冠”那里）有一块地区便属于亚寒带。那里有一个著名的县叫“漠河”，县的最北边还有一个著名的小村庄叫“北极村”。在这一地区内，即使是渔猎民族也不能大规模地生存，因此在古典时期只有一些诸如鄂温克人一类的小型原始部落生活于此。而过了外兴安岭以后，就是更不适合人类生存的东西伯利亚山地了，因此外兴安岭以南的平原就成为最后的争夺焦点。

这一地区对于东北的渔猎民族来说都属于边缘地区了，因此，在古典时期结束之后，当欧洲人的代表——俄国人，第一次将势力延伸到亚洲的东端时，康熙对于能够将中俄边境划定在外兴安岭（包括库页岛地区）已是心满意足了。这条边界也是中国第一条具有现代法律效力的边界。至于再往北的地区（现在叫西伯利亚），别说是汉族人，即使是那些更能忍受恶劣气候的马上民族，也只能在南部气候稍好的地区立足（即贝加尔湖北缘一线）。如果不是欧洲寒冷的气候使得人们对毛皮有着强大的需求量，而猎取自西伯利亚的毛皮数量和质量都极为可观，在经济上能够支撑俄国人的扩张行为，俄国人也不会有兴趣向西伯利亚腹地渗透。

你不能责怪清朝的统治者没有战略眼光，事实上他们在边境的开拓上已经做得足够好了。对于北部的那些地区（从地缘方位上可称之为“北亚”），即使强悍的蒙古帝国也未能真正将势力拓展过去。那片 1 300 多万平方公里的土地，大部分一直被文明地区视为“无人区”，后来经过俄国人 300 多年的努力经营，那片土地上的人口借助技术的提升，才令人惊喜地达到了 2 000 多万“之巨”。而其中有 500 万人口其实还是生活在我们定义为“外东北”板块的外兴安岭以南地区。

亚寒带地区的气候是如此恶劣，如果说进关之前的女真人由于地缘的关系还会关注一下的话，那么在入主中原两百多年后，对已经习惯了农耕文化舒适生活的女真贵族来说，那块地区已经没有任何意义了，以至于库页岛上的那些原始部落很长时间不来进贡，他们也不理会。直到俄国提出要把外兴安岭和库页岛划走时（1858 年中俄《瑷珲条约》），清朝才知道，俄、日两国已经在那里争斗了一百多年。

顺便说一下，库页岛上的原始居民南部为虾夷族，北部为赫哲人，因此日本人把库页岛南部也称为“虾夷之地”。早在中俄签订《尼布楚条约》之前，大约 1644 年，日本就把库页岛南部地区划入了自己的势力范围。库页岛的中文名字原来为“苦夷岛”，一听便知道是汉语的命名方式。总之，对于这个“又苦又夷”的地方，清以前的中原政权只有明朝曾短暂试探管理过，但随后就撤了回来，从此不做他想。

第五节 | 东亚的岛屿

东亚的岛屿主要就是日本列岛。兼有东亚文明基因与西方近现代文明快速发展之利，日本始终有着与国土不成比例的渴望与梦想。

了解完东北亚地区陆地上的地缘结构之后，我们需要重点解读一下东亚外岛的情况。尽管中国与美国在太平洋一侧几乎拥有同等长度的海岸线，**但中国及整个东亚大陆所面对的并不是真正的洋，而是由外岛包夹所形成的四个“内海”。如果想从东亚进入太平洋，就一定要突破外岛的包围。**而在美国看来，这些西太平洋上的岛屿正是用来控制“欧亚大陆东边缘地区”的重要地缘力量，由此也产生了所谓“第一岛链”的说法。

第一岛链的成员包括日本群岛、琉球群岛、冲绳岛、台湾岛，南至菲律宾群岛、大巽他群岛（印尼及马来西亚）。很显然，这其中半数都属于东亚大陆所直接面对的外岛。而从地缘政治的角度来看，日本将是这些外岛中影响力最大的政治体。

日本征服外岛的历史

对于这些外岛，东亚大陆的国家显然缺乏足够的兴趣。除了那些企求长生不老的皇帝偶尔会派些方士出海寻仙访药外，这些外岛在大部分时候都在按照自己的轨迹运行。当然，这并不代表它们不会与东亚大陆发生地缘关系，只是海洋的阻隔使得这些岛屿在古典时期基本都能保持独立的状态。

这种状态直到古典时期行将结束时才被打破，一方面，东亚大陆上的中国也开始重视海洋的力量；另一方面，外岛的核心地区——日本本岛已经从西方学到了足够的技术乃至思维方式。这使得日本人率先开启了外岛之战，因为他们需要整合所有外岛的力量，以此进一步向东亚大陆发起挑战。

东亚的外岛从南到北主要包括：琉球群岛、日本四岛（九州、四国、本州、北海道）、千岛群岛、库页岛，纯粹从地理角度出发，也可以加上最北部的堪察加半岛。上述岛屿（包括半岛）共同组成了“东亚外岛链”。

虽然东亚的历史主要是由大陆国家书写的，但随着西方海权思想的渗入，东亚的岛屿国家也看到了自己的潜质，其代表就是日本。既然同样面对大陆的岛国——英国可以成为“日不落帝国”，那么日本也有理由相信自己具有相同的机会。与英格兰人称霸之前先统一了英伦三岛一样，日本也需要先将外岛地区统一到自己的旗下。

1868 年，在日本被美国的炮舰打开国门 14 年后（1854 年日美签订《神奈川条约》），新上任的明治天皇将学习的目标从千年前的大唐帝国转向更具诱惑力，也同属海洋国家的英国和美国。

1869 年，虾夷人的最后领地——虾夷岛被更名为“北海道”，正式成为日本的一部分，从此日本开始了长达 36 年统一外岛的进程。由此而引发的一系列战争，使得东亚外岛地区（还加上了起到“陆岛桥梁”作用的朝鲜半岛）到 1905 年基本并入了日本国土。新兴的日本帝国终于有实力跻身于世界强国的行列了。它正式从法理上登陆大陆，开始了向中国核心地区挑战的征程。

日本在极盛时期基本将 95% 的外岛地区并入了国土，除此之外还成功地将连接陆岛地区的桥梁——朝鲜半岛据为己有。在此我不得不说日本人是个讲效率的民族，从战术角度来看，他们已经做到了极致。

日本的终极梦想

在获得外岛地区的控制权之后，日本立即向东亚大陆地区挺进——毕竟岛屿环境所造就的民族危机感总是要强些。日本当时的战略分析未必像我们今天这样站在全球的角度，以美国作为挑战和学习的目标，对于日本来说，英国是最有可能的模板。

作为同样位于大陆边缘的岛国，英国要想掌握话语权，就必须介入大陆事务，事实上英国也一直是这样做的。在英格兰人最辉煌的时候，英国不仅控制了不列颠，还占据了半个法国。但在大部分时候，英国人所能做的只是不断挑动欧洲大陆各国的关系，让它们互相牵制，避免一家独大。直到英格兰人丧失了欧洲大陆上的最后一块领地后，英国的政治家们终于清楚了，他们所需要的大陆并不在欧洲，而是在海外。

英国人强大的海上力量帮助他们找到了北美洲、澳大利亚、印度这三个看似合适的备选对象，不过当时的世界中心还在欧亚大陆，因此印度才是最佳选择。而印度所具有的地缘位置和资源也成就了“日不落帝国”的辉煌。

正如英国一样，日本也知道单靠一个岛国的力量是无法称霸世界的。我们在“新世界岛”中为欧亚大陆划定了三大边缘地带，日本需要在其中挑选一个作为自己的扩张方向。显然，日本如果将目光投向欧洲，只会被当成一个笑话；而印度已经成了英国的“后花园”，即使没有这一层关系，基于地理距离的因素，向南亚扩张也是不现实的。最合适的选项，就是在大海对面一直作为日本师法对象的中央帝国了。

基于地缘的关系，借助朝鲜半岛进入大陆地区是最好的方案，实际上最初的大陆移民也正是通过朝鲜半岛的南部进入日本的。强大之后的日本在战略方向上并没有太多的选择。在日本完成了外岛统一，并将朝鲜半岛这个“桥头堡”收入囊中后，接下来的目标就是中国本土了。

对于吞并他国国土，国际上“通行”的办法是先策动他国某地区独立，然后再把独立的地区吃进去，当然这一切都得打着“民意”的招牌，美国吞并得克萨斯、

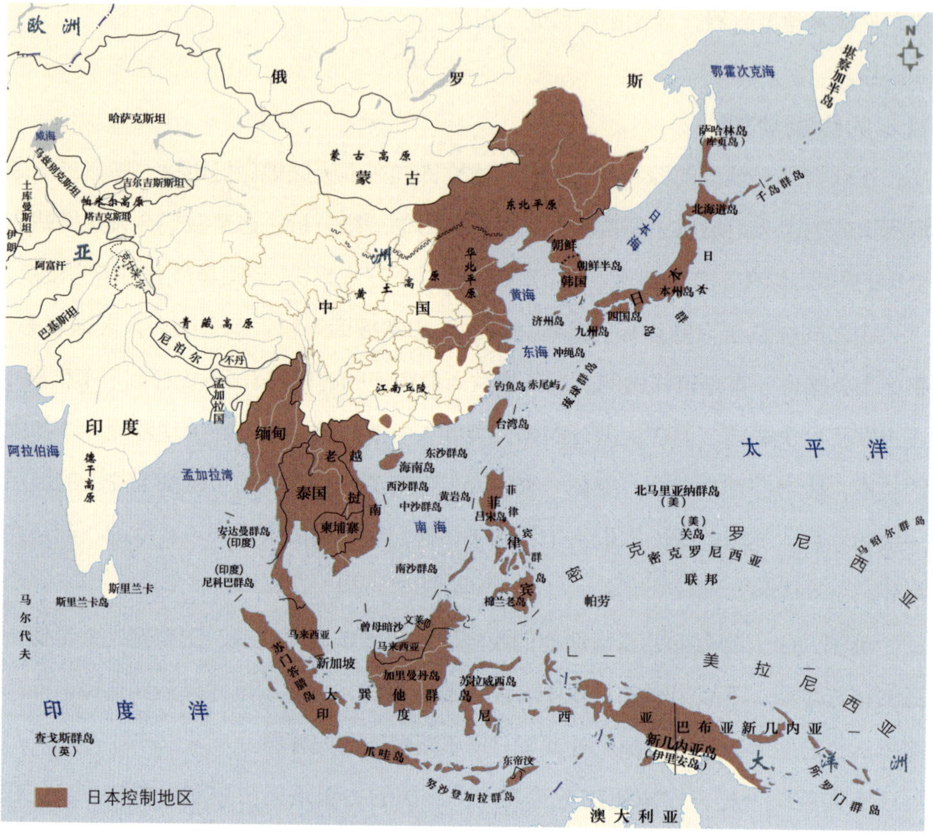

1942年日本极盛时期控制东亚及东南亚范围示意图

日本吞并朝鲜都是用的这招。日本人对中国的历史研究很深，他们发现中国古代王朝所受到的入侵基本都是由北方而来，一是蒙古高原，二是东北地区。换句话说，如果先占领了这两个地方，入主中原的成功率会高很多。

所以日本人才会有“欲征服中国，必先征服满蒙”的说法，后来他们也的确是按照这个战略来行动的。不过由于俄国的存在，这个计划只完成了40%。日、俄在这两个地区的矛盾由来已久，1904年的日俄战争让日本人的信心极度膨胀，可惜“三十年河东，三十年河西”，俄国人的战争理念早已脱胎换骨了，诺门坎一战让日本完全绝了念想。蒙古最终还是成为俄国的势力范围，而对于东北地区，日本倒是按计划扶植出了个伪“满洲国”。

所以，在日本最终完成的“圣战”地图上你会发现，日本对中国的攻势是从北往南的，即按东北—华北—长江流域的路线进攻。当其试图进入黄土高原时，却受阻于山西，究其根本就是因为没有拿到蒙古高原，无法在战略上对黄土高原形成压力。由于黄土高原在防御层面上对华北平原有着明显的优势，因此试图从华北平原进入黄土高原是非常困难的。

正由于日本制定的这种由北向南的战略，你会发现，日本在中国的南方除了将沿海的港口全部占领外，只在云南靠近缅甸那里有所动作。日本之所以在南线开辟战场，主要是出于战略层面的考虑，以从海、陆两线切断中国的外援。

应当说，西方文明的入侵打破了华夏文明一统东方的局面，这对日本来说是个千载难逢的战略机会。由于体量相对较小，并且一直将自己定位为学习者，日本从模仿华夏到脱亚入欧的转换是非常高效的。这种高效也让日本破天荒地取代中国，在整个 20 世纪成为亚洲经济的领先者，并且一度拥有统治亚洲的梦想。然而，当古老的中央之国缓慢而又痛苦地将战略方向调整过来，并迎头赶上后，日本再想入主东亚大陆，甚至只是统一东亚外岛，在可以预见的将来都变成了不可能完成的任务。

琉球群岛

如果日本还想改变自己的地缘结构，那么分列在日本群岛南北两端的两个重要群岛——琉球群岛和千岛群岛就是它第一步需要扩张的方向。作为东亚外岛链的重要组成部分，在日本全盛时期，这两个群岛也的确为日本所占据，并且可以被用来封锁苏联和中国。然而，由于“二战”中日本与这两个国家的战争主要发生在大陆上，最终它们并没有发挥封锁东亚大陆的作用，但这并不代表它们的地缘作用会被忽视。在日本宣布无条件投降之后，美、苏两个超级大国分别控制了这两处群岛。只不过即使是双胞胎也会有所差别，更何况两处相隔千里的群岛。因此，它们在战略作用以及美苏两国的控制方式上存在着很大的差别。

之所以要将琉球群岛形容为东亚大陆的屏障，是因为这条体量不大、长度不短

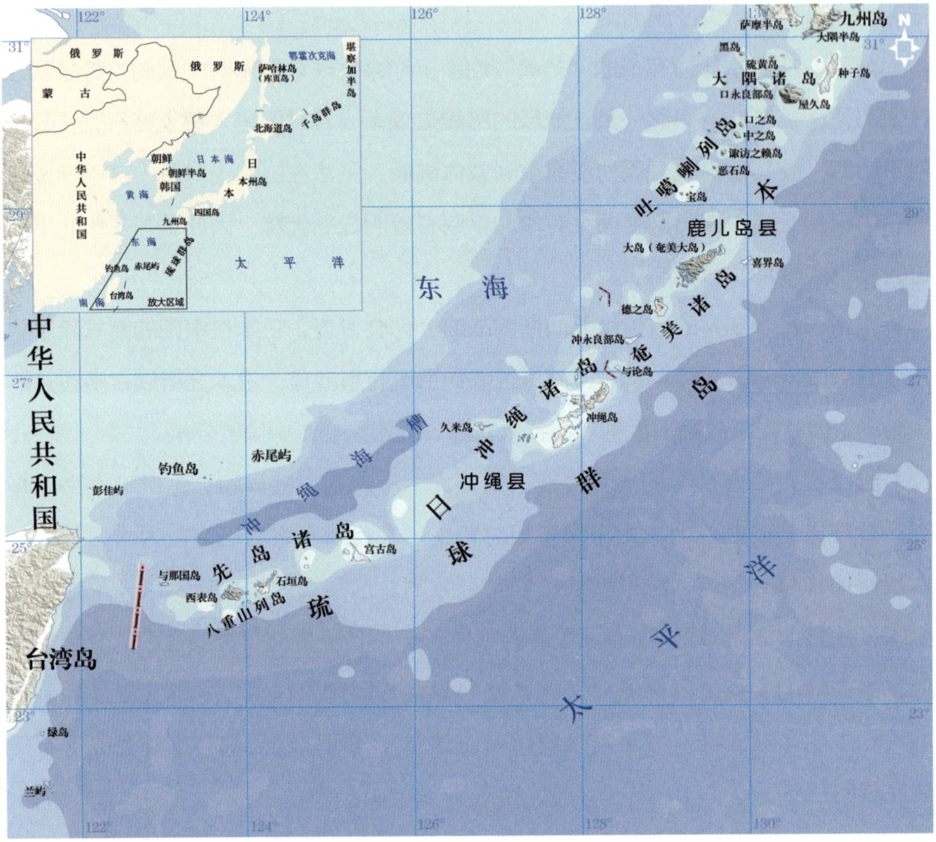

琉球群岛示意图

的岛链正好挡在东亚大陆东出太平洋的通道之上。如果它能够为东亚大陆所控制，那将会是保护东亚大陆安全的外围屏障；反之，它便是用来阻碍东亚大陆将地缘影响力扩散到太平洋的屏障。

既然要以琉球群岛为标签解读它的地缘作用，我们就需要先解读一下“琉球”和“冲绳”这两个名词之间的关系。很多时候它们被视作同一概念的不同表述方式，这种看法也是有道理的。一般而言，我们可以将日本九州岛以南一直到台湾岛之间的这条岛链都称为“琉球群岛”，而这条岛链的中心就是由冲绳岛和周边一些小岛组成的冲绳诸岛。

上述这种划分法是广义的划法，狭义的划法则是将北纬 29 度线以南至台湾岛以北的岛屿称为“琉球群岛”，此认定的依据是联合国当年授权将这部分岛屿交由美国托管。而美国人之所以这样划分，表面的原因是这部分岛屿之前隶属于独立的“琉球王国”，因此可以算作日本的殖民地。当然，美国将这些岛屿置于自己的管辖之下，远没有这么简单和“正义”。

需要说明的是，抛开中国所提供的确凿历史、法律证据不说，仅从地理结构上看，钓鱼岛及其附属岛屿也并不属于琉球群岛的一部分。观察这一地区的卫星地图就会发现，钓鱼岛实际上处在东亚大陆架的最东部，它与琉球群岛之间隔着一条最大深度达到 2 716 米的“冲绳海槽”。

对于日本来说，不包含钓鱼岛在内的琉球群岛才是它真正能够施政的所在。目前在日本的行政区划内，广义的琉球群岛归于两个不同的“县”所管辖。冲绳诸岛和南部的先岛诸岛现在归属日本的冲绳县管辖，因此也有人将这部分总称为“冲绳群岛”。冲绳群岛以北至日本九州岛的岛链目前则归属日本的鹿儿岛县管辖，主要包括大隅诸岛、吐噶喇列岛、奄美诸岛，由于在之前归属日本的萨摩藩管辖，亦可总称为“萨南诸岛”。总的来说，这条日本至台湾岛的岛链可以由三大部分组成，即萨南诸岛、冲绳诸岛和先岛诸岛。

琉球群岛（北纬 29 度以南部分）在古典时期的定位一直不是特别清晰，主要因为现代的国家概念是由西方人率先建立的，而在古典时期的东亚，国家的概念是比较模糊的。这便使得在研究中国古代各朝代的地理范围时，会有不同的划分方法。有一种观点认为当时琉球群岛上的几个王国都属于华夏朝贡体系，基于这种属国的身份，似乎可以将之认定为中国国土。持这种观点的不在少数，比如闻一多先生在《七子之歌》中将琉球比喻为台湾的群弟，赋予其同等的地位。但仅凭此便将琉球群岛划归中国的历史领土，显然不够严谨。

中国古代与周边国家的朝贡体系一般被认为很难套用西方（也就是现代）国与国之间的关系。如果一定要在现在找到一种类似的政治体，那么“英联邦”中部分国家所采用的“共主联邦”的组织结构或有可比性，即每一个国家都有独立的法人资格和完全的独立性，但都奉英国国王为国家元首（代英国国王行使象征性元首权力的就是“总督”)。如果认定琉球群岛历史上为中国的领土，那么明朝时期的朝鲜也应当做同样的认定了。事实上，即使将古典时期的东亚“穿越”到现代社会，古朝鲜也应被视为具有加入联合国资格的国家，只不过它和加拿大一样，名誉上的最高元首是中国的皇帝（朝鲜国君只能称王）。

讨论这些实际上无关现实的地缘关系，只是为了澄清一个历史问题罢了。当然，在东亚开始有现代国家意识的时候，正属于弱肉强食的年代。中国（清朝时期）和日本（明治时期）其实都有机会将琉球群岛并入自己的国土。中国所具有的是历史优势，而日本所据有的是地缘优势。最终打破这种平衡的是两国在实力上的差距，一边是仍处在陆权时代的中国，一边是已经成长为海权强国的日本，再加上距离的因素，争夺外岛的结果便可以预见了。可以提供佐证的是，在时间略早的阿古柏[1]入侵新疆事件中，清政府即使处于衰弱期，也还是能够重新稳定局势，收复新疆。

离开日本的日子

第二次世界大战的胜利也意味着中国在近代史上第一次取得了对外战争的彻底胜利，并由此位列联合国的五大创始国之一。应当说，当时的国民政府在从日本手中收回台湾岛后，是有机会对琉球群岛提出主权要求的，而当时的同盟国也正希望肢解日本苦心经营的外岛链，具体的措施就是将日本本土四岛南北两翼的千岛群岛和琉球群岛划出日本领土，彻底消除日本在东亚以及太平洋上的地缘优势。但当时的世界已经开始出现东西两大阵营了，美苏两大阵营的对抗实际上在“二战”即将结束时就已经开始。在接收战败国的遗产时，两个日后的超级大国也力求平衡，这种平衡亦体现在对战败国领土的控制上，因此，日本南北两大群岛自然也就被美苏两国所控制了。

苏联人在领土问题上一贯强势，他们直接把北部千岛群岛划入自己的国土范围。苏联之所以会这样做，地缘上比较近是一个原因，历史上俄国曾拥有过北千岛群岛

[1] 阿古柏（约 1820—1877），中亚浩罕汗国安集延人，曾于 1865 年随张格尔之子布素鲁克和卓侵入中国喀什，占领南疆。1877 年，在维吾尔族人民的反抗和清军打击下，阿古柏兵败库尔勒，被部下击毙。——编者注

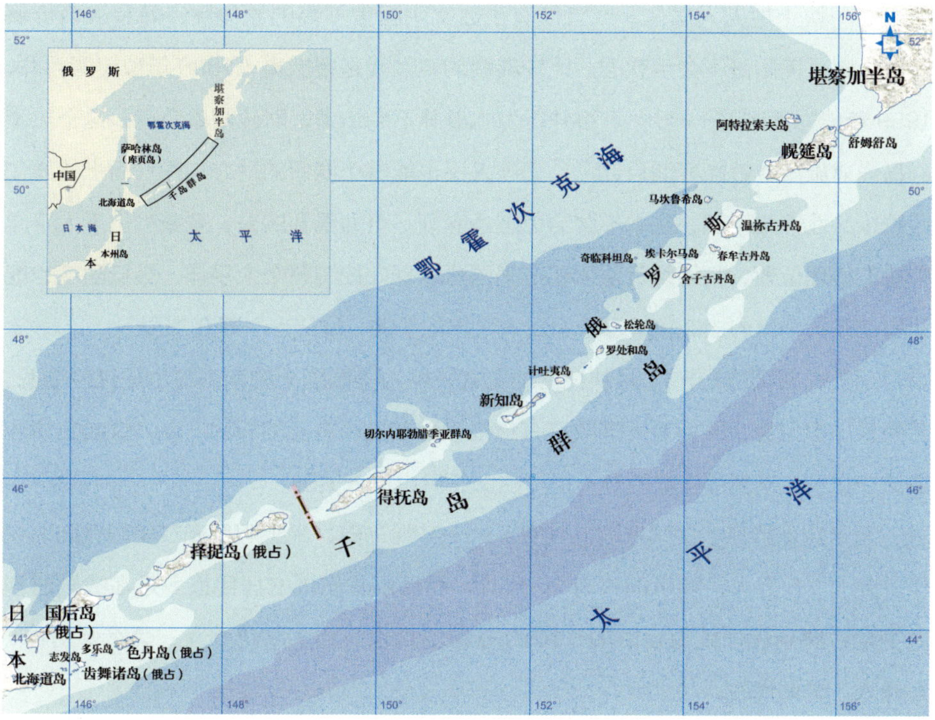

千岛群岛示意图

的主权也是一个原因。但日本一直不肯放弃南千岛群岛（北方四岛）的主权要求，这使这件事成为历史遗留问题。

美国则没有像苏联那样直接吞并琉球群岛，而是搞了个托管。之所以这样做，根本原因是考虑到人的问题——西方国家在吸收一块领土时，首先要考虑到上面的人会不会成为国家的负担，会不会影响原有国民的直接利益（在吸收新移民时也是这种思维）。关于这种思维方式，我不做太多评价，只想说，美国不收琉球主要不是考虑岛上居民的意愿，而是国内选民的想法。

有一种说法是美国没有领土野心，即现在的美国已经达到了实力的顶峰，然而在运用武力的同时却不会谋求扩充领土。从表面看似乎是这样的，但实际上并没有表面上看到的那么高尚。之所以显得没有领土野心，主要还是考虑到成本的问题。

如果有一块土地无人居住，或者仅有少数文明程度不高的原住民，而其战略价值又巨大时，美国是不会手软的。比较典型的案例就是夏威夷（1898 年被美国吞并，1959 年成为美国的一个州），吞并行为本身并不会给美国财政增添负担，这个热带群岛光靠旅游业就能养活自己了，美国人民也能有个度假的地方，并且岛上的原住民较少，性格又平和，基本不会给美国添麻烦。更为重要的是，夏威夷位于太平洋中心的地理位置，其地缘价值体现在美国可以据此控制整个太平洋，最低限度也能保有在东太平洋的控制权（那个引发太平洋战争的“珍珠港”就在那里）。

另外，在 2009 年 11 月从托管地正式升格为美国国土的塞班岛也是这种情况。若是换成伊拉克，即使是美国政府有意直接吞并这块重要的石油产地，议会也会否决这一提案，毕竟那些极端分子很可能就此自由进入美国。

至于琉球群岛，美国在攻占其主岛——冲绳岛时，岛上居民光在美国登陆时死伤的就有 7.5 万人，剩下的亦有 20 余万。而且那些伤亡的居民很多是在战败时扶老携幼，爬到崖顶跳海自杀的。10 万守岛士兵也只活了 9 000 人，美军则伤亡 7 万多人，可谓惨胜。

尽管冲绳百姓的“殉国”行为大多是在日本军人的胁迫之下，但这种行为本身还是给美国人造成了极大的心理冲击。因此就算美国政府和军方想把这块地方纳入美国国土，国会和民意这关也很难过。况且美国不像苏联，苏联多少和千岛群岛有些历史关系，美国强行并入琉球在法理上也有问题，所以先托管着是最佳选择（可以用，又不用承担义务），然后在合适的时候再决定琉球群岛的归属问题。

第六节 | 台湾岛

台湾岛对中国来说不仅是固有领土，更是中国面向太平洋的门户。在被称为海洋世纪的今天，对欧亚大陆和西太平洋来说，台湾岛的价值和意义无论怎样强调都不过分。同时，台湾岛的安全也同样需要靠拢中国大陆。

在本章开头我们用北纬 30 度线将整个东亚地区分成了东北亚地区和东海地区。东北亚地区的情况较复杂，主要是中、俄、朝、韩、日五国在海上的经济利益之争，从安全的角度看，涉及的主要是地区安全。而东海地区则不光是经济利益了，更重要的是关系到中国的全球战略，即突破外岛的阻碍而进入蓝海。台湾岛便是解决这一问题的关键所在。现在我们关注的重点则是台湾岛本身，以及它与东亚大陆之间的地缘关系。

“海商”与台湾岛

关于台湾岛的问题，无论是谈论东亚还是中国，都是必须面对的。尽管现在两岸在一些问题上还无法达成共识，但在可以预见的将来，两岸实现和解是必然的。抛开其他因素，仅从地缘角度分析，无论是历史还是现状，两岸之间的地缘关系都将促使大家共同面对未来，以实现共同发展的目标。

说到台湾岛与大陆的关系，可以用一个词形容，那就是“若即若离”。说它远又不算远，毕竟岛上的居民除了原住民外，基本上都是从大陆迁过去的；说它近又不算近，海峡的宽度和台湾本身的物产，足以让台湾在一个相对独立的环境里发展。

史书中对大陆先民进入台湾岛，以及中央政府在岛上的政治活动多有记载。我们今天所要关注的是究竟从什么时候起，大陆的农业人口开始有计划地大规模开发台湾。在这之前，我们先大略了解一下台湾岛开发的历史。

台湾岛本来的原住民就是我们所说的高山族，也就是国外所说的“南岛民族”，简单说就是居住在南太平洋那些小岛上的原始民族。也有一种说法称，南岛民族最初也是从东亚大陆迁移出去的。但即使得到验证，也应该是在文明开始之前，因此这不属于我们今天所要讨论的范畴。

尽管台湾岛距离大陆的距离并不算遥远，但由于中国自古以来就是一个陆权国家，大陆的农业人口对海外的土地一直兴趣不大，因此除了少数民间移民外，一直到明朝末年都没有大规模的移民。台湾岛真正受到重视是到了明朝末年。明朝初年郑和七下西洋，并未让当时的政治家们发现海权的重要性，郑和事件只是作为一个意外事件被历史湮没了，官方随后重新下达了禁海令。

但沿海的居民已经尝到了海外贸易的甜头，所以并不愿意回去种地或只在海边打打鱼。于是，走私与反走私便成了明朝中后期的一项重要活动。由于当时的贸易对象主要是日本，出于维护共同的利益，这些明朝的“走私犯”很自然地和日本人结合在了一起，携手武装反抗阻挡他们财路的大明政权——这也就是正史所说的“倭寇”。可以让极端民族主义者聊以自慰的是，在明朝，倭寇的头基本都是中国人，日本人大都是做“马仔”的。

这场战争最终以明朝政府的胜利而告终，但这只是由于丰臣秀吉在朝鲜被明朝打怕了，而对日本人下达了禁令。既然日本人已经基本不参与这种武装走私行为，

东　海
黄尾屿
赤尾屿
钓鱼岛
冲北岩
南小岛
彭佳屿
花瓶屿
棉花屿
基隆市
台北市
龟山岛
台湾岛位置
120°
121°
122°
25°
24°
23°
22°
棉花屿
花瓶屿
基隆屿
基隆市
基隆市
台北市
台北盆地
桃园县
新北
台北
桃园县
新北市
大汉溪
龟山岛
新竹县
新竹市
新竹市
宜兰县
宜兰平原
新竹县
台
湾
海
峡
苗栗县
苗栗县
宜兰县
大安溪
玉
中
台中市
台中
阿
山
彰化县
花莲县
台中盆地
彰化县
南投县
南投县
央
花莲县
浊水溪
日月潭
吉贝屿
云林县
云林县
里
山
白沙岛
渔翁岛
澎湖县
澎湖岛
外伞顶洲
海
岸
太
台湾岛
台东纵谷平原
山
嘉义市
嘉义县
嘉义市
玉山
3952
北回归线
澎湖列岛
花屿
将军澳屿
澎湖县
嘉义县
嘉南平原
山
脉
平
望安岛
西吉屿
东吉屿
曾文水库
七美屿
珊瑚潭
脉
山
老浓溪
脉
台南市
高雄市
台南
洋
山
台东县
溪
台东县
绿岛
(火烧岛)
高雄
屏东平原
屏东县
屏东县
琉球屿
图　例
省级行政中心
地级市行政中心
县级行政中心
山峰
市界
县界
兰屿
小兰屿
七星岩

台湾岛示意图

也就不好再把“倭寇”的帽子扣在这些强悍的水手身上了。

至于明朝与倭寇的战斗究竟应该如何定性，现在史学界有不同的声音，不过这并不在我们的讨论范围内。我们所要注意的是：**正是这场走私与反走私的战争，才凸显了台湾的战略地位，开启了大陆对台湾的第一波开发热潮。**究其原因，日本人还在参与走私行为的时候，日本南部的沿海地区是不错的走私基地，但在日本人退出以后，由于不愿意与明朝发生正面冲突，日本方面自然不愿意再提供这片基地。于是，中国方面的“海商”们需要另外再寻找一个基地，这便是台湾岛（最后一次有史记载的“倭寇”事件时间是 1624 年）。

1604 年，新一代的“海商”代言人——郑芝龙出生了。我们无从知道他是什么时候开始从事走私的，我们只知道他最初的老大也是把基地设在了日本。不过在他 20 岁那年，也就是 1624 年，出于我前面所说过的原因，他将根据地搬到了台湾，那时候他已经自己当老大了。郑芝龙入行的时候，“倭寇”这个名词已经不流行了，因此他很幸运地没有被贴上“倭寇”标签，而是被称作“海商”或“海盗”。不要小瞧了这种分别——前者事关民族大节，而后者说不定会被当作反抗阶级压迫的英雄（虽然从实际行为上来说，两者并没有区别）。

不过，年轻时候的日本之旅也并非没有在郑芝龙身上留下一点纪念，最起码他娶了一个日本妻子，这个妻子为他生下了一个足以影响世界历史的重要人物——郑成功。母亲的国籍并不能影响郑成功作为华夏民族英雄的形象。

在郑芝龙到达台湾的同一年，荷兰人也到达了台湾。其实作为当时的海上强国，荷兰人在 1601 年就试图打开中国的大门，并希望像葡萄牙人那样在中国沿海获得一块根据地。他们最初选中的目标是离大陆更近的澎湖列岛，然而大明水师在与倭寇的战斗中已经成长了起来，荷兰人的几次试探都以失败而告终。

不过，大明水师也仅满足于将荷兰人赶离澎湖，双方最终于 1624 年达成了和解。荷兰人不再侵扰澎湖，而大明朝廷也放任其将基地设在台湾。对于明朝来说，那块地方太遥远了，何况当时陆地上还有更重要的事要办。

郑芝龙当时还只是海盗，并无对抗荷兰人的实力，所以便带着所有家当回到了大陆，继续做他的老本行。不过，在大陆毕竟不比在海外，做这种犯法的营生总是要担心被官兵抄查。当然办法也不是没有，最好的办法就是自己做官兵——这没什么好奇怪的，自从《水浒》诞生后，它就一直被山大王们奉为教科书。山上的大王可以学，那海上的大王当然也可以用。

好在官府最近为北边的事忙得焦头烂额，也正好想“以盗制盗”，双方一拍即合，郑芝龙就摇身一变成了明朝的总兵官（1628）。穿上了官衣，总得做出点成绩吧，于是昔日的兄弟们纷纷成了郑芝龙的手下败将，识相的也共同做了官军。

官府收郑芝龙除了对付海盗，更主要的还是为了防荷兰人。这也正合郑芝龙之意，有了官府做后盾，腰杆子自然硬了不少。1633 年，郑芝龙便于福建沿海金门海战中击溃了荷军舰队。不过商人就是商人，如何利益最大化才是他最关心的。最终郑芝龙和荷兰人达成了和解，共同开发台湾，也共同垄断了对日贸易。

海盗出身的郑芝龙其实并不信任政府，如何在海外经营一块自己的根据地才是他最关心的。于是大陆开始了第一次大规模向台湾移民，在最初的几年便达到了数万之众，而当时在台湾的荷兰人只有几千人。

随后的历史大家应该都很清楚了。基本的脉络是郑成功退守台湾，赶走了荷兰人，促成了第二拨大规模移民。1683 年施琅收复台湾，大陆又开始陆陆续续向台湾移民，到了 1811 年，移民人数总计 180 余万。1853 年太平天国进入长江中下游地区，由于战乱，大陆地区又掀起了一波移民高潮。直到 1895 年台湾被割让给日本，台湾便转而开始接收日本移民。1945 年国民党军队接手台湾，将日本势力清除出去，并随后开始了最后一波移民高潮。在这个过程中，台湾岛已经无可置疑地成为华夏文明圈的一部分了。

从这段历史大家可以看出，大陆对台湾的大规模移民起自 17 世纪 30 年代，止于 1949 年，其间大约 310 年。从这个角度可以说目前台湾人大都是“外省人”，只不过是时间先后的问题。但这么长的时间段足以造成他们对大陆地区心理认同的深浅不一，这一点稍后讲到。

台湾岛地缘文化的形成

由于台湾岛上的居民大部分是不同时期从大陆迁移过去的，因此岛屿虽小，却拥有着差异化的地缘文化。这固然与不同的移民来源有关，却也与台湾的地理结构有关。让我们先了解一下台湾的地形。

台湾的整个地形像一片叶子，但由于中间大部分地区为山地地形，所以适合耕种的土地集中在西海岸，北细南宽，整体呈香蕉形。东海岸也有很窄的一条平原地带，但面积过小，不适合大规模居住。因此，无论是荷兰人还是郑氏家族，最初的开发地点都集中在南部，也就是集中在现在的台南一带，最北到嘉义。这一带的地理名称叫“嘉南平原”。

清中期，台湾继续向北开发，政治中心也逐渐向台北地区转移。1875 年，沈葆桢建台北府，统管台湾行政，可惜尚未得到充分开发，20 年后台湾即被割让给了日本。日本仍以台北为行政中心，日本移民也多集中于此。到了 1945 年国民党军队接收台湾后，新一拨的大陆移民可以说是遍布台湾，但仍然以台北最为集中——一是因为台北是行政中心，二是因为日本撤出后腾出了空间。

从开发的顺序我们大致可以看出，最早的移民开发地点主要集中在台湾南部地区（嘉南平原）；而清早期的移民则在台中地区较多；清晚期及 1945 年以后的移民在台北地区和台东地区的比重较大。

早期的移民选择台湾南部，这也与台湾的地形有关。在台湾地形图中我们可以看到，台湾中间的山脉统称为“中央山脉”，实际上这条山脉从西到东又可细分为阿里山脉、玉山山脉、中央山脉。在东海岸又单独生成了一条“台东山脉”。平原主要分布在沿海地区，由于中央山脉是偏东生成的，所以平原主要集中在西部，特别是西南部。台中和台北地区都是以盆地为中心，盆地内外有小块平原。这也就很好地解释了早期的移民为什么先开发了南部的平原，毕竟人总是先从容易的事情做起的。

这样就造成了一个现象——越往南，这些地区的人民对于故土的认同度越低，越往北移民时间越短，相对来说对大陆地区的记忆越清晰，这是时间和距离造成的，属于自然规律。由于民进党当政时期强化了新老移民的区别，因此使得目前台湾岛的党派之争很大程度上成了划分与大陆关系远近的标尺。

在台湾这几年的选战中我们会发现，与大陆亲缘关系相对较近的台北、台东地区为“泛蓝”的根据地，嘉义以南的台南地区为“泛绿”的根据地，而介于两者之间的台中地区则成了双方争夺的摇摆地区，它偏向哪一方，哪一方就胜出。这种地缘格局的形成从深层次来说，是与移民开发的时间相对应的。

最初的移民还是延续着中国传统的农业迁徙方式，即寻找最适合耕种的土地。无疑，平原是最被移民所看中的。理论上，海拔越低的土地，越适合耕种。这也造成了另一种地缘差异，即规模大的移民族群可以占据平原地区，而规模小的族群则不得不选择海拔更高的地区生存。为此我们可以从台湾群族的分布来看一下这个问题。

在台湾可以发现一个现象，少数民族大部分都是住在山上——其实他们本来是住在平地的，但汉人来了之后他们被赶走，只好往山上去。而汉人之间的闽南人与客家人又常械斗，客家人因人口较少而处于劣势，也被赶离了平原。所以在台湾的客家人到现在为止，多数还是聚集在半山腰地区。（引自《我们台湾这些年》，廖信忠著）

到了清朝末年，随着东方古典时代即将结束，影响人口流动的因素也发生了变化。这一时期由于西方的贸易扩张，港口变得比农田更能够创造工作机会了。在南部，原有与大陆沟通的港口已经由于淤塞而不堪大用，好在再往南一点分割嘉南平原与屏东平原的阿里山脉延伸至海洋，造就了一个天然良港——高雄港（良港后必有山，否则海岸线太过平滑，无法停泊大吨位船泊）。因此台湾南部地区得以获得了新的发展机遇。

在台湾北部，由于可耕种的土地没有南部多，因此人口密度也没有南部高。但随着海运时代的到来，位于台湾岛顶端的基隆港被开发了出来（1886），而其身后的台北平原则在稍早的时间建立了台湾新的行政中心——台北市（1875 年时称台北府）。当时清政府选择将行政中心建在盆地当中，而未建在再靠西一点的平原上，也许是出于多种原因（比如安全，以及土地的所有权），但基隆港与台北的确形成了类似北京与天津的关系（即行政中心加港口），这使得后期的移民向台北地区集中。这种政商合一的优势目前仍在继续，台湾南部的人口仍在不断地向北部地区集中。

台湾岛内的地缘情况大致就是这样，目前大台北地区约有 800 万人，台湾南部地区约有 600 万人，整个台湾地区约有 2 340 万人，人口向北集中的趋势明显。从两岸统一的角度来看，这是件好事，因为移民时间的长短只是区分与大陆心理距离的一个指标，另一个更有现实意义的指标是与大陆经济的关联度。

台湾岛的地缘定位

既然台湾岛在很长一段时间内已经独立生存了，在地缘上又可以不受大陆影响，那么是不是说台湾就一定会“独立”呢？当然不是。一个地区能否独立并不只取决于自身的原因，还要看你与周边邻居的关系。让我们把视线再抬高点，从整个东亚和东南亚的角度来审视一下台湾的地缘位置。

在陆权时代，像台湾这样的岛屿地区可以称得上是孤立地区。**但在海权时代，一个处于重要战略位置的岛屿并不比建在山坡上的尼泊尔更有独立性。**所谓“匹夫无罪，怀璧其罪”。

从这张“台湾岛地缘位置示意图”上我们可以看出，台湾正好处在东亚与东南亚地区的分割点上。或者说是处在“东亚大陆中心地带”（中国）、“东亚外岛地区”（日本）、“东亚中心地带地缘利益区”（东南亚）三块地缘区的交汇处。

处在这样一个节点上，台湾岛要想独善其身基本是不可能的。它必须与上述三个地区之一完成某种融合，才能发展经济和确保自身的安全。

第一种方案是北上与日本结为一体。历史上台湾岛已经被动地经历过这种状态了。不过，问题不在于这种将外岛地区统一在一起的方案对台湾是否更有利，而是这一种方案目前已经没有了可能性，所以不必深加讨论。

第二种方案是和大陆地区结为一体。处在一个强势的“边缘地带国家”身边，这种结合看似是最为合理的选择。事实上这种选择也是必然的，原因不是出在地缘上，而是在其他方面。从香港的例子我们可以看出，地缘上的远近只是影响双方关系的一个原因，而经济上的联系更是重要的因素。既然双方暂时不能缩小地缘上的距离（以技术而论，是可以通过隧道或桥梁拉近双方的地缘距离的），那么加强双方在经济上的联系就变得至关重要了。由于两岸经济存在很强的互补性，这种经济上的整合对于双方来说，都是有利无害的。

第三种方案是成为东南亚的一部分，这也正是那些谋求台湾“独立”的人所想的。在 2000 年民进党上台以后，为了减少台湾与大陆的经济来往，陈水扁曾经希

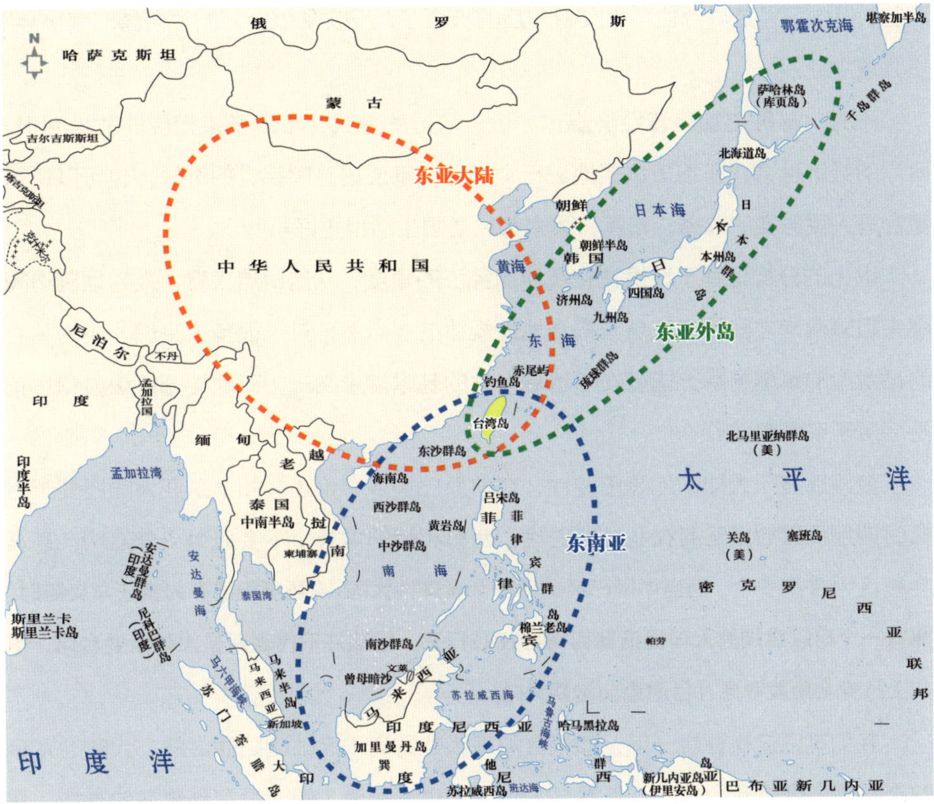

台湾岛地缘位置示意图

望以引导台商投资东南亚的“南进政策”来对抗大陆对台湾的经济诱惑。然而，这种舍近求远的方式是不符合商业规律的，毕竟大陆无论是市场还是诚意都要大许多。因此，这一方案最后的失败也是很自然的。

在南进东南亚的政策受挫后，民进党也知道问题出在哪儿。他们需要一个能够在实力上和大陆对抗，自身市场又大到能够消化台湾剩余的产能，而且距离也不能太过遥远的国家作为依靠的对象。这样的国家有吗？从理论上来说有，它就是印度。

问题是这只是理论上的可能，如果印度的实力能够和美国接近，如果台湾和印度之间的距离像台湾海峡那么窄，那么这不失为一个好的选择（日本倒是符合这两点，不过它也正需要足够的市场来消化过剩的产能）。可惜这两点期望与现实背道而驰，但这已经是“台独”主义者最后的机会了，所以在 2006 年，“台湾印度协会”正式成立。

不过，这种更加违背经济规律、舍近求远的方式并不能换来相应的政治回报。两岸的经济融合正在不可抗拒地进行中。你可以说这是国民党的选择，也可以说这是台湾人民务实的选择。毕竟，大家都只是想生活得更好一些。

以上的分析是基于地缘文化及地缘经济的角度。从这两点来看，人为地制造障碍来阻隔两岸之间的交流是不符合地缘规律的。当然，对于很多人来说，更为关心的是两岸的军事关系，毕竟安全感是人类的基本需求之一。而地缘分析法最初也正是运用于军事领域的。

台湾岛之于大陆的地缘重要性，在前面已经多有论述。如果东亚大陆还处于古典时期那种自给自足的农业经济时代，两岸和解的需求便不会显得十分迫切，甚至会被认为有些多余。**而当中国已经成为一个全球性大国，需要承担更多的责任与义务时，拥有一个可以掌控的入洋通道就变得势在必行了。但这并不代表只是大陆需要台湾，事实上从安全角度考虑，台湾更加需要大陆。**

我们可以这样设想一下，如果台湾岛始终游离于大陆国防圈之外，大陆的军事安全是否会受到致命威胁？答案是否定的。也就是说，假设没有台湾岛的支持，从东亚大陆出发的海上力量，最多只是在东出太平洋时需要提升安全级别，而由于大陆本身的战略纵深极深（甚至已经包括部分欧亚大陆中心地带了），因此，即使试图以台湾岛为跳板威胁大陆的安全，所能起到的作用也是有限的。因此，即使是在 20 世纪中叶，美国也不认为所谓以台湾为基地的“反攻大陆”计划会成功。在美国人眼里，台湾之于东亚大陆的战略定位只是遏制，而不是进攻。事实上，这也是美国对于整个所谓“第一岛链”的定位。

我们再反过来想一下，台湾岛如果始终处于孤立状态，或者完全倒向海洋国家联盟，那么以它所处的地缘位置，势必成为“欧亚大陆东边缘地区”与“新世界岛中心”的结合部（正如它目前正所处的位置），而这种敏感的地缘位置是无法让台湾岛上的民众获得安全感的。

现在有一种误解，即认为大陆一定要以台湾岛为跳板，进行地缘扩张。这种判断也让台湾岛上的民众对于两岸实现和解心存疑虑。其实这种担心是没有必要的。且不说目前的国际环境和北京方面的方向定位都使得中国需要沿着“和平崛起”的方向前行，单从地缘结构考虑，大陆所需要做的也只是将台湾纳入统一的国防圈。这样做对于大陆来说，只是在消除一种可能的（并非致命的）威胁，而对于台湾岛来说，却是可以获得实实在在的安全保障。

因此，从地缘的角度看，无论是出于文化、经济，还是地区安全考虑，两岸都应该而且必须实现和解。当然，这种和解需要面对很多战术问题，也考验着双方政治家的智慧。就本书所能起到的作用来说，更多的只是分析出其中的必然性而已。

第七节 | 东亚核心圈

对于意图崛起的中国来说，仅仅依靠自身的力量是不够的。所谓“一个篱笆三个桩，一个好汉三个帮”，如果中国要挑战美国的战略地位，就必须具有控制半个太平洋的实力，建立以中国为中心的东亚核心圈。

如果没有盟友的支持，无论是中国还是其他大国，做起事来都有可能事倍功半。正如一个组织需要有核心成员，也需要有外围成员一样，中国的盟友也需要有这样的层次划分。这并不是什么创举，例如美国所主导的“新世界岛俱乐部”内部，各国也会有不同的分工。唯一与历史有所不同的地方就是，“同盟”这个名词已经过于敏感了。“战略合作伙伴关系”是比较流行的称谓，至于谁才具有与大国建立“战略合作伙伴关系”的资格，则需要从地缘上做出相应的推断。

东亚核心圈的概念形成

经过之前的分析，我们可以得出一个结论：**如果中国希望挑战美国“地缘中心”**

的位置，就必须具备控制半个太平洋的实力，而进入太平洋的前提是必须使东亚的外岛站在中国一边。这样做的意义不仅仅在于突破美国所设立的“世界岛西外围地区”（日本）的制约，更为直接的地缘意义在于在太平洋上拥有与美国同等的地缘优势。而当世界的重心越来越向欧亚大陆的东部倾斜时，之前作为地缘劣势的与欧亚大陆中心地带交汇的特点，将会转变为中国的地缘优势（可以更为容易地介入欧亚大陆的事务）。如此，中美之间的地缘力量对比才能彻底扭转过来。

我们在“新世界岛论”中曾经为中国的崛起设定了几个条件，其中最后一条，也是最关键的一条是：中国必须将对面的“世界岛外围地区”从美国的阵营中拉过来。从这个角度来看，与日本建立更深层次的战略合作伙伴关系也是必要的。综合这两点地缘因素来看，如果这种关系能够最终建立，就能起到事半功倍的效果。

鉴于朝鲜半岛在连接大陆与外岛之间所起的重要作用，这个紧密联盟也必须加上它。如果朝鲜半岛倒向外部势力，即使中日结成同盟，也不足以保证安全。事实上，朝鲜半岛本身的态度并不会存在太大的问题，跻身于这样一个核心团队，对它的经济发展、国际地位提升不无好处。

就地缘位置来看，韩国既有大陆性，又有海洋性，这一点注定了它退一步则两面受压，进一步却可两面为人。韩国有机会将自己变成地缘枢纽，以及海洋国家与东亚大陆之间的中间人。

一方面，韩国与朝鲜的分裂状态，使得韩国必须重视与中国的关系。的确，将中国、朝鲜，包括俄罗斯视为一体，拉美国、日本做后盾并与之对抗是一种模式，就像冷战时期那样，但这种做法并不符合韩国的利益。最为明智的做法是政治上不与中国为敌，经济上与中国进行捆绑，从中国崛起的进程中获取最大的红利。

另一方面，不管韩国与中国的网民是如何热衷于所谓文化、领土之争，韩国的政治家都十分清楚，自己绝对没有和中国对抗的资本，他们最现实的竞争目标是近在咫尺的日本。美国当然有助于提升韩国的竞争力，但相对于日本来说，韩国并没有优势。而中国方面就不一样了——抛开历史不谈，日本曾经做过亚洲经济老大的过去，以及与中国在海洋战略上的结构性矛盾，都使得中国不会愿意把自己的崛起红利与日本分享。在这种时候，韩国就有机会成为最大的受益者。

从各方面条件来看，台湾原本应该比韩国更有机会分享这部分红利。问题是台湾在政治上面的掣肘太多，看得到却做不到的问题突出，2014 年上半年的反服贸事件 [1] 就是典型案例。事实上，在亚洲四小龙中，台湾原本的竞争力是压倒韩国的，而现在韩国已经成为四小龙的“龙头”。韩国所抓住的第一个战略机遇就是 1992 年与中国建交，由此打开了中国市场。自由贸易区的建立是第二个战略机遇。如果这次“自贸”协定能够顺利通过，台湾便能够借大陆示好的机遇，在时间和深度上都占得先机，从而在与韩国的经济竞争中扭转劣势。如果又让务实的韩国抢了先，台湾今后的日子就可想而知了。在这种情况下，大陆方面反倒可以淡定些了。你签与不签，我的市场都在这里。签了，大家经济捆绑度高了，交流更加深入，有利于今后的政治和解；不签，那就让时间来证明一切。

如果中、日、朝鲜半岛能够结成紧密的同盟，我们便可以将这个核心同盟称为“东亚核心圈”。既然有“核心”的定义，也就一定要有外围了。以东亚核心圈的地缘位置来看，东南亚地区将是其外围的天然选择。尽管就上述定位来看，东南亚在地缘政治集团中的地位似乎会略低于核心圈的另两个成员，但这并不代表东南亚对于中国的重要性会低于日本和朝鲜半岛。因为在“新世界岛”部分我们已经分析过了，东南亚地区本身就是东亚大陆的天然“地缘利益区”。

东亚核心圈的框架模式

如果中国想建立东亚核心圈，并成为主导者，也只有独立经营好自己的“地缘利益区”之后，才有资格真正体现出自己作为“欧亚大陆东边缘地区”代表的地缘价值。否则中国也没有实力让日本和朝鲜半岛认可中国。

任何一个地缘政治构想，都需要有一个外交平台加以推进。根据时局的需要，这类平台可以是政治、军事层面的，也可以是不那么具有攻击性的经济层面的。无

[1] 反服贸事件，即 2014 年 3 月 18 日台湾部分团体和学生“反服贸抗争”事件，也称“太阳花学运”。在此事件中，18 日及 19 日，台湾反黑箱服贸民主阵线等民间团体和学生晚间占领台“立法院”议场、23 日晚又冲进“行政院”，抗议《海峡两岸服务贸易协议》，29 日下午陷入僵局，岛内陆续出现其他声音，警眷与警友发起“康乃馨运动”（反反服贸运动），支持两岸服贸协议，对太阳花学运发起反制行动。此事件至 2014 年 4 月 10 日结束。——作者注

论哪种外交平台，其最终目的都是为了加深彼此之间的交流，以期达成某种共同的目的。就上述地缘政治设计来说，1997 年发起的“东盟与中日韩领导人会议”，也就是所谓“10+3”模式，可以说就是一次尝试。

当然，仅仅凭借这一模式，并不足以凸显中国在其中的主导地位。因此在“10+3”合作机制之外，中国还另外设计了单独与东盟沟通的“10+1”框架。将这两个并行模式综合起来看，我们会发现，中国实际上就是希望按照上述地缘分析，在东亚一东南亚范围内建立一个“1+2+10”的地缘合作框架。

将时间倒推到 20 世纪上半叶，我们会发现，上述地缘理论与日本曾经幻想过的“大东亚共荣圈”在地缘框架、结构上颇为吻合。

1940 年 8 月，日本首相近卫文麿首度明确提出“大东亚共荣圈”的名称，并且指明中国、日本、“满洲国”、朝鲜、法属中南半岛、荷属东印度及新几内亚、澳大利亚、新西兰等大洋洲地区与西伯利亚东部等地为“大东亚”之范围。“大东亚共荣圈”中，日本本国与伪满洲国、中国为一个经济共同体，东南亚作为资源供应地区，南太平洋作为国防圈。

从日本人的设计中可以看出，除了更为大胆地将澳大利亚也包含在这一“共荣圈”内，以及日本替换中国成为整个东亚及东南亚地区的主导力量以外，其他的结构并没有跳出我们今天的设计框架。事实上当时的日本也正是按照这一战略构思开始它的称霸之路的。问题在于，基于地缘关系，将东亚及东南亚地区用一个地缘政治框架整合在一起，以合力参与全球竞争的想法并没有错，错就错在日本实际上并没有这个地缘潜力来主导这一趋势。

当然，由于日本的海洋属性，以及它曾经“亚洲老大”的经历，试图让其“重返亚洲”（相对其“脱亚入欧”的定位而言），重新认可中国“亚洲老大”的地位，并不是马上能够看到的事情。尤其是在中国刚刚在经济总量上超越日本，而美国依然稳坐世界中心位置的时候。不过，这并不代表建立东亚核心圈的设想就是空中楼阁，或者说日本完全没有可能认识到建立类似合作的必要性。

2009 年 9 月，日本民主党党首鸠山由纪夫执政后，在与中国、韩国领导人接触时多次提及“东亚共同体”，使得这个概念迅速升温。鸠山把“东亚共同体”定

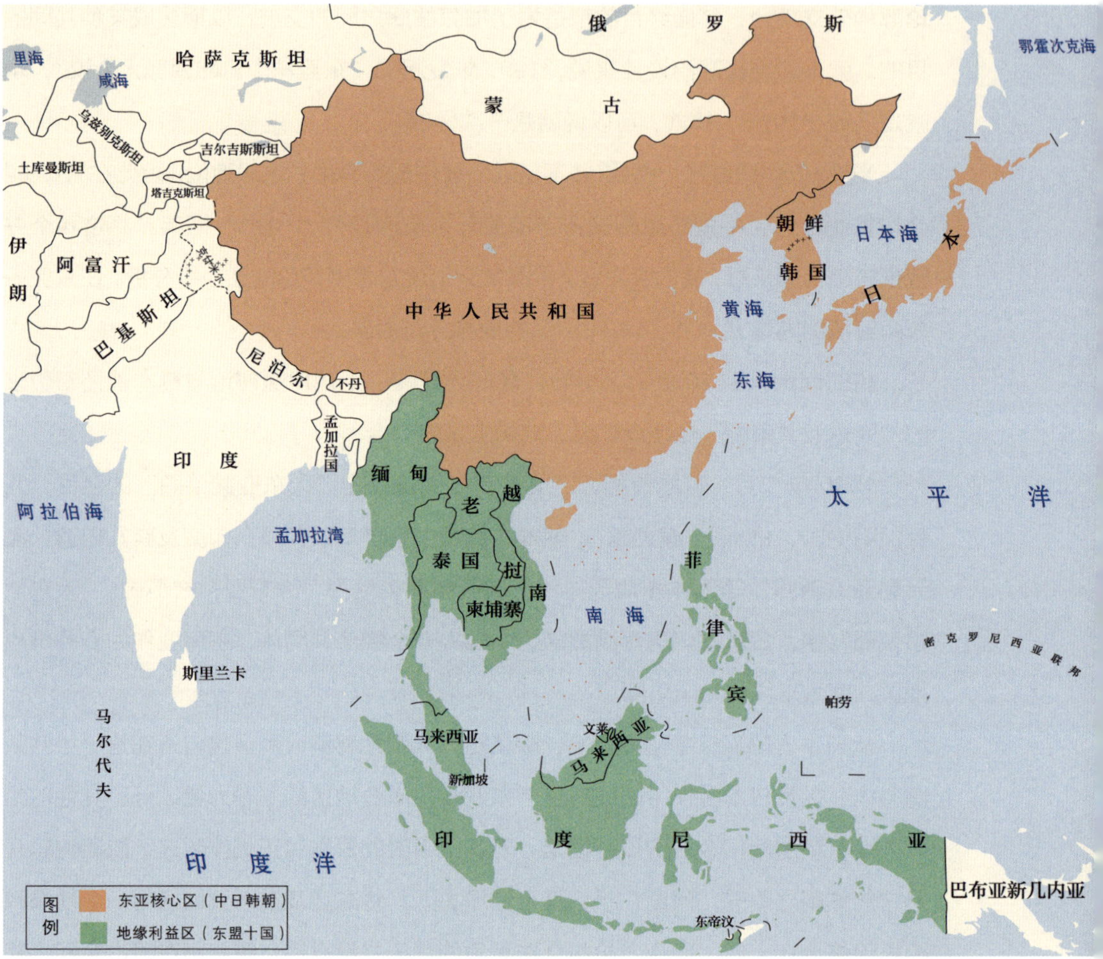

东亚核心圈与东盟十国示意图

位为与美国和欧盟并驾齐驱的世界第三极。日本官方当时也表示，这一构想有望在未来的 10 ～ 15 年实现。

不过，日本当时所希望构建的“东亚共同体”，与 70 年前的“大东亚共荣圈”略有不同，与本书通过地缘分析所搭建的“东亚核心圈”也有些区别。其根本不同就在于，到底谁才是这个世界级地缘集团的主导。从日本的角度来说，它当然不能再像当年设计“大东亚共荣圈”那样，以自己为主了，但它最起码希望能够出现中日共同主导的局面。

中日之间还存在诸多问题需要解决，尤其是日本在心理层面还没有做好接受中国成为亚洲老大的准备。可以预见的是，虽然大家对东亚及东南亚国家的合作前景比较看好，也认可最终走向合作的必然性，但这个过程注定是漫长而曲折的，比如现在中日关系就处在低谷期，彼此之间的政经合作关系反而出现了倒退。不过地缘分析解读的是战略问题，并不会因为一时的曲折就改变方向。比如欧盟，虽然内部矛盾重重，但终究还是踏上了融合之路。

其实对比欧亚大陆两端的地缘结构我们会发现，欧洲所走的地缘融合之路，正是日本所期望的“3+10”模式。所谓的“3”指的就是欧洲的三大中心国家——法、德、英，“10”则涵盖其他欧洲国家（不包括俄罗斯）。问题在于，二者之间的地缘结构完全不同，并不具有可比性。欧洲的地缘特点我们前面已经分析过了，不可能出现一家独大的情况，而亚洲东部的情况则恰恰相反。

第八节 | 美国与西太平洋

美国远在太平洋彼岸，但世界霸主的地位和全球战略让它有资格介入东亚地区事务中，成为一个有形又无形的巨大身影，可以确定为中国崛起道路上的第一对手。

即使不考虑美国海洋霸主的地位，纯粹从区域地缘关系来看，同为太平洋国家的美国也不可能无视中国海洋实力的增长。更何况在中国所直面的西太平洋地区，美国还直接拥有领土，与日本也由昔日的对手转变成为今日的盟友。基于这两个因素，我们需要了解一下，美国在西太平洋的存在，对中国的海洋安全到底有什么样的影响。

两条岛链

相比美国可以无障碍地出入大西洋和太平洋，中国无论是东出太平洋，还是西进印度洋，都必须面对一系列的外岛。而这些外岛既包括东亚的，也包括南洋群岛

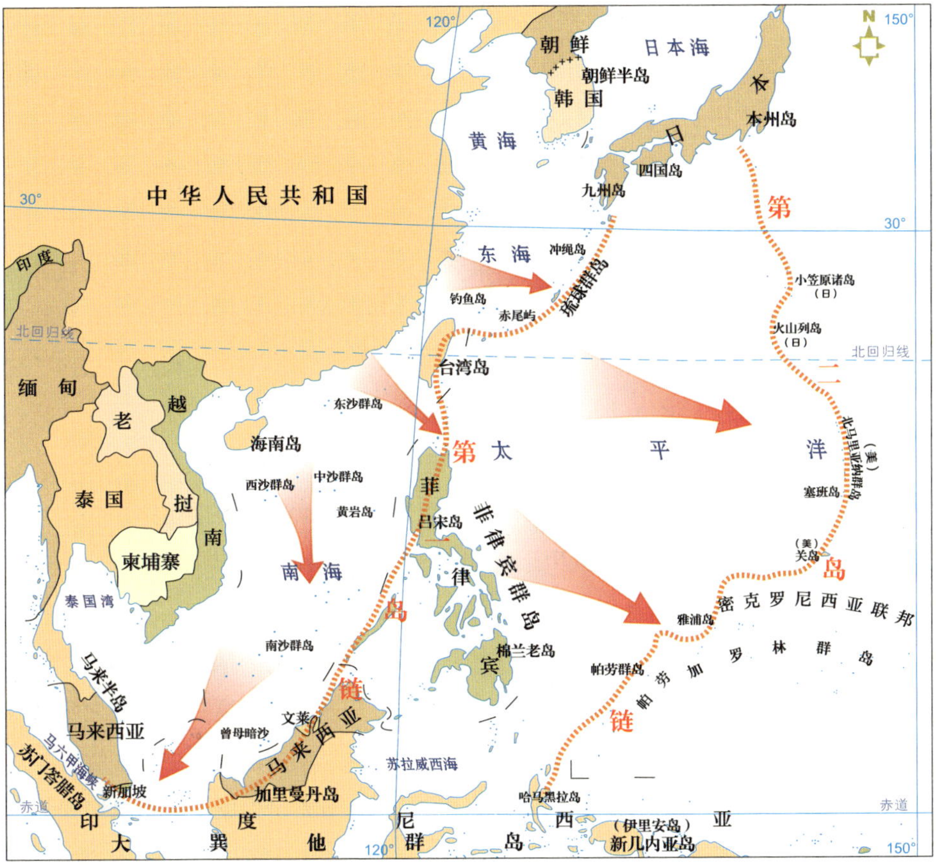

第一、二岛链分布示意图

在内。由于这些岛屿可以由北至南断断续续构成一条完美的弧线，将东亚大陆锁定在一片“内海”之中，因此地缘战略家便将此称为“第一岛链”。具体而言，所谓“第一岛链”指的就是北起日本群岛、琉球群岛，南至菲律宾、大巽他群岛的链形岛屿带。

既然有“第一岛链”那也就会有“第二岛链”了。“第二岛链”是指在东亚大陆的地缘力量突破第一岛链后所形成的第二道防线。这条岛链无论从数量还是密度上都不及第一岛链。它的起点仍是日本群岛，然后向南经小笠原诸岛、火山列岛、马里亚纳群岛、关岛、雅浦岛、帕劳群岛，直至哈马黑拉岛等岛群。对我们来说，这些岛屿的知名度显然不如第一岛链中的那些大岛。当然，如果你对太平洋战争有所了解，应该会对这些小岛有印象。在那场战争中，为了占领这些战略要地，美国人付出了惨重的代价。最终美国人终于意识到，以自己的海洋实力而言，其实并不需要步步为营地对这些岛屿一一进行争夺。于是美国人发明了“蛙跳战术”，即放弃对这些战略要地的争夺，直接攻击其后方较弱的岛屿及日本本岛。

中国与美国所面临的情况相反——第一岛链才是最先需要突破的障碍。与第二岛链相比，第一岛链的战略威慑力在于它的数量及密度。这使得希望以此来控制东亚大陆的国家，完全可以依靠岛上的陆基力量来支援海洋力量，这极大地加强了这条岛链的战略威慑力。中国即使能够大幅度提升自己的海军力量，在强行突破第一岛链时也将事倍功半，因此寻找地缘上的突破口才是终极解决方案。

“岛链”的概念是由海洋国家提出来，用来围堵“欧亚大陆东边缘地区”的。如果再具体点，可以理解为美国用来监控中国的。美国曾经长期以此为前沿阵地，对中国进行战略封锁，而且很长一段时间内中国所面临的封锁并不仅仅来自海上。在美苏争霸时期，曾经出现苏联从陆地上、美国从海上同时封锁中国的情况。而中国当时可以选择的突破口有三个——缅甸、朝鲜、巴基斯坦，这三个国家之所以愿意与中国达成某种合作关系，其实都有其各自的理由。朝鲜需要从中国获取地缘力量以对抗韩国；巴基斯坦需要以中国牵制印度；缅甸则希望借助中国力量摆脱西方国家的控制。

冷战结束后，中国的实力越来越强，中美之间越捆越紧。换句话说，中国在和平时期的海洋安全是可以得到保障的。只是对于任何一个国家来说，居安思危都是必需的，更何况海洋中存在着巨大的经济利益，如果没有强大的海军力量，中国将与这些资源失之交臂。

美国在太平洋上的布局

对于美国来说，并不存在外岛对本土的封锁。作为海洋国家的美国来说，它甚至早就在太平洋上布好了局，将那些可以作为进攻跳板的岛屿悉数收入囊中。其中典型的例子就是位于北太平洋的阿留申群岛、西太平洋的马里亚纳群岛，以及太平洋中心的夏威夷群岛。那个位于夏威夷群岛西北端著名的中途岛，目前也是美国领

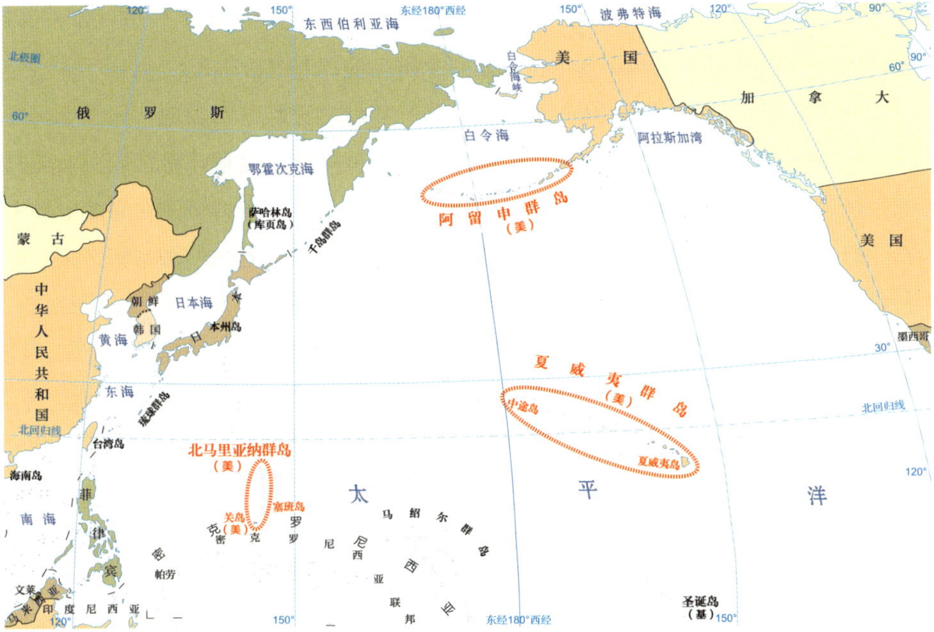

美国在太平洋上的重要岛屿分布示意图

地（比“州”的政治地位低）。

一直以来，都有所谓中美“平分太平洋”的提法。事实上，姑且不说中国有没有这个实力做到这一点，单从技术角度看，中国当下也全然没有机会做到这点。要知道，海洋影响力是需要通过遍布海洋的港口来延伸的。在和平时期，基于商业关系，任何国家的商用港口都有可能向你开放，但如果是想延伸军事影响力的话，就没那么容易了。

在历史上唯一有机会与美国谈均分太平洋的，就是太平洋战争爆发时的日本。在 1942 年珍珠港事件爆发后，日本迅速抢占了西太平洋上所有的岛屿。其中甚至包括北方阿留申群岛中的一部分。只不过在“二战”之后，日本在太平洋上所占据的岛屿大多成了美国的属地。

这里需要重点提一下马里亚纳群岛。太平洋战争中，美日两国为了争夺这个群岛，都付出了惨重的代价。那个让美军伤亡 1.6 万余人，并随后为美国轰炸日本本土提供了基地的塞班岛也处在这一群岛当中。群岛中的另一个著名成员就是关岛。关岛是美国太平洋舰队的重要基地，也是整个第二岛链的中心所在。

塞班岛所在的北马里亚纳群岛已经于 1986 年成为美国联邦领地，而位于马里亚纳群岛最南端的关岛也于 2009 年取得了这一法律地位。这意味着它们在被美国占据多年以后，正式成为美国的领土。事实上，这只是为了维持美国在海洋上的统治地位。这种布局使得任何想要与美国在太平洋上展开全面对抗的国家都必须三思而后行。

说到美国的海洋优势，我们需要提一下另一个与中美两国处于同级的地区，那就是欧洲。**以地理位置、战略纵深和气候来说，地球上最适合居住、发展的地区有三个，也就是同属北半球温带地区的欧洲、中国、美国。**当人类的视野正从欧亚大陆转向更为广阔的空间时，欧洲凭借地理大发现的优势，统治了世界将近 400 年。接下来便是美国。欧亚大陆内部的纷争给了这片新大陆成为世界中心的机会，能够身处地缘政治斗争之外是美国最大的优势。

由于美欧之间的渊源，双方现已结成了紧密的联盟。这也意味着，欧洲殖民者花费了数百年的时间在海洋上扩张所取得的那些重要据点，都有可能为美国所用，尤其是在海洋获利最多，与美国关系又最紧密的英国。比如英国在印度洋中心地带的领地迪戈加西亚岛，当下就是美国在印度洋最重要的军事基地。其不仅为美国在印度洋的行动储备补给，更在针对中东地区的很多战事中（如波斯湾战争、阿富汗战争）直接作为美国的攻击平台，发动空中作战。

APEC 背后的地缘博弈

2014 年 11 月中旬，APEC 第 22 次峰会在北京召开了。对于处在历史转折阶段的中国来说，APEC 这个平台以及本届 APEC 会议有着很强的地缘政治风向标的作用。

APEC 的全称是“亚太经济合作组织”。从字面上理解，这一组织的地理范围应该是亚洲及太平洋沿岸地区，然而就“亚太”一词范围的确定来说，其实就已经暗藏有地缘博弈的成分了。从中国的角度来看，当然更愿意把“亚太”的范围限定在西太平洋地区，包括东亚、东南亚、俄罗斯的远东地区，澳大利亚为首的大洋洲国家也可以被包含进来。而在大洋彼岸的美国，却更愿意把“亚太”的范围与“环太平洋地区”的概念等同化，将南北美洲国家也划入这个世界上最大的经济圈。

以 2013 年的世界各国（及地区）GDP 排名来看，东亚的中、日、韩三国分别列在第 2、3、14 位，台湾地区处在第 24 位，中国香港处在第 40 位。东南亚（东盟）作为一个整体计算的话与英国相当，能够位列第 6。上述身处西太平洋的亚太核心国家（及地区），GDP 总量占世界 GDP 总量的四分之一强。

很显然，西太平洋地区已经成为世界经济的重心，其一举一动将对全球政治、经济格局产生深远的影响。作为世界第一、第二大经济体，美、中对“亚太”一词的理解差异，主要是出于维护自己利益的需要。身处东亚、面向太平洋的中国希望能够在自己的家门口打造一个以自己为主导的经济圈；而奉行全球战略的美国于近两年相继提出“重返亚太”和“亚太再平衡战略”，它自然不愿意看到中国主导西太平洋地区的局面出现。

APEC 是在 1989 年 11 月由澳大利亚、美国、加拿大、日本、韩国、新西兰和东盟中的泰国、印尼、菲律宾、马来西亚、文莱、新加坡六国，在澳大利亚通过举行亚太经济合作会议首届部长级会议宣告成立的。因此这个平台最开始是按照美国所希望的建立一个泛太平洋地缘经济圈的方向来设立的。基于这个范围设定，北美洲的墨西哥、南美洲的秘鲁分别在 1993 年、1998 年也成了成员国。

中国是在 1991 年正式成为 APEC 成员的。应该说，当时中国的经济实力尚没有形成今日之影响，因此美国对于中国的加入是持欢迎态度的。作为全球经济金字塔的顶层，美国需要中国这样处在发展阶段的国家去夯实这个金字塔的基础。近几年来，随着中国经济的快速发展，“中国威胁论”[1] 开始在国际上甚嚣尘上。尽管基于文化背景，中国实际上对于统治世界并没有兴趣，**但不可否认的是，已经完成原始积累的中国人，不会再甘于沉淀在国际经济链的底层为发达国家“打工”了。**

中国拥有 14 亿人口，日益展现出雄厚的经济实力，开始向经济链的上层发起挑战，并期待更高品质的生活，希望更多地介入国际社会，这对于美国全球利益的威胁和挑战是显而易见的。虽然美国在全球范围内仍保持着一家独大的地位，但鉴于这场地缘博弈的主战场是在中国的家门口，不管美国愿不愿意，亚太地区各项经

[1]“中国威胁论”指有人认为中国随着经济持续高速增长，其体制和发展模式比欧美更有效，将对欧美造成威胁的论点。中国威胁论在冷战结束后很长的时间内主导着西方尤其是美国对华的态度和思维，而且深深影响着美国对华的战略。——编者注

济议题的焦点最终总是会汇集到中国身上。APEC 越来越像是为中国量身定做的平台了。美国在构筑 APEC 平台时所期待的自己高高在上的金字塔形经济结构，已经演变成了中美“双雄争霸”的模式。

对于美国来说，此时此刻将中国踢出局的做法并不现实，最为可行的方案是另起炉灶，搭建一个将中国排除在外的新平台。正是在这种需求之下，2008 年，美国决定加入之前（2005）由文莱、智利、新西兰、新加坡几国所发起的“跨太平洋战略经济伙伴关系协议”（简称 TPP）谈判。[1]

尽管美国一直否认自己在用 TPP 架空 APEC，但现实的情况是，如果中国没能找到应对的手段，就很有可能在这场游戏中被踢出局，或者说空守一个只能用来空谈的 APEC 论坛。那么中国到底有没有可能想到应对方法，APEC 北京会议又是否会为中国下一步的经济发展带来什么实质性的利好呢？

从 APEC 建立的初衷来说，TPP 的成立并不让人感到意外，甚至可以说是必然的。因为 APEC 本身并不是一个真正具有法律约束力的合作性组织，而是一个论坛性质的平台。成员国之间在某些经济问题达成共识之后，需要通过双边或者多边协议来从法律上固定彼此之间的合作关系。虽然现有的世界贸易组织（WTO）已经基本做到全球覆盖，但出于地区平衡的需要，其规则的制定不可避免地受到了很多限制，或者说变得不那么“自由”了。为了进一步减少贸易壁垒并促进地区发展，在全球范围内掀起了一股打造适合本地区情况的“缩小版 WTO”热潮。TPP 正是这样一个以在亚太地区打造自由度更高的自由贸易区为目标而成立的平台。

以中国目前的地缘影响力来看，并无可能主导一个泛太平洋范围的自由贸易圈，美国将无可避免地成为规则的主导者。在这种背景下，中国并不会主动寻求加入 TPP 谈判。而已经将中国视为第一威胁的美国，则希望在排除中国的情况下，重新在亚太地区打造一座以美国马首是瞻的“经济金字塔”。

既然意识到 TPP 并非适合自己的平台，中国就必须选择一条适合自己的道路，打造“以我为主”的自由贸易圈。基于中国的经济实力以及地缘位置，以 APEC 为交流平台，在西太平洋地区打造一个不包含美洲地区，或者说让美国来适应标准的

---

[1] 在美国新总统特朗普竞选成功之后，力图维持美国全球化领袖地位的 TPP 已经破产。不过 TPP 的规则并非是为中国设计的，中国仍将会以我为主，按部就班地推进自己的区域性自由贸易平台。——作者注

“亚太自贸区”（FTAAP），这一思路看起来更适合与TPP对冲。然而，鉴于美国的现实影响力以及地区差异，采用将亚太地区再进行细分并逐一对接的方式，对中国来说会更加具有操作性。2010年正式启动的“中国东盟自由贸易区”（CAFTA），以及2012年开启的“中日韩自贸区”谈判，就是中国已经付诸实践的重要步骤。

客观地说，以美国为首的西方发达国家，由于自身的海洋文明属性及先发优势，在贸易规则的制定上以及互融互通上，都较中国这个后发的大陆国家有着明显的优势，这也是中国无法在更大范围内主导一个自由贸易圈的根本原因。不过，在中国发展的过程中，海洋及贸易潜力已经被激发了出来。中国的地缘板块定位也从专注陆地的“大陆国家”，进化成了海、陆兼备的“边缘国家”。不过，如果中国希望突破西方发达国家的阻碍，真正成为世界一极，单纯地较量贸易自由的深度和广度就并非上策了。中国还需要有自己独到的战略优势，而这一优势又必须植根于自己的地缘基础之上，才有可能不被对手模仿和超越。

事实上，当下的中国已经在大国博弈的战场上找到了适合自己的操作主线，并开始依托自身技术优势扩张地缘影响力。这条主线就是2013年9月和10月，中国国家主席习近平在出访中亚和东南亚国家期间，先后提出的共建“丝绸之路经济带”和“21世纪海上丝绸之路”的倡议（简称“一带一路”）。在可以预见的将来，这两条将整个“旧大陆”串联起来的经合线路，将使得中国的和平崛起之路日渐清晰。

与古代丝绸之路单纯的贸易模式有所不同的是，今天试图打通“一带一路”经济带的中国，更侧重利用自身的技术优势，以“基建合作模式”（比如高铁），与沿线国家进行更深层次的合作。从经济层面上来看，基础设施建设具有所谓“乘数效应”，能带来几倍于投资额的社会总需求和国民收入。无论对于发展中国家还是发达国家来说，基础设施是否完善都是其经济是否可以长期、持续、稳定发展的重要基础。很显然，中国这种不附带政治条件，侧重于经济和民生的合作模式，更容易为合作对象所接受。

由于农业文明的背景，以及之前欠债太多，改革开放三十多年来，中国的基础设施建设方面所取得的成就有目共睹。庞大而又高效的内部市场，也使得高铁这类原本被西方发达国家所垄断的高科技产品得以被引进、消化、吸收。与此同时，居安思危的意识也使得中国的储蓄率居高不下，甚至使中国成为持有美国国债最多的国家。这种情况的出现，一方面让很多人产生了不安全感，另一方面也表明中国现在需要为自己所积累的资本找到一个战略投资方向。

当这两项优势结合在一起时我们会发现，中国能够在基础设施建设方面，为合作国家提供包括资金、技术、施工、运营等在内的全方位一揽子方案，具有最高的性价比。这一优势是任何其他国家所无法比拟的。世界各国，尤其是发展中国家，对于基础设施建设都有着强大的需求。在这样的大背景下，能够为之提供最佳解决方案的中国找到了自己经济发展的新引擎。李克强总理出访时必谈高铁，被媒体称为“高铁最佳推销员”，这也正是源自这一战略主线的定位。

大国崛起，并不仅仅是政治、军事、经济层面的做大。如果不能在价值观上引起大范围的共鸣，这种崛起很容易被理解为“霸权”。经济基础决定上层建筑，西方国家在经济上的优势，使得它们所秉持的价值观（特别是政经层面）长时间被神话为所谓“普世价值”。“二战”之后陆续获得独立的第三世界国家，绝大多数也正是按此进行顶层设计。输出者和输入者都普遍认为，政经架构的模仿，能够带来社会的公平以及经济的发展。

然而，时至今日，最起码喜欢以史为鉴的中国人能够发现，今天集合世界上8个主要工业国的“八国集团”成员，与当年侵入中国的“八国联军”几乎没有变化（除了可有可无的加拿大取代分裂的奥匈帝国）。而当后发国家们认识到单纯对西方模式、价值观的引入，并不能改变国家、民族命运时，以深层次经济合作模式，在“一带一路”上践行和平崛起之路的中央之国，也将有机会自下而上地为整个人类社会输出另一种“普世价值”。

第三章

连接三洲两洋之地：东南亚与南海部分

中南半岛与中国更多的是一种合作伙伴关系。只是由于东亚大陆的地缘优势，中国一直是这种合作中的主导者。经由古典时期的磨合，双方已经在陆地上达成了平衡，地缘冲突的风险降到了最低。因此，如何在这种合作中各取所需就成为需要解决的问题了。

第一节 | 中南半岛的地缘结构

中南半岛与中国“山水相连”，自古以来就有着密切的官方和民间交流。这里也是世界上少有的在上百年的历史中各大国先后介入、始终不舍得放手的地区。

我们习惯于把中国以南这一块区域统称为“东南亚”，对于这一点，国际上，包括其中的国家并无异议，因此才会有“东南亚国家联盟”（简称“东盟”）这样一个政治组织的存在。不过，这一地区无论是从地理结构还是从族属、文化、宗教等方面来考虑，都应该分为两个部分：中南半岛和南洋群岛。本节首先解读中南半岛。

中南半岛的地理范围

从地图上很容易看出中南半岛的大概范围。从整体上看，这块区域是从亚洲大陆东南部伸出的一个三面环海的半岛。亚洲大陆再往西边还有两个类似的半岛，

右图：中南半岛行政示意图

N
青藏高原
长江
宜宾
横断山
金沙江
中华人民共和国
贵阳
云贵高原
昆明
丽江
澜沧江
怒江
高黎贡山
元江
南盘江
普洱
南宁
印度
西隆
锡尔杰尔
古瓦哈蒂
艾藻尔
吉大港
密支那
缅甸
曼德勒
实皆
掸邦高原
萨尔温江
东枝
内比都
垒固
伊洛瓦底江
马圭
实兑
若开山脉
加拉湾
曼昂岛
（切杜巴岛）
勃固
仰光
勃生
莫塔马湾
（马达班湾）
毛淡棉
伊洛瓦底江口
普雷帕里斯岛（缅）
科科群岛（缅）
科科海峡
安达曼群岛（印度）
安达曼海
十度海峡
尼科巴群岛（印度）
苏门答腊岛
印度尼西亚
马六甲海峡
马来西亚
马来半岛
宋卡
克拉地峡
阁帕岸岛
阁沙梅岛
丹老群岛
巴蜀
泰国湾
曼谷
曼谷湾
湄南河
泰国
中南半岛
那空沙旺
彭世洛
清迈
他念他翁山脉
呵叻（那空叻差是玛）
呵叻高原
孔敬
乌隆
乌汶
沙湾拿吉
万象
琅勃拉邦
老挝
川圹高原
湄公河
越南
河内
海防
红河
红河三角洲
红河口
北部湾
清化
荣市
长山山脉
洞海
顺化
岘港
海南岛
南海
柬埔寨
洞里萨湖
马德望
金边
豆蔻山脉
扁担山脉
西哈努克市
富国岛
（越）
土珠岛
（布罗般洋岛）
金瓯角
胡志明市
湄公河口
昆岛
头顿
富贵岛
藩切
大叻
归仁
波来古
巴色
龙川

分别是被叫作“南亚次大陆”的印度半岛和位于西南部的阿拉伯半岛。由于中南半岛和印度半岛都拥有大块可耕种的土地，因此这两个区域虽然都拥有足够长的海岸线，但都没有成为海洋文化区的动力，从本质上讲都是属于大陆型的农耕文化区。当然，这并不代表其沿岸没有具备海洋文化特征的族群。阿拉伯半岛由于本身的生存条件较为恶劣，另外又地处欧亚非大陆枢纽地区，阿拉伯人反倒一度具备了浓厚的海洋气质。阿拉伯人本身的游牧民族属性，使他们在陆上也扩充了很大的势力范围，使得阿拉伯人在古典时期曾经长期控制着东西方的海陆交通（我们稍后会具体谈到）。

如果把中南半岛看成大陆的一部分，它的地缘政治边界就是与中国之间的边境线了。目前看来，这条边境线也是比较符合地缘规律的，即地理分割线与国与国之间的边境线大致吻合。相比之下，中南半岛南部的情况要稍显复杂些。在它的南边又延伸出一条狭长的半岛，我们称之为“马来半岛”。这个起着桥梁作用的半岛地区在东南亚的地缘位置类似于连接东亚大陆与外岛的朝鲜半岛。所不同的是，朝鲜半岛的地理环境使得它基本还是属于大陆型的农耕文化区，而马来半岛过于细长的地形使得它与大陆的关系不够紧密。此外，相对漫长的海岸线和绝对重要的战略位置（马六甲海峡的一侧），让它更具有海洋文化的气质。

一般认为马来半岛可以单列为一个地理单元，结合政治、族群、宗教等综合地缘因素，它与中南半岛之间的地缘分割线被定位在一条叫作“克拉地峡”的狭长地带上。目前这一地区处在泰国的控制下。而克拉地峡以南的马来半岛无论从地缘文化还是地理结构来看，都更像是南洋群岛的一部分。也许真的有一天克拉地峡挖通变成了运河，马来半岛就可以正式更名为“马来亚岛”，并名正言顺地归入南洋群岛的范围了。

三级地形

我们上中学时，地理老师一定都说过中国“三级阶梯地形”这个概念。的确，如果将中国从西到东划分，依海拔高度可以分为西高东低的三级。

既然中南半岛也和中国一样属于农耕文化区，那么在基本的地形结构上有没有

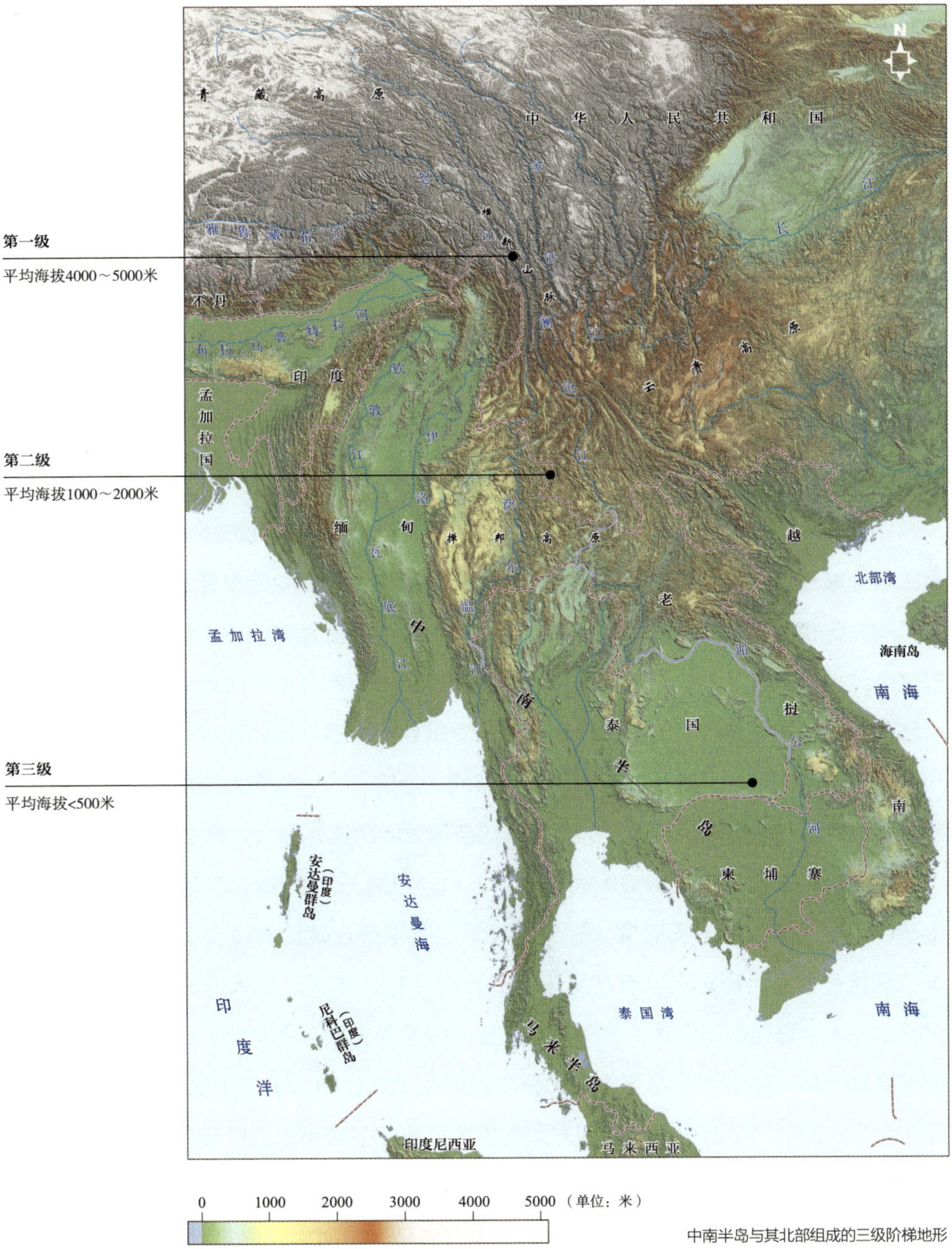

中南半岛与其北部组成的三级阶梯地形

可比性呢？那就让我们来仔细观察一下。作为亚洲的另一个农耕文化区，中南半岛与其北部地区亦可以形成一个类似于中国的三级地缘结构，并且在各地区文化结构上与中国的三级结构有着很强的可比性。只不过从政治的角度看，这一次的情况又有所不同。其不同点在于，这三级地形并未包含在同一个国家之内，不仅中南半岛本身是由 5 个不同国家所组成，它的第一级地形更是在中南半岛以外的中国境内。

位于青藏高原边缘的横断山脉，和青藏高原在中国境内的三级结构中所处的位置一样，都是处在第一级位置。两者之间最为相似的特征并不是高度，而是它们都是各自的三级结构中主要河流的发源地。尽管这种一级地形由于地理环境的原因，并不是最适合人类生存的地方，但仅凭其对二、三级地形水源的控制，就足以彰显其重要性了。为此，我们应当再次庆幸中国的三级地形能够自成体系，这无疑为中国的战略安全又增加了一层保护。

中南半岛的第二级地形则是以缅甸东部的掸邦高原为代表的高原地带。与中国第二级地形稳定的政治状况不同，这一地区由于地形复杂，中南半岛诸国政府对它的影响力要相对薄弱很多。由于低地才是人口集中、经济发达的核心板块，除了老挝这个纯高地国家以外，中南半岛其他国家的地缘中心都在第三级地形上。这也使得那些山地成为毒品贩卖的集散地和政治独立事件的多发地区。造成这一状况还有一个重要的地缘因素，就是中南半岛没有形成一个统一的、强有力的中央政府，这使得那些并不愿意归顺中央政府的人可以在各国之间游走，加大了打击难度。

第三级地形的核心为沿海的河流冲积平原，包括与平原相间的低矮丘陵地带。由于中南半岛面海的一面弧度比较大，因此这些平原丘陵区并没有像中国东部的类似区域一样呈弓形排列，而是呈角度更大的 U 形。不过，就大的低地板块分割来看，中南半岛与中国倒也十分相似。正如中国境内主要存在东北、华北、江南三大平原区一样，中南半岛由于山地的分割也形成了西、中、东三块主要的平原区，即东北方向的红河下游平原，西南方向的伊洛瓦底江下游平原，以及南部的湄公河下游平原。有所不同的是，中国的这些东西向河流所形成的平原地区最终形成了统一的地缘文化，并被纳入同一政治体；而中南半岛这些河流呈南北向的平原地区，却成为不同民族、国家的核心区。

中南半岛的国家与民族

在对中南半岛做了地理结构分级后，我们便可以逐步了解中南半岛的地缘结构。就行政结构而言，中南半岛由 5 个国家组成，从西到东分别是缅甸、泰国、柬埔寨、老挝、越南，其中缅、老、越三国与中国接壤。由于中南半岛三面临海，因此大部分国家的核心区都在冲积平原，并拥有足够的海岸线，只有老挝为内陆国。

不过，行政区划并不能准确地反映中南半岛的地缘结构，要想深入了解它们彼此间的关系，就必须先从民族的角度来探究一下中南半岛文明的形成。

关于民族产生及划分的标准，国际上至今没有统一的认识。马克思主义认为，民族是“人们在历史上形成的一个有共同语言、共同地域、共同经济生活以及表现在共同文化上的共同心理素质的稳定的共同体”。也许，这句话的标准并不一定能被所有研究者接受，但在一个民族最初的形成过程当中，身处共同的地域的确是最为基本的地缘因素。不同民族所拥有的活动地域往往又有明显的地理特征加以分割，因此才形成了不同的民族。

中南半岛上的民族分布大致也遵循这一特点。不过，一个民族在产生之后总免不了迁徙，因此又有可能变化出新的民族，甚至可能仅仅因为属于不同的国家而冠以不同的名称。关于中南半岛上各民族的起源现在并没有特别明确的说法，一般认为缅甸的主体民族“缅族”，最早是从青藏高原的东缘穿过横断山脉进入伊洛瓦底江流域的；越南的主体民族“京族”则和中国东南沿海地区的古越（粤）人同出一脉，沿东部海岸线迁移是他们进入中南半岛的主要路线。

关于泰国的主体民族“泰族”的形成过程，现在的普遍观点是起源于云贵高原东边缘的红河地区（广西境内），后来迫于北方文明的压力而部分南迁。在他们试图进入红河中下游地区时，被北越的京族阻挡住了，于是只得沿着横断山脉的南缘进入中南半岛北部的高原地区。当他们继续向西试图进入伊洛瓦底江流域时，遇到了先期到达的缅人的阻挡，于是最佳的选择便是向南进入湄南河及湄公河流域。最终，泰人在 14 世纪末战胜了最早生活在这一地区的“高棉人”，成为中南半岛南部新的霸主。至于比缅、京、泰三族都要更早经营中南半岛的高棉族，并没有从中南

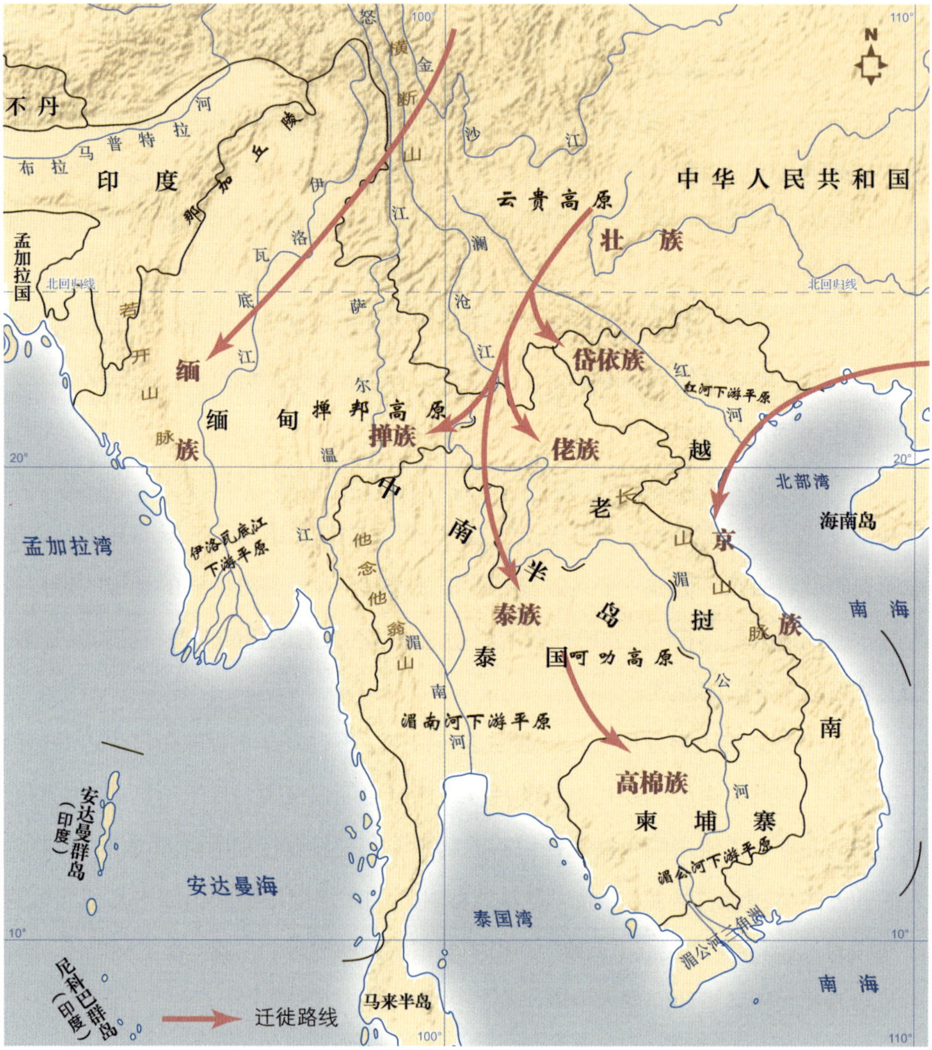

中南半岛民族溯源示意图

半岛主体民族的行列中消失——现在的柬埔寨就是以高棉族为主体的。

中南半岛的这些民族在形成过程中究竟发生了什么事，相互之间又是如何博弈、融合的，这并非我们这部分内容所关注的。对应前一部分我们所分析的中南半岛三块核心平原区，我们会发现，中南半岛的主要民族也好，主要国家也罢，都是依托这几处核心平原才形成了现在的地缘结构。其中缅甸的核心区在伊洛瓦底江下游平原，泰国的心脏则在湄南河下游平原。柬埔寨本应该保有整个湄公河下游地区，只不过在越南强势南扩之后，高棉人失去了湄公河下游最为肥沃的湄公河三角洲地区，连带着还损失了大半的海岸线。很显然，这一退一进的博弈结果直接影响了两国在中南半岛的地缘地位。凭借南北两块核心平原区，越南和泰国、缅甸一起成为中南半岛主要的政治力量，而柬埔寨的地缘实力和话语权则被大大压缩了。

老挝这样一个完全身处山地，并且没有大平原做核心区的地区，成为独立政治体是比较困难的。在历史上，这片高原之地也总是为强大的邻居们所窥伺。纵然现在的老挝拥有了和其他四国平等的地位，但在通过政治、经济等方式表现出来的地缘影响力方面，老挝无疑是中南半岛中最弱的一个。从民族属性上来看，由于泰族是经由云贵高原—中南半岛北部高地—湄南河下游的中线迁入中南半岛的，因此包括老挝的主体民族佬族、缅甸掸邦高原的掸族、越南西北部山地的岱依族在内的中南半岛北部高地民族，都与泰族有着更深的亲缘关系。当然，各民族之间的亲缘关系远近，在现实的国家博弈中并不一定是决定性因素，但这也的确让泰国对在中南半岛发挥最大的影响力抱有更大的希望。

河流与中南半岛的文明进程

在古典时期的北非和亚洲的大江大河中下游地区，由于水源丰富，以及河流冲积所带来的肥沃土壤，河流两侧便成为农耕文明的诞生地。由于每条河流都拥有自己的流域，因此每条河流的中下游地区往往能够形成共同的地缘文化。古埃及、古巴比伦、古印度和中国这些亚非文明古国莫不如此。我们可以以中南半岛的主要河流和主要的冲积平原为关注点，来探究一下中南半岛文明的地缘特征。

对于地处热带的中南半岛来说，水资源无疑是丰富的，其中主要的河流共有 5 条，分别是缅甸境内的萨尔温江、伊洛瓦底江，泰国境内的湄南河（又称昭披耶河），越南境内的红河，以及最为知名的纵穿缅甸、老挝、泰国、柬埔寨、越南五国的湄公河。

从地缘上讲，中国注定要对中南半岛诸国发挥重要的影响力，因为在这 5 条江河中，萨尔温江与湄公河都发源于青藏高原，而红河发源于横断山脉。正如我们前面所分析的那样，作为亚洲东南部这个三级地形的第一级，横断山脉并不属于中南半岛，而是属于中国国土的一部分。其中只有伊洛瓦底江有一半的源头是在缅甸最北端（其源头有两支，另一支在中国境内）；湄南河发源于掸邦高原，完全与中国无关。

当然，仅仅靠控制上游的水源并不一定能成为控制者，这还跟上游国家本身的实力和想法有关。不过既然中国、中南半岛之间被这几条重要的河流联系在一起，彼此之间就算不想发生密切的地缘关系，也是不可能的了。

横断山脉实际上是由一系列南北走向的山脉组成，这些山岭海拔多在 4 000 ～ 5 000 米，岭谷的高度差一般在 1 000 ～ 2 000 米。山高谷深的地形横断了东西间的交通，所以被合称为“横断山脉”。

俗话说“山水总相连”，这句话所表达的意思是：由于山脉的横截面一般都是呈三角形的，因此落在上面的雨水会沿着两面的山坡下流，最终汇集成河，那条决定水流方向的山脊就是“分水岭”。如果山小，那么形成的就是山间小溪；但如果山脉足够高大，就会有足够大的水量汇集成江河了。

对于横断山脉这样高密度的山脉区，由于山脉之间的距离近、海拔高，因此往往能够汇集出水量极大的江河。即使你手边没有能够显示山脉的地形图，仅从中南半岛的河流结构，你也能很清楚地观察到横断山脉的存在，并由此感受到这个一级地形对中南半岛的地理影响。

前面我们也说了，由于山脉的阻隔，中南半岛被分割为了三大平原区。其中缅甸境内的那两条河流所形成的平原，与越南北部的红河冲积平原是各自处于独立状态的。相比之下，半岛中心的湄南河—湄公河地区在地理上的联系要紧密得多，中南半岛最早的文明和博弈的焦点也正在这一地区。

由于缅甸境内的两条大江都没有延伸到其他国家，因此缅甸在中南半岛上与其他国家的联系相对没有那么紧密。在缅族强大时，他们更多的是与湄公河—湄南河流域的泰族发生冲突。双方之间的地缘博弈甚至让两国之间的边境线延伸到了马来半岛北部，将这条狭窄的陆地纵向一分为二。

之前我们谈到，朝鲜的地缘结构使得它在面对外敌入侵时，有机会形成类似中国南北互助的格局。然而，这种格局也很容易造成南北分治。中国的这类历史自不必说，越南也不过才合了 40 多年，朝鲜半岛现在还分着。不过，一旦南北地区拥有了共同的文化（东亚的大一统集权思想），这种地缘格局还是利大于弊的，毕竟对于拥有这种战略纵深的国家，你很难一口把它吃掉。

由于在历史上大部分的时候，缅族和京族都是在各自的边缘地区发展，因此，中南半岛的腹地长时间是高棉人的天下。对于高棉人在中南半岛的存在，中国的史书在 1 900 多年前就有记载。高棉人最早建立的国家叫“扶南国”,后来叫“真腊国”。大家对这两个国名不熟悉也不打紧，毕竟这些故纸堆里的东西不是谁都感兴趣的。不过，随后高棉人建立的国家就非同凡响了，之所以出名并不是因为他们的武力有多么强大，而是因为他们建立了一个梦幻般的城市——吴哥窟。我们并不需要在这里探寻吴哥王朝的历史，单从他们的建筑能力上也可以想见当时的国力之盛。

吴哥窟代表着高棉人在中南半岛上的巅峰。14 世纪末，高棉人被迫放弃他们的国都吴哥，南迁至现在的首都金边。这一切都是缘于半岛上崛起的另一股势力——泰人。顺着湄公河自上而下迁徙的泰人逐渐将高棉人的空间压缩至湄公河下游地区，而泰人建立的“暹罗王朝”从此以后成为中南半岛核心区的主人，并一直延续到现在。

从泰国和柬埔寨两国的主要水系结构对比，我们也可以看出，泰国的地理结构要完善得多，由此具有的独立性也要更强。仔细观察泰国北部的高地与湄南河水系的关系我们会发现，整个湄南河水系基本都处在泰国境内。虽然在通常情况下，河流下游的冲积平原是最具地缘潜力的区域，但如果上游高地被其他国家控制的话，下游地区的地缘安全就很成问题了。在古典时期，羡慕低地物产的高地民族周期性的入侵行为，便是很好的体现。而在现在，这种地缘威胁更多地体现在对水资源的控制上。从这个角度来看，完全收缩至湄公河下游地带的柬埔寨，无论是在古典时期还是现在，地缘安全都很成问题，更何况湄公河下游三角洲还成了越南的领土。

至于泰国，最起码它在想通过水利设施的建设来解决湄南河洪水对曼谷地区的影响时，不用去和其他国家商量。相比之下，在那条六国共有的澜沧江—湄公河上，任何一个改变水流原始状态的举动，都会引发邻居们的连锁反应。

有一点需要说明：尽管高棉人失去了他们在中南半岛上的统治地位，现在的安全又缺乏地缘保障，可他们的王室却延续到了今天。这一古老的王室薪火相传，至今已经有 1 940 多年了，堪称奇迹。而在 20 世纪，中国也为这个王室的存续做出了自己的贡献。相信在 70 后儿时的记忆里，西哈努克亲王是可以和阿拉法特并列，在收音机里出现频率最高的外国人。

由此我们可以看出，这些依托于不同河流的民族，最终形成了中南半岛差异化的地缘文化。又由于内部的共性与交融，他们又一同形成了整体的中南半岛文化。如果在古典时期有一个强有力的中央政府，中南半岛也并非没有可能形成一股强大的地缘政治力量，形成像中国那样由内而外的统一体。**共同的佛教文化信仰与农耕文明的属性是中南半岛成为一个整体的基础，而纵贯五国的湄公河也能够起到纽带的作用。只是这种统一需要有一股地缘力量占据绝对的优势，并且拥有征服的欲望。**

与中国的两大河流——黄河、长江东西向的流向不同，中南半岛的主要河流都是南北向流动的。前者基于北方压力所引发的连锁反应，会或主动或被动地促使文明、族群向南迁徙；而中南半岛的几个大河文明中，除了越南北部以外，都不存在这种北方压力（因此越南向南扩张成功了）。彼此间类似的气候环境、地理条件，也让它们缺乏足够的动力进行横向征服。

最终在上述地缘背景下，以红河文明为核心的越南，以及以伊洛瓦底江文明为主体的缅甸成为中南半岛的东西两大地缘政治区。而贯穿于中南半岛中间的湄公河—湄南河低地区，其文明最早为高棉人所创造，后期则由从湄南河崛起的泰人发展。如果中南半岛的古典文明能够不受干扰地进行下去，中南半岛的腹地很有可能因湄公河的地缘作用而统一成一个整体。不过即使这样，力量均衡的三股地缘力量也很难整合在一起。

殖民时代的遗产

既然中南半岛很难由内部博弈而形成一个统一体，那么它有没有可能像印度那样，由外力作用而形成一个整体呢？从技术上来看，这并非没有可能。只可惜当年参与瓜分中南半岛的是两个势均力敌的老对手——英国和法国，它们分别由东西两个方向（英国在缅甸，法国在越南）发力。为了保持双方的平衡，位于腹地的泰国被定为了缓冲国，这就使得殖民时代的中南半岛被分割成了三个板块。对比之前之后中南半岛的地缘政治格局，并没有发生大的变化。

殖民者最大的政治遗产是促成了老挝的独立。从地缘实力来看，老挝 80% 的国土为高原山地，这造成它很难拥有足够的人口来抵挡低地农耕民族的地缘压力。即使是现在，老挝的人口数量也仅仅是百万级。如果他们拥有中温带游牧民族那样的机动能力，也能够给平原地区的农耕民族造成地缘压力，问题是那些地处热带地区的山林并不具备这样的条件。

在很长一段时间里，老挝都是暹罗（泰国）的附庸，直到法国人进入半岛后，暹罗才不得不将湄公河东岸的土地割让给法国（1893）。法国人给予了老挝所谓“独立”的地位，当然，这种“独立”只是暂时的。法国人后来将老挝、柬埔寨、越南合并，成立了所谓的“印支联邦”，以便全力对抗南亚次大陆上的英国势力。

这个联邦的成立并没有历史依据，只能说是强扭的瓜。因此在“二战”后的民族独立潮中，这个联邦又分成了三个国家。不过，这却为越南的“东南亚大国梦”埋下了一个伏笔，其后亦对中国造成了不小的影响。另外，对待老挝所采取的这种先“独立”再吞并的做法，也是殖民者在扩张中的惯用手法了。日本在甲午战争后对朝鲜也如法炮制。不过日本人做得更彻底一点，直接把朝鲜并入了本土范围。

不管是英国人还是法国人，他们的到来都是源于大航海时代所造就的地理大发现。在欧洲人能够凭借海洋的力量将影响力传递至中南半岛之前，对中南半岛的地缘影响最大的还是他的近邻——中国和印度。印度与中南半岛同处于热带地区，并没有纬度上的优势，并且还与中南半岛一样，长期处在分裂当中。因此印度对于中南半岛的影响基本只限于文化方面——佛教在中南半岛的传播就是最典型的例子。

而处在中南半岛北方的东亚核心区，也就是中国，似乎更有理由对中南半岛进行地缘扩张，特别是考虑到中南半岛拥有大量适于耕种的冲积平原。事实上，东亚核心区的农业文明并非没有做这样的努力，双方目前的地缘平衡正是千年博弈的结果。

第二节 | 缅甸

与中国云南、西藏接壤的缅甸曾经支撑了中国抗战的援助运输任务，一直同新中国保持友好的睦邻关系，而穿越缅甸、直通印度洋的战略通道对21世纪的中国也非常重要。

缅甸这个位于中南半岛西部的国家，在古典时期与中国的交融并没有半岛东部的越南多。但进入20世纪后，缅甸的战略地位就凸显出来了。更何况对于中国来说，缅甸可以在陆地及海洋两个方面延伸中国的地缘影响力。这一切都使得我们需要关注这个内部尚未完成整合的国家。

缅甸的地缘结构

按行政区划，缅甸被划为“七省七邦”。为中央政府管辖的七省基本都位于伊洛瓦底江中下游的平原地区，以及马来半岛北部的那条狭长地带。我们知道，缅

右图：缅甸行政示意图

中华人民共和国
印度
缅甸
老挝
越南
泰国
柬埔寨
丹
孟加拉湾
安达曼海
泰国湾
马来半岛
中南半岛
雅鲁藏布江
布拉马普特拉河
横断山
金沙江
澜沧江
怒江
元江
红河
湄公河
萨尔温江
伊洛瓦底江
钦敦江
锡当河
湄南河
昭披耶河
长江
南盘江
恩梅开河
迈立开河
高黎贡山
枯门岭
帕特凯山
那加丘陵
库蒙山
钦敦金山脉
别山
莱
若开山脉
若开海岸
本弄山
他念他翁山脉
坤丹山
琅勃拉邦山脉
长山山脉
黄连山
扁担山脉
豆蔻山脉
甘烹山
掸邦高原
川圹高原
呵叻高原
德林达依海岸
丹老群岛
安达曼群岛（印度）
普雷帕里斯岛（缅）
北普雷帕里斯海峡
南普雷帕里斯海峡
科科群岛（缅）
科科海峡
曼昂岛
（切杜巴岛）
福尔岛
莫塔马湾
（马达班湾）
伊洛瓦底江口
曼谷湾
洞里萨湖
克钦邦
实皆省
钦邦
若开邦
马圭省
曼德勒省
掸邦
克耶邦
勃固省
仰光省
伊洛瓦底省
孟邦
克伦邦
德林达依省
内比都
曼德勒
实皆
密支那
东枝
垒固
勃固
仰光
勃生
帕安
毛淡棉
土瓦
马圭
实兑
哈卡
古瓦哈蒂
西隆
科希马
锡尔杰尔
艾藻尔
吉大港
丽江
昆明
临沧
普洱
河内
清化
琅勃拉邦
万象
乌隆
清迈
彭世洛
那空沙旺
曼谷
巴蜀
马德望
金边
西哈努克市
巴色
北回归线
24°
18°
12°
96°
102°
南海
缅甸核心区
缅甸边缘区

甸的主体民族是缅族，占了缅甸 5 700 万人口的 2/3，而且缅族就主要集中在这七个省。这七个省大致等同于所谓的“缅甸本部”（英国人入侵缅甸时认定的缅甸核心区）。这有点像西方依明朝十八省所认定的“中国本部”，也就是本书所标注的“古中国核心区”。

缅甸本部占据了缅甸最为肥沃的伊洛瓦底江中下游平原，以及海权意义重大的马来半岛的突出部。应该说，缅甸本部使得缅甸的主体民族在国内拥有绝对的地缘优势，完全可以将之定位为“缅甸核心区”。既然有核心区，就会有边缘地区。缅甸的边缘地区便是七省以外的七邦。当然，核心区和边缘地区都处在同一个国际政治主体之下。所不同的是，中国是依靠自己的力量完成了两部分的统一和整合，而缅甸是依靠外力，也就是英国人的力量来完成表面整合工作的。因此在英国人走后，缅甸边缘地区的分裂问题一直延续到了现在。

相比核心区，身处缅甸边缘地区的七邦大多数都处于山地高原地区，生存环境远不如在冲积平原上的缅族。不过有一个邦，也就是孟邦正好卡在伊洛瓦底江流域那六个省和马来半岛北部那个突出部之间。相信无论是谁站在缅人的立场上，都会将其视为眼中钉。事实上，孟族人是缅甸本部最早的原住民族，在很多时候和高棉族合称为“孟高棉民族”。

历史上，缅族是由北至南而迁徙的，经过长期的博弈，孟族被压缩在了西南角的那一点狭长空间里。也许缅人可以给他们一点生存空间，毕竟这剩下的 130 万人并没有可能真正从缅甸独立出去。不过在缅甸从泰人手中夺取了马来半岛北部的那一条狭长的突出部后，孟人的存在就显得很突兀了。因此有传闻说孟人受到了缅族的残酷对待也就不足为奇了。当然，孟族人也像其他的邦那样拥有自己的武装，但从地缘和实力的角度来看，融合是必然的。

对于中国人来说，印度洋之侧的孟邦显得过于遥远。大多数关心中缅关系的中国人，脑海中所能显现出来的是与中国相邻的掸邦、克钦邦。很显然，仅从地缘关系来看，掸邦和克钦邦也应该是与中国关系最密切的缅甸地区。中国与缅甸政治关系的处理，很大程度上受到这两地因素的影响。

掸邦与金三角

掸邦所对应的地理单元，就是中南半岛北部最大的高原——掸邦高原。从流域上看，则是缅甸的第二大河流——萨尔温江（也就是中国的怒江）的中游地区。我们常说“一方水土养一方人”，掸邦无论从地势还是流域上看，都与缅甸本部分割明显。从这种关系来看，掸邦很可能有分裂倾向。

掸邦高原得以并入缅甸，并不是缅甸本部的功劳。1886 年，英国人占领缅甸本部，1890 年，出于地缘安全的考虑，英国人将包括掸邦在内的原为土司分治的边缘山地并入了缅甸。在此之前，由于地形复杂，掸邦高原具有天然的防御地缘优势，无论是西南侧伊洛瓦底江流域的缅人，还是东南湄南河流域的泰人，都没有足够的力量收服这一地区。也许北面的华夏文化有足够的力量融合这些山地民族，不过由于横断山脉的阻隔和气候原因，在整个古典时期内，华夏文化亦止步于掸邦高原的边缘。

事实上，如果没有外来势力干涉，又一定要将掸邦高原划给一个低地国家，泰国应该更有机会。因为掸邦高原上所谓的“掸族”，实际上与泰国的主体民族“泰族”同族。在掸邦独立运动中，影响力最大的便是一个叫作张奇夫的人，他于 1993 年成立“掸邦共和国”，并自任总统。不过，包括中国人在内的旁观者都更熟悉他的掸族名字——坤沙。坤沙本人是一个汉、掸混血儿，因此他有个汉族名字。作为世界级的大毒枭，“坤沙”这个名字在 20 世纪八九十年代可谓家喻户晓。我们之所以说到他，并非重复那些跟毒品有关的故事，事实上，坤沙的传奇人生，本身就是掸邦与周边诸板块地缘交融的产物。

由于掸邦与中国地理相接，中国历史上因内部局势变化而引起的南迁，至少有两次对掸邦的民族分布造成了影响。

一次是在 1661 年，吴三桂带领清军攻入云南，南明永历政权灭亡。永历帝在率残部逃往缅甸后，缅甸王为求自保，将之献给吴三桂，永历帝随即被杀。不过在这次的逃亡过程中，永历帝所带入缅甸的明朝遗民却在掸邦北部靠近中国边境的地区繁衍生息下来。在今天缅甸和掸邦的地缘政治格局中，以这些南明遗民后裔居住

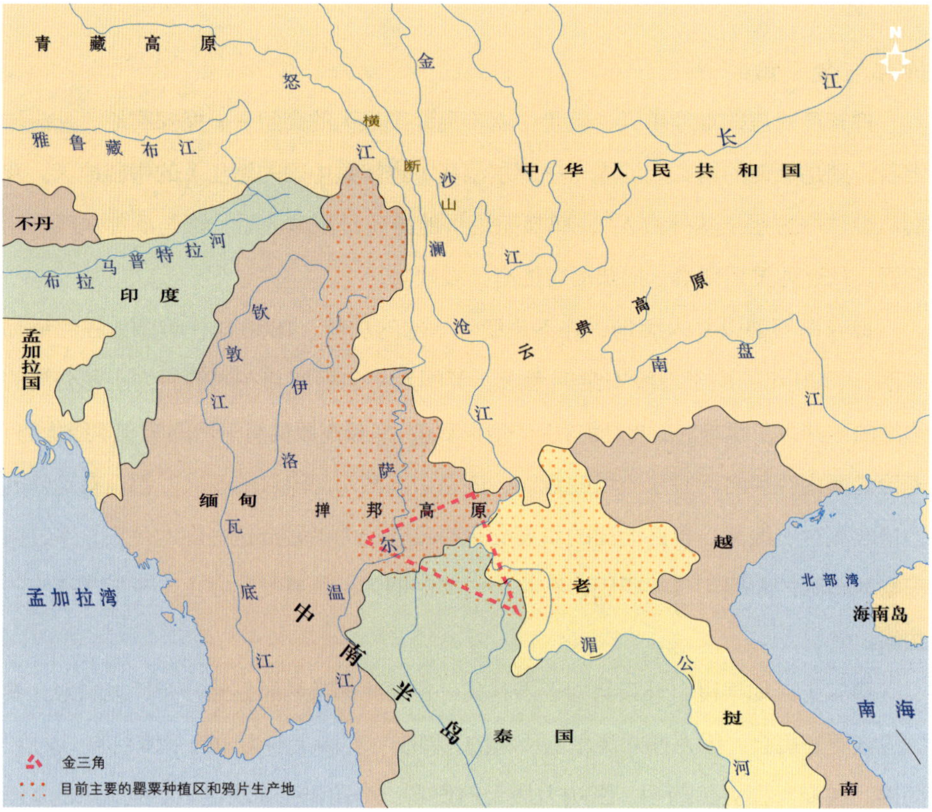

金三角地区位置示意图

地为核心的区域，被称为“缅甸果敢第一特区”。而所谓“果敢族”，也正是缅族对于汉族的称呼。

另一次则是在 1950 年，国民党一部 7 000 余人越过国境，进入缅甸境内的掸邦。在这段特殊的历史中，这支客居异乡的国民党军有一个特殊的标签——残军。今天，这支残军的后裔就生活在泰缅边境的泰国一侧，并基本已经获得了泰国国籍。

关于坤沙、果敢和国民党残军的故事，相信很多朋友都已经通过各种渠道了解过了。在他们的经历中，有两个符号是挥之不去的：一个是鸦片，另一个则是金三角。很多时候这两个符号又是捆绑在一起的，因为位于泰、缅、老三国交界处的金三角地区，就曾经是世界上最大的罂粟种植区。

金三角地区盛产鸦片，应该说是由多方面原因造成的。

首先是地理环境因素。金三角的土壤及温度并不适合大规模种植农作物，却非常适合种植罂粟。实现如此重大发现的人既不是本地的原住民，也不是北来的汉人，而是历史上最大的鸦片经营者——英国。

其次是地缘政治原因。由于金三角地处中南半岛北部边缘的高原山地地带，当地的山民在历史上与南部冲积平原上的居民融合度较低，政治上的独立倾向较强。这些希望独立的部族需要通过鸦片贸易获取巨大的利润，来与中央政府进行长期对抗。这使得很多毒品经营者同时又拥有很浓厚的政治背景，坤沙就是一个典型的例子。在最初经营毒品时，坤沙只是单纯追求经济利益，但后来他发现自己成了金三角乃至整个亚洲地区最为著名的“毒王”，而周边做同样贸易的武装组织，却大都因为有一层政治外衣而没有受到类似的打压，于是，为自己找一件政治外套就成了头等大事。

对于金三角地区的范围，人们有着不同的说法，但都是以缅、泰、老三国交界处为中心。附图中所划出的金三角地区就是金三角的核心地区，也就是最初“金三角”概念的发源地。后来，周边的各种势力看到鸦片种植所带来的巨大利益，金三角的范围便开始扩张，最终基本将中南半岛北部高原山地靠近中国边境的地区都包括了进去。出于地形与距离的原因，这一地区是半岛各中央政权控制力最弱的地区。

金三角地区之所以处于三国交界处，有一个重要的原因是湄公河在此转了一个弯，从而成为缅—老、老—泰之间的自然分界线。对于如何在这种三方交错的地缘政治格局中自保，应该是很好理解的问题。在我们的现实生活中也一样可以看到类似的做法。比如在城市管理中，让城管颇为头疼的流动商贩就经常会选择两区交界处开展活动，一旦某区城管出来管理，就迅速越界到其没有执法权的一边去。如果有三个地方可供选择的话，对于那些试图逃避法律打击的人来说，余地自然更大了。

应对这种行为，多方联合执法就是最好的办法。问题在于老挝的主体民族与泰国北部的主体民族佬族、掸邦的掸族、泰国的泰族实际上系出同源。在这种中央政府影响力较弱的地区，民族之间的认同感要高过国家之间的差异。这实际上也是很多国家边境地区动荡的根本原因，尤其当这条国境线是由当年的西方殖民者划定的时候。在这种情况下，如果有一个强大的力量愿意出面组织协调各方行动，效率会高得多。

如果从地缘关系来看，中国无疑是施加这种影响力的最佳选择。澜沧江—湄公河这条将中国与中南半岛五国串联起来的大河，就是这种地缘联系的纽带。2011年10月，在活跃于金三角地带的武装贩毒集团——糯康集团制造了“湄公河惨案”后，由中国主导的“中老缅泰湄公河联合执法”也开始形成常态。尽管在合作过程中还存在诸多问题需要磨合，但就地缘方向来看，当下所做的这件工作对于四国彼此之间的地缘合作将起到积极的作用。

克钦邦与南方丝绸之路

克钦邦位于缅甸的北部，与掸邦一样，同中国的云南省接壤。所不同的是，克钦邦位于伊洛瓦底江上游地区，看起来应该和缅甸本部的地缘关系更紧密些。然而在缅甸内部，克钦邦给中央政府惹出来的麻烦并不比掸邦少。直到今天，克钦邦的大部分地区仍然处在独立状态，克钦独立军则是维系这种独立状态的主要军事力量。事实上，为了维护自己的独立性，克钦人甚至有意识地在西方传教士到来之后，特立独行地改信了基督教（缅族的主体信仰为佛教）。类似的做法在那些希望保持地缘独立性的板块中非常常见。由此也可看出，宗教选择的背后，其实是更深层次的地缘政治选择。

相比缅甸本部自南向北的势力扩张，中国境内自北向南的民族渗透显得更有先发优势。因为所谓克钦族实际上与中国境内的景颇族同源，缅甸直接相邻的中国境内行政区就包括云南德宏傣族景颇族自治州。当然，民族是否同源，并不能成为影响彼此之间现实政治关系的主要依据，不过从地缘关系角度来看，克钦邦所处的位置对中国与缅甸，乃至与南亚之间的地缘交流有着重要的作用。

我们在分析中国西南部分的时候曾经说到，横断山脉阻隔了中国的势力从云贵高原向中南半岛北部高原渗入，这一点从人类的大规模迁徙角度来看是符合逻辑的。那些山脉在这一地区开始向东南方向呈扇形铺开，的确造成了云贵高原与中南半岛北部交通的困难。

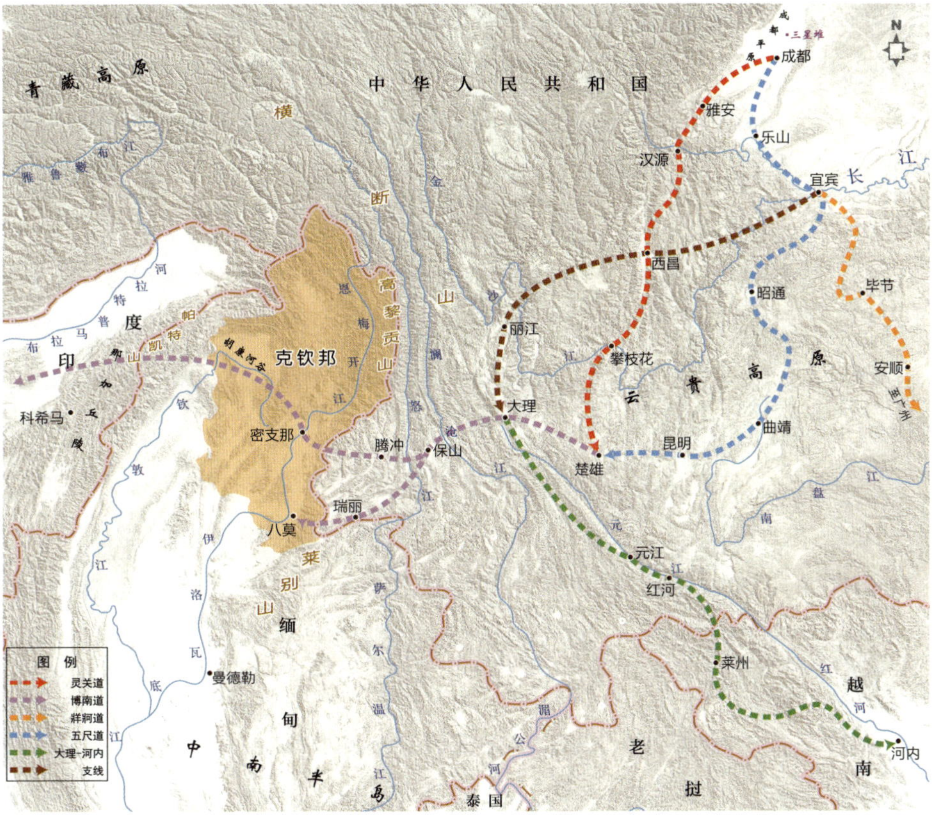

南方丝绸之路示意图

问题在于，难以进行大规模的迁徙并不代表没有小规模的沟通。事实上，根据现在的研究，中南半岛上的很多民族是从中国境内迁移过去的。当然这种迁移是长期的、持续的，最初的规模并不大。不过由于存在足够的冲积平原，经过几千年的繁衍，形成文明后的人口规模已经不小了。在横断山脉两侧都已经形成足够的人口规模和文明时，这种以移民为目的的小规模单向迁移，逐渐转变成以贸易为目的的双向商业交流。

不用怀疑人类征服自然的能力，事实上，无论多么艰苦的地区，出于利益的驱动，人类都有可能找到一条可行的道路。在云贵高原和克钦邦就存在这样一条道路。

这条道路穿越了怒山和高黎贡山，是现在著名的“南方丝绸之路”的重要组成部分。这条路线的西点自然不是缅甸北部的那些原始森林，而是印度的恒河平原和印度河平原，东点则是成都平原。这一路线之所以现在受到重视，很大程度上是因为三星堆的发现。三星堆这一明显带有异域风情的文明，也拥有一条属于自己的东西方交流通道。

南方丝绸之路在历史上一直有着不断地沟通。并非只是进行丝绸贸易，只是由于北方那条丝绸之路太过于著名了，所以也被套用了“丝绸之路”的名称。在这片高原峡谷区，马是最好的运输工具，因此才会有“马帮”的存在。“山间铃响马帮来”听起来很浪漫，实则艰险无比。

丝绸并不是西南民族消费的主体，位于“开门七件事”之末的“茶”才是贸易的主角。因此，南方丝绸之路也被称为“茶马古道”，这种带有平民气息的名字更加符合它的贸易属性。需要注意的是，就“茶马古道”这个概念而言，其实并不仅限于“南方丝绸之路”的范围，西南地区向青藏高原运输货物的路线也被涵盖在“茶马古道”之中。

云贵高原、缅北（克钦地区）、印度是南方丝绸之路的必经之地。这条位于南方的东西方通道起初并不被中原的华夏族所重视，毕竟这里离东亚文明的中心有些遥远。直到秦人征服了成都平原之后，这一通道才得以进入中央帝国的视线。不过，秦人的目标始终是关东地区，而自身又是一个短命王朝，就谈不上重视南方丝绸之路了。

汉武帝是第一个真正对南方丝绸之路有想法的皇帝。如果说秦始皇的主要功绩在于一统华夏的话，那么汉武帝的功绩则表现在对外扩张上——当然，最初的扩张动机是出于应对北方匈奴的军事压力。不过在打通了西域通道后，汉武帝发现这里面的经济利益亦是十分可观的，这也成为汉朝后来经营西域的主要动机。

人的欲望是无止境的。在西部的商业通道打通后，汉武帝希望找到其他的通道也是在情理之中。尤其是当张骞第二次出使西域时，在中亚看到了蜀地的物产，并因此了解到有一条中国西南连通印度的通道存在时，西南很快便成了帝国扩张的新方向。

也许西南的这条东西方通道并不会被长安城里的皇帝列为头等大事，但出于地缘上的关系，成都平原上的地方政治家们对西南地区和这条通道拥有足够的兴趣。在帝国正处在巅峰的阶段，任何有可能为帝国带来利益的事情都可以尝试。这也可以解释为什么汉朝通过羁縻政策统治了云贵高原上的原住民族后，还要继续向西进入怒江地区。要知道，征服横断山脉那些为数不多的部族，所付出的代价并不会比进入云贵高原少，而所获得的直接收益却要少得多。与在西域的做法一样，帝国对这一地区并不是以移民、消化为主（帝国内部还有很多待开垦的土地），而是以保障交通为主要目的。毕竟相比于成都平原这样的“天府之国”，这片“烟瘴之地”暂时还引不起北方移民足够的兴趣。

由于地缘位置的缘故，南方丝绸之路需要从克钦邦的领地通过，才能够直接打通中印之间的交流通道。相比云贵、掸邦的高原地形，克钦邦腹地的海拔要低得多。除了东北部隶属横断山脉的高黎贡山海拔较高以外，大部分地区都为山地南北向分割的河谷平原，其中，位于密支那西北部并与印度接壤的那片最大的河谷平原叫作“胡康河谷”。“二战”中的中国远征军从缅甸退入英国控制的印度时，就必须横穿胡康河谷。

从地形上看，这是一片方圆数百公里，外侧由山地包裹的盆地，其东侧山岭叫作“枯门岭”，西侧则是印缅的天然地理分界线（也是南亚与东南亚的分界线）——那加丘陵。穿越胡康河谷最大的问题不在于边缘山地，而在于覆盖整个河谷盆地的茂密的原始森林。尽管在今天中国与克钦地区的贸易当中，来自克钦原始森林地区的木材贸易占据了相当大的份额，但在当年，这些原始森林却给中国远征军造成了巨大的伤亡。

胡康河谷在当时被称为“野人山”，这个名字也能让大家感受到穿越它的艰险。由于原始森林的存在，我们无法知道古人究竟是沿什么样的道路穿越了克钦地区。事实上，基于地理条件以及这条通道在古典时期自始至终的非官方性质，南方丝绸之路在缅北森林很难有稳定的道路存在。从这个角度看，中国远征军相当于用生命打通了这条战略通道。后来为了彻底战胜日本，沿着中国远征军的穿越线路，一条连接中、缅、印三国的公路也在“二战”行将结束之前，在现代工业技术的帮助下正式被打通了。

史迪威公路与缅甸的地缘政治价值

1944 年被修通的这条中—缅—印公路，又被称为“史迪威公路”，这是以当时盟军东南亚战区副统帅史迪威将军的名字命名的。从地缘联系的角度来看，**史迪威公路的意义不仅仅在于将连接中印的南方丝绸之路以现代公路的形式呈现出来，更在于它根据地缘形势的变化，为中国打通了一条通过缅甸连通印度洋的交通大动脉。**基于它产生的地缘背景，我们需要先对当时的战争形势做一个全面的交代。

史迪威公路其实并不只是一条公路，它包括在抗战初期中国军民独立修建的滇缅公路（1937 年年底开始修建，至 1938 年年底修通，又名“中缅公路”），还包括 1944 年盟国为了反攻日本而修建的中印公路。

滇缅公路的路线是从昆明向西连通大理，然后穿越横断山脉，到达中缅边境的一个中方小镇“畹町”。从这里进入缅甸，与纵贯缅甸的中央公路接通，最终到达缅甸仰光（缅甸最大的港口），从这里接收美国通过印度洋海运过来的物资。

对于这条中缅公路来说，云贵高原上昆明至大理一段在工程上并不会太困难，而缅甸境内从掸邦高原至仰光港的工程对于当时的工程技术来说也并非难事（英国人已经修好了），最为艰难的是从大理开始穿越横断山脉的这一段。

横断山脉之所以出名，就是因为它的南北走向很大程度上阻隔了东西交通。由于横断山脉在滇缅边境处为西北—东南走向，因此在这一区域修建通道，就不得不对横断山脉进行切割。

在抗日战争爆发后，即使不占领中国的东南沿海港口，日本也会通过外岛封锁中国的海上运输线。因此，国民政府唯一的选择就是打通中国与缅甸的交通线。最终，人又一次战胜了自然，在动用了 20 万民工、经过一年的努力后，这条横穿横断山脉的公路奇迹般地修通了。

我们曾经多次提到横断山脉的地形之艰险，相比之下，它两侧的高原地形就要舒缓多了。华夏民族其实并不畏惧这种低海拔（1 000～2 000 米）的高原，毕竟我

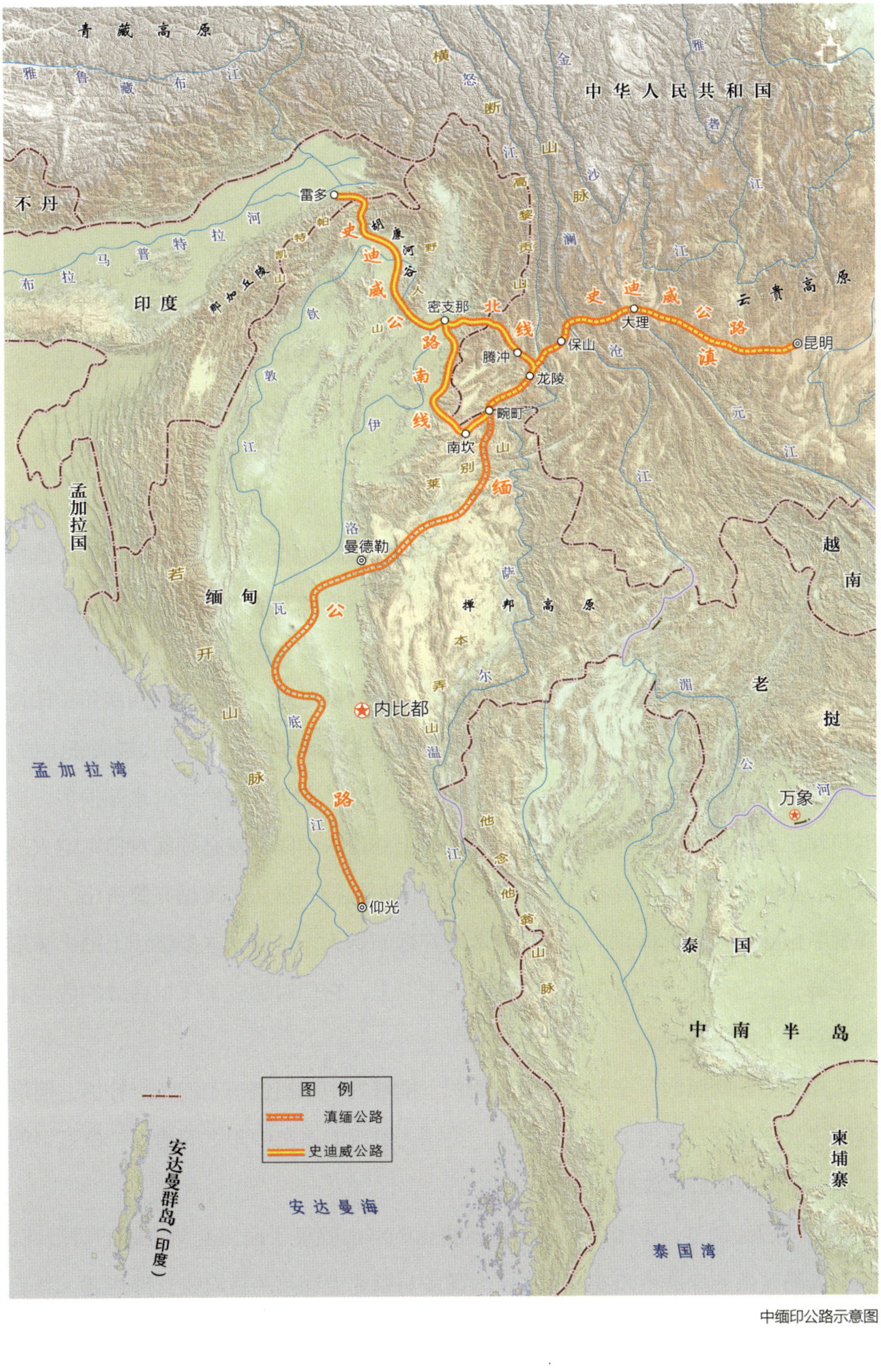
青藏高原
中华人民共和国
雅鲁藏布江
横断山脉
怒江
金沙江
澜沧江
雅砻江
高黎贡山
云贵高原
不丹
布拉马普特拉河
印度
帕特凯山
那加丘陵
胡康河谷
野人山
钦敦江
雷多
密支那
腾冲
保山
大理
昆明
龙陵
畹町
南坎
史迪威公路
北线
南线
滇缅公路
孟加拉国
伊洛瓦底江
曼德勒
缅甸
若开山脉
别莱山
萨尔温江
掸邦高原
本弄山
内比都
仰光
越南
老挝
湄公河
万象
他念他翁山脉
泰国
中南半岛
柬埔寨
元江
孟加拉湾
安达曼海
安达曼群岛（印度）
泰国湾
图例
滇缅公路
史迪威公路

中缅印公路示意图

们的祖先就是从同样高度的黄土高原上走下来的。之所以花很长的时间来消化西南地区，更重要的原因是因为天气以及由此带来的疾病。

中缅公路之所以能够成为抗战时中国的战略补给线，是因为日本的攻击是由东至西的。也就是说，无论是从实力还是战略意图上，日本都暂时不可能在印度洋上和美、英对抗。因此，盟国的战略物资通过仰光登陆，再转运至云南，最终运至四川盆地是可行的。

随着日本联合舰队于 1941 年 12 月 7 日偷袭珍珠港成功，太平洋战争全面爆发，日本迅速占领了包括缅甸在内的东南亚，中国辛苦打通的西南交通线被日本从陆地上切断了。之所以在国内抗战如此艰难之时，仍要派出大批精锐远征缅甸，就是为了保住这条战略补给线，只是最终还是未能达到目的。

尽管日本在战术上依靠奇袭取得了初期的胜利，但从战略上却将美国完全推到了中国一方。既然从缅甸沿海中转进入中国的路线被切断了，美国人就不得不选择代价高昂的空中航线来为中国提供补给。美国人这样做并非大发善心，而是因为他们需要中国在大陆上拖住尽可能多的日军，以此为美国争取时间。

美国人这时可以选择的港口是加尔各答，位置就是现孟加拉国的西南角（印度西孟加拉邦境内），然后再从加尔各答起飞，向东进入缅甸境内，然后飞越横断山脉，将物资运送入四川。空中的路线要比陆地交通省时、安全，当然代价也高很多。当时日军已经占领了缅北地区，飞机通过缅甸上空进入中国，就必须面对日军炮火的攻击。为此，美国人不得不沿着喜马拉雅山向东前行，然后再跨越高黎贡山、怒山等横断山脉进入云贵高原，最大限度地避开地面炮火。然而，这条路线上的山脉形似驼峰，此起彼伏，海拔高度都在四五千米以上，它们对螺旋桨飞机造成的危害其实并不亚于地面的炮火。

虽然“驼峰航线”在无比艰难的情况下能够为中国提供一定的物资补给，但最终的决战还是要在陆地上解决。因此，美国人希望能够在中印之间建立一条直接的通道，以便为对日反攻提供保障。

上节已经说过，中国远征军用数万将士的鲜血验证了南方丝绸之路的可行性，美国人需要做的就是将印度东北地区的雷多与缅北克钦邦的首府密支那连通，然后再向东南接通已经存在的滇缅公路。这一路线由于在中缅边境向南绕行了一下，便被称作“南线”。向南接通滇缅公路是一个省事的做法，但并不是最经济的，因此美国人最终还是选择开通了跨越高黎贡山、怒山，直接进入云贵高原的路线。这条路线被称作“北线”。

最终，这条中印公路为盟军在西南战场的反攻做出了卓越的贡献。

既然中印公路是连接中印交通最佳的陆上线路，那么缅北的战略意义就不言而喻了。说穿了，缅北只是一座桥，它的重要性在于可以沟通中印。这一区域如果在印度手上，由于地势的关系，它最多可以保证印度的安全，并不会对中国的西南地区造成地面威胁；但如果被中国控制，则印度的东北地区及缅甸本部都将受到极大的威胁。这也就是英国人在统治了印度及缅甸后，希望将国境线划在喜马拉雅山—高黎贡山的分水岭上的原因。有了这两条海拔在 4 000 米以上的山脉作为天然屏障，英国以及它的后继者——印度和缅甸才会感到安全。

从军事的角度看，中国如果占据缅北，在 1962 年的中印战争中就可以一方面从北向南攻击，快速通过锡金，占领印度东北地区与恒河平原之间的那个脆弱的连接点（前提是中国通过政治手段使孟加拉国保持中立）；另一方面以缅北为基地，从东面向印度东北部发起攻击。由于从云南经密支那进入印度的路线只有数百公里，后勤保障要快速很多。而经过多年的经营，云贵高原有足够的物资、技术和人力资源以应付有可能到来的持久战（如果从青藏高原发起攻击，所有的物资就要从内地先行调入）。这样做的目的当然不是为了占据印度的东北部，而是为了抵消中国在藏南的地理劣势。

上述设想是不是很诱人？然而从更高层面的战略角度来看，中国在 1960 年以保守姿态签订中缅边境条约、解决中缅之间的问题，恰恰是为即将面临的严峻地缘政治形势做准备。

从 1958 年中苏之间的关系开始明显恶化时起，中国就必须从陆地、海洋上分别面对苏、美两大国的战略包围。在这种形势下，中国能够选择的对外交流通道并不多。在战略上，缅甸依然是突破这一封锁的重要选项，一如其在“二战”时的作用一样。尤其是“二战”中被日本战略封锁的那段历史，足以让中国人刻骨铭心。

因此新中国成立后，在面临新的封锁的情况下，中央希望能够继续保留这一通道，其心情是可以理解的。**即使在现在中国已经不太可能受到“硬封锁”的情况下，中国对这一通道控制力度的大小，对中国的战略格局仍具有重大的影响。**

“二战”中的缅甸之所以能够成为中国获取外援的交通枢纽，是因为它能够直面印度和印度洋。在印度成为中国盟友的时候，缅甸的价值才有机会显露出来。如果为了施压印度而与缅甸的关系处于不稳定状态，即使在领土问题上再进一步，也完全无益于中国外部地缘形势的改善。反过来，即使印度与中国的关系仍处在互相不信任的状态，无法再次开启中—缅—印交通通道，但一个与中国和平相处的缅甸，依然能够为中国提供直接面对印度洋的战略通道。

在暂时与印度未能达成全面和解的情况下，缅甸在地缘政治上的重要性上升。沿滇缅公路旧线打通直面印度洋的通道，成为中缅互联互通合作的重要方向。从技术上看，2013 年 5 月 30 日全线贯通的“中缅油气管道”，以及暂时搁浅的中缅铁路，都是这一地缘关系定位的具体体现。

在地缘关系中，身处交通枢纽的板块总是有机会获得额外的地缘利益，与终端板块之间的关系也不是零和关系。比如中国在缅甸铺设油气管道、铁路，不仅有利于缩短中国与印度洋之间的地理距离，也对缅甸经济的发展、地缘板块融合有着重要的意义——这是一个双赢的地缘选择。即使缅甸的政局一时发生变化，或者北部边缘地区由于内部博弈的原因而对中缅之间的合作项目造成干扰，从长远看，中缅之间的合作前景并不会发生动摇。

事实上，如果有一天中印之间实现全面和解，中—缅—印通道的打通，同样能够让这条南方丝绸之路上的合作者共同受益。对于缅甸来说，它所需要做的就是让自己国内的形势尽快稳定下来，与边缘地区达成和解。而对于中、印两个大国来说，有一个能够互通有无的好邻居，肯定要好过一个虎视眈眈的对手。

第三节 | 越南与印度支那

越南一直很努力地想成为中南半岛上的强国，不想先是被清朝皇帝巧妙地打压，随后又先后同法、美、中几个大国相继开战，却始终没有得到什么实际利益。

提到中南半岛，相信很多朋友第一个想到的不是缅甸，而是越南。的确，越南这个与中国纠缠了千年的狭长国度，对很多人来说既熟悉，又陌生。本节的重点在于双方陆地上的地缘关系——在长达两千年的历史中，双方的主要矛盾与交流都是在陆地上的。

越南的地缘扩张

越南的地形情况可以用“挑担子”来形容，即两头宽，中间窄。两头分别是北部的红河三角洲和南部的湄公河三角洲，这两大平原也是越南人口最为密集的地区，通过有“中南半岛屋脊”之称的长山山脉相连接，它也是越南与老挝、柬埔寨之间的主要自然分界线。这条山脉靠近南海的一侧有少许的滨海平原，这成为沟通两大

北回归线
中华人民共和国
南宁
N
元江
澜沧江
黄连山
红河
南康河
南乌河
河内
红河三角洲
海防
永实岛
姑苏群岛
涠洲岛
斜阳岛
雷州半岛
吉婆岛
北部湾
红河口
白龙尾岛
琼州海峡
海南岛
琅勃拉邦
老挝
川圹高原
琅勃拉邦山脉
清化
越南
湄岛
演州湾
麦岛
万象
湄公河
长山山脉
昏约岛
洞海
昏果岛（老虎岛）
南海
乌隆
呵叻高原
栋帕耶费山
孔敬
顺化
岘港湾
岘港
占岛
翁岛
西沙群岛
泰国
乌汶
中南半岛
呵叻
武里南
扁担山脉
曼谷
曼谷湾
罗勇
马德望
洞里萨湖
柬埔寨
归仁
多乐高原
绥和
邦美蜀
芽庄
大叻
金兰湾
阁昌岛
阁骨岛
戈公岛
戈公岛湾
西哈努克市湾
豆蔻山脉
金边
龙岛
泰国湾
富国岛
迪石湾
南游群岛
土珠岛
（布罗般洋岛）
湄公河三角洲
湄公河口
胡志明市
头顿
藩切
富贵岛
香蕉岛
金瓯湾
薯岛
两兄弟群岛
昆岛
马来半岛
100°
110°
20°
17°
10°
中华人民共和国
台湾岛
海南岛
东沙群岛
西沙群岛
黄岩岛
中沙群岛
南海
南沙群岛
曾母暗沙

平原地区的主要通道。相信初看到越南地图的人都会有一个疑问，如此狭长的国家是如何形成的？起码从地缘的角度看，过于狭长的地形似乎不利于南北两大人口密集的三角洲地区相互沟通。另外从战略的角度来看，这种地形也很容易被外来的力量从中间切断。

事实上，这种情况的确存在——大家都知道越南曾经被分为了南北两个部分。如果不是在中国的大力帮助之下，这种情况可能会持续到现在。中国历史上也曾经多次出现南北分治的情况，之所以总是能够分而复合，原因我们也多次分析过了，其中之一就是南北两地区的结合面够宽，沟通的渠道够多。这种地缘结构使得中国不可能长期处于分裂状态。而越南的情况就不同了——北部的红河三角洲和南部的湄公河三角洲长期分属不同的文明，在历史上本来就不是一个整体，加之连接面过窄，假设当初的分裂情况再持续 50 年的话，南北两部分的离心力肯定会比现在的朝鲜半岛强得多。要了解这一点，我们必须对越南目前领土的形成及历史结构做一个分析。

“越南”这个名字是由清朝嘉庆皇帝所赐（1802），之前自南宋起被称为“安南国”（唐朝在越南设立安南都护府，是此名的来历，但正式名称是南宋赐的）。再往前也有称“交趾国”，来源则是汉朝在越南北部建立的“交趾郡”。

越南的北部以红河流域为主，历史上由于与中国之间没有高山阻隔，因此长期受到北部华夏文化的影响。这种影响除了自然的渗入以外，更多的是伴随着军事上的征服流入的。越南臣服于中央之国的历史称为“北属时期”，出于民族自尊心，越南政府并不愿意提及这段历史，以至很多越南的年轻人都对这段历史不甚了解。

越南当然有理由认为被中国统治的这段时间不甚光彩，但也正是由于与华夏文明交流频繁，越南北部地区得以吸收华夏的先进文化，后来才能够不羁地向南扩充领土，形成现在的国境线。

我们在图上可以看到，越南北部的红河流域向南与长山山脉的沿海平原相连，一直到北纬 17 度时才出现高山阻隔（再往南丘陵的密度就较高了）。这也使得立足于红河平原的京族长期以来的控制范围都处于北纬 17 度以北地区。同时，中央之国每次在越南的扩张行动也基本上止于此，即使偶尔依靠军事力量进入南部地区，

左图：越南地形示意图

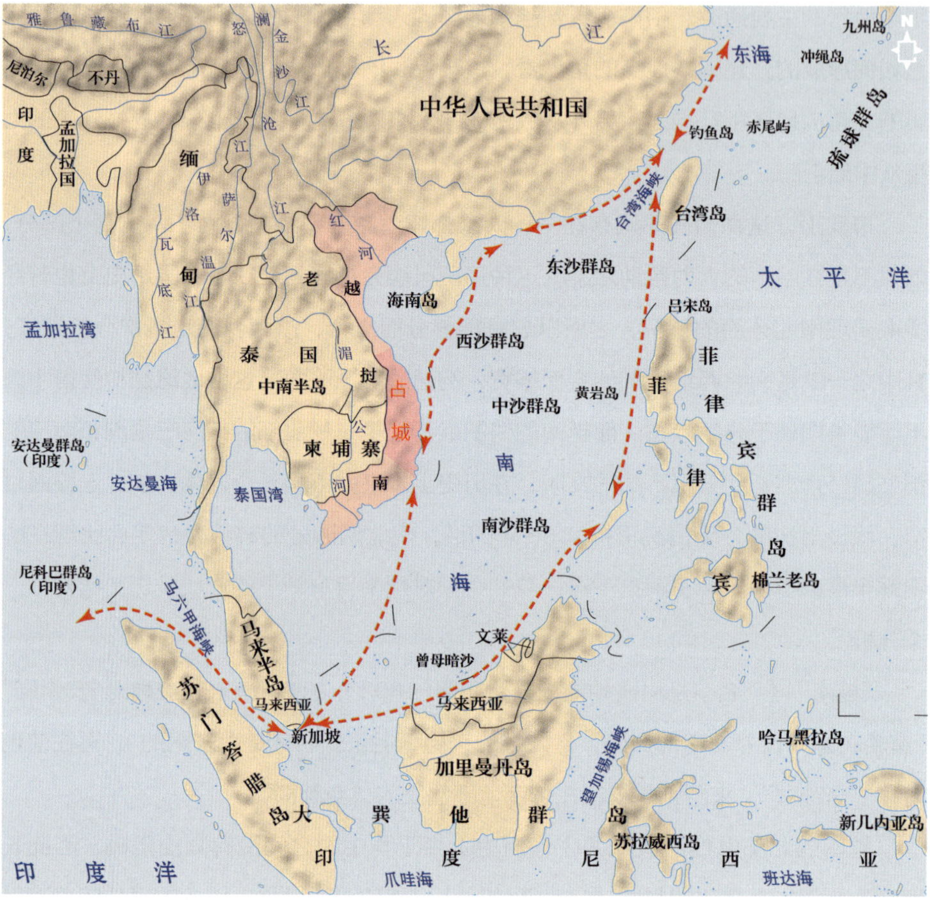

南海古代主要航线示意图

也会很快退回来。

北纬 17 度以南至湄公河三角洲北部的这一地区，从地缘位置上看处于越南中部。长山山脉在这一区域较北段稍宽，与海洋的地理距离也要近得多。只是沿海伸出一些较低的丘陵，中间夹杂着一些小块的平原。在历史上，越南中部长期为“占人”所占据，他们所建立的政权叫作“占国”。从地形上看，由于沿海低地区过于狭长，北部安南国或华夏的军事力量在试图征服当地民族时，会遇到很大的困难。

由于越南中部地区的农业条件并不及北部的红河平原好，加上地处南洋群岛北上中国大陆的交通要道，因此占城文明的海洋属性较强，其原住民与南洋群岛上的原住民同属马来族。这从地缘上也很好理解，作为南洋诸岛上的主要族群，马来族的海洋属性使得他们在很长一段时间内控制着马六甲海峡至中国东南沿海的海上航线。这条穿越南海的航线分为东西两条，这主要是由于古典时期人类的远航能力还较弱，需要沿着海岸线前行，以获得补给。

从地图上可以看出，马来族正是随着南海的航线向东北方向逐步扩散的。处于东线的印尼—马来西亚—菲律宾，由于属于南洋群岛，受大陆影响较小，因此都成为马来族的覆盖范围。而西线的马来半岛南端和越南中部的占城地区则因为是西线重要的中继点，也被马来族渗入。

要解释一下，这里所说的马来族主要是指古典时期已经形成文化的民族。实际上早在石器时代，人类就已经按照这条路线进行迁移了。当然在大陆地区（包括中国东南沿海地区、中南半岛），早期海洋属性的马来人遇到了大陆民族后并无优势，因此最终的势力范围只集中于海岛地区。就现在我们所说的马来族来说，占城就是他们在大陆地区最后的据点。

在中国长达数千年的文明史当中，南海的海上航线一直是中国与西方进行沟通的重要渠道。受传统的大陆思想影响，中国对于这条海上丝绸之路的研究一直不够深入。这几年出于对海权的重视，中国也相应加大了这方面的研究力度，前些年热议的“南海一号”[1]就是其中一例。

占城在南海航线上占有重要的位置，因此被海洋属性的民族（马来族的占人）长期占据是很自然的。当然，北面及南面平原上的农耕民族（京族和高棉族）出于地缘上的联系，也必然会对其进行渗透。不过由于地处长山山脉边缘，地形相对复杂，因此占人在当地的优势得以存续千年。

[1]“南海一号”指在中国南宋初期，一艘通过海上丝绸之路向外运送瓷器的船，因失事而沉没于中国广东省阳江市南海海域。它最初于 1987 年被发现，由于其上装载有 8 万余件保存完好的宋代瓷器、生活用具等文物而极具价值。——编者注

需要说明的是，所谓农耕属性和海洋属性都是相对的，主要看哪一种文化作为主体。**属于农耕文化的华夏族也会进行航海活动，例如著名的“郑和下西洋”。不过，华夏族并没有意愿通过这种远洋活动来拓展海外领土，主要目的在于向这些“蛮夷”之地展现中央之国的地缘力量。**

就占城人来说，除却在海洋贸易方面表现突出以外，他们所培育出的“占城稻”在农业史上也占有重要的地位。也许占城人本身并没有意识到这种早熟的籼稻意义有多大，毕竟在热带地区，作物的成熟期较短是很寻常的事情。不过，这对中国核心区的意义非常重大，因为这让稻田在一年中出产两季粮食的可能性大为增加。

中国在汉朝时曾经依靠军事力量，对越南进行过一次较深的渗入，越过了红河流域，将占城地区也纳入了管辖范围。只是在东汉末年，汉族已无力管辖此地。占城人率先摆脱了华夏政权的控制，并建立“占城国”，但这并不代表占城人由此就与中央之国互不沟通了。事实上，北部红河平原上的京族人始终对他们施加着巨大的压力，因此占城人在立国之后，仍然选择向中央之国纳贡称臣，以期得到中国的保护。

正如我们前面所说的，平原上的农耕文明能够集中更多的人力资源，因此占城事实上是处于两面受敌的位置。南方的高棉人只是在 12 世纪末至 13 世纪初短暂统治过占城，最大的敌人始终是来自北方的京族人，这有纬度上的原因，也有文化上的因素。

安南对占城的地缘扩张，从 10 世纪就开始了。当时，唐帝国已经被那些来自北方的胡人所压垮。此后的古典时期，华夏族在北方所要面临的压力空前巨大（仅在明朝前期曾经短暂地消除了这种压力），因此安南的京族得以摆脱华夏文明的束缚，进而也开始向周边扩张。当然，面对北方的华夏民族，安南人还是有自知之明的，所谓“瘦死的骆驼比马大”，何况这只骆驼远没到要瘦死的地步。而向西和向东都有高山和大海的阻隔，因此向南扩张便成了必然的选择，而且长山山脉和海水之间还留有一条狭窄的滨海低地作为通道。不过，首先要跨越的障碍就是占城。

安南人在向南扩张的同时，也在向西扩大疆土。这并非是由于那些山地有多大的经济利益，而是出于地缘安全的需要，毕竟对于处在红河平原上的京族人来说，那些处在高地上的民族对他们始终是个威胁。不过，低地民族征服纯粹的山地、高原是十分困难的，因此这种西扩在达到战略的平衡后，也就没有再进行下去。毕竟，向南渗透才是主要的方向。

在地图上，我们可以从北向南找到越南的三个重要城市，即河内、顺化、胡志明市，这三个城市也代表了越南形成目前版图之前的三个主要部分。长期以来，安南的主要势力集中在北部的红河平原周边。占城人早期也曾经跨越了那条自然的山脉分割线，向北部的平原略加渗透，其渗透的主要区域就在顺化周边。不过对于立志向南扩张的安南人来说，顺化是首先要收服的地区。迫于压力，占城人在 17 世纪初将顺化及南边的平原地区送给了安南人，并退守到北纬 17 度的那条地缘平衡线以南。

然而，这并不能满足安南人的胃口，随后安南人的举动更是表明了他们的战略意图——他们把首都迁至顺化。在东亚地区，由于需要调配全国的资源进行战争，首都往往选择在军事压力最大的边缘地区。安南人之所以敢于把首都迁到南部边境，是因为他们已经从北部的强邻那里得到了承诺——自明太祖起，中央之国就将安南列为“不征之国”了。在朱元璋的儿子朱棣（永乐）又做了一次失败的军事尝试后，中央之国的皇帝彻底对统治这块湿热之地失去了兴趣。安南人也识时务地实行“事大主义”，用称臣纳贡的形式满足帝国的虚荣心。在得到了北部强邻的安全保证后，安南人终于可以全力向半岛的南部扩张了。占城人在交出顺化之后，坚持了不到一百年，最终于公元 1697 年沦为安南的属国，又于 1720 年被安南正式吞并。

在吞并占城后，安南人并没有就此住手，毕竟对于这个形成于红河平原的农耕民族来说，占城的那些山地和小块沿海平原并不足以满足他们。中南半岛那片最为肥沃的湄公河三角洲才是他们最终的目标。不过在继续扩张的同时，安南人希望得到一个合适的名分，以显示其在中南半岛上的强大地位。鉴于中南半岛上的各个国家名义上还都臣服于中央之国，因此安南人希望能够从帝国的皇帝那里得到一个新的国名，以从侧面试探帝国对其持续扩张行为的认可度。

当时是 1802 年的冬天，帝国的统治者是清朝嘉庆皇帝，也就是那个“十全老人”（乾隆）的儿子。安南人最初希望得到的封号是“南越国”。正如朝鲜半岛上的民族一直认为自己是古“东夷”民族的继承人一样，安南人自称“越族”，也是希望把自己定位为“百越族”硕果仅存的一支。因此他们希望继承秦人赵佗在秦亡之后所建立的“南越国”的国名。

其实在赵陀时代，南越国的核心区是在岭南地区（现两广的大部分地区），而红河下游地区只是它的边缘地区罢了。后来在汉朝时期，南越国也归附了中央政权。也就是说，无论从当时的地缘结构还是历史来看，“南越”这个地缘标签的继承权都应该归属于中国。安南人如此迫切地想得到这个名字，其中所包含的意思就不言而喻了。

帝国当然不能容忍安南人的小算盘，于是最终的赐名从安南人所希望的“南越”变为了“越南”。虽然只是两个字简单的顺序变化，但隐含的意义就大为不同了：前者代表的是全体“百越”民族，后者则表示你只是“百越”民族以南的一个民族。

其实，即使安南人当初得到了“南越”之名，他们也没什么机会觊觎强大的邻居经营了两千多年的岭南之地。不过相比湄公河三角洲的高棉人来说，越南就明显占有了优势。高棉人尽管是中南半岛上最早的王国缔造者，但此时已经在暹罗的重压之下丧失了大片西北部的土地。京族人已经从北方强邻那里吸收到先进的文化，他们自然不介意让高棉人的处境雪上加霜。

由于湄公河三角洲与红河三角洲拥有同样的地理环境，并且同属热带地区，气候上的障碍也不存在。因此从北方过来的京族人非常适应这里。因此，虽然越南形成现有的国土时间并不长，但京族人已经占据了全国总人口的 90%。从农业经济层面来说，湄公河地区的潜力甚至比红河地区还要大，因此西贡（胡志明市）成为越南新的中心也是理所当然的。不过因为越南的根本在北部，所以无论是出于抵御北方强邻的目的，还是出于继续吸收华夏文化的需要，河内仍将保有它政治中心的地位。至于那个位于中部的顺化，它已经完成了历史使命，定位便只能是一个 25 万人口的文化古都了。

对于京族人的这种快速扩张和同化的能力，有的读者可能会感到惊奇。毕竟中国的黄河、长江流域完成同样的事情，花费的时间要长得多。造成这种情况的原因之一便是纬度的差别，暖温带地区和亚热带地区的农业、生活习惯有所不同。在中国历史上，如果不是因为边缘民族入侵，北方居民并不愿意大规模南迁。

印度支那之争

在高棉王国（柬埔寨）衰弱以后，中南半岛上已经形成了缅、泰、越三族鼎立的格局。在西面，泰、缅两族直接接壤，因此双方发生地缘上的冲突在所难免。在这场民族冲突中，缅人似乎稍占上风。毕竟在泰人比缅人先进入马来半岛的情况下，缅人还是依靠武力进入了这一半岛的突出部，并将之纳入了缅甸本部。

缅甸本部周边的边缘地区（山地高原）基本上是在英国的主导之下合并在一起的，英国人在印度也是这么做的。也许在这一点上，这两个国家都要感谢英国，毕竟如果没有英国人的介入，它们很难获得政治上的统一。如果英国在“二战”以后愿意给予缅甸如印度那样的独立地位，缅甸其实并不会选择退出英联邦，甚至有可能尊英国女王为国家元首，就像另外 15 个国家一样。不过，如果日后缅甸在政治格局上出现变化，出于经济原因而重新加入这个带有殖民烙印的联合体，也是有可能的。毕竟英国人已经不会对它造成地缘上的威胁了，而美英联盟也希望由此重新介入缅甸事务。

在东面，泰国和越南之间还存在着两个缓冲国，即老挝和柬埔寨。在西方殖民者进入中南半岛之前，作为中南半岛的两个强国，泰、越都还在尽力向这两个国家扩张。泰国（那时还叫“暹罗”）已经将老挝变成了自己的属国，并将柬埔寨压缩至湄公河下游地区。而越南人则从柬埔寨手中夺取了湄公河三角洲，将自己的势力伸入湄公河核心地区。如果没有外部势力的介入，这两大势力的火并应该是不可避免的。

不过这一切都被外来势力的入侵打破了。这一次的威胁不是来自传统的东亚地区，而是来自遥远的欧亚大陆西侧，唱主角的正是欧洲的两个欢喜冤家——英国和法国。说到英、法两国对中南半岛的地缘影响，我们必须先解释一个地理概念，即“印度支那”。

“印度支那”这个概念广义上是指印度和中国之间的地区，也就是现在我们所说的中南半岛。**对于大航海时代以前的欧洲人来说，印度和中国就是亚洲的全部。**从

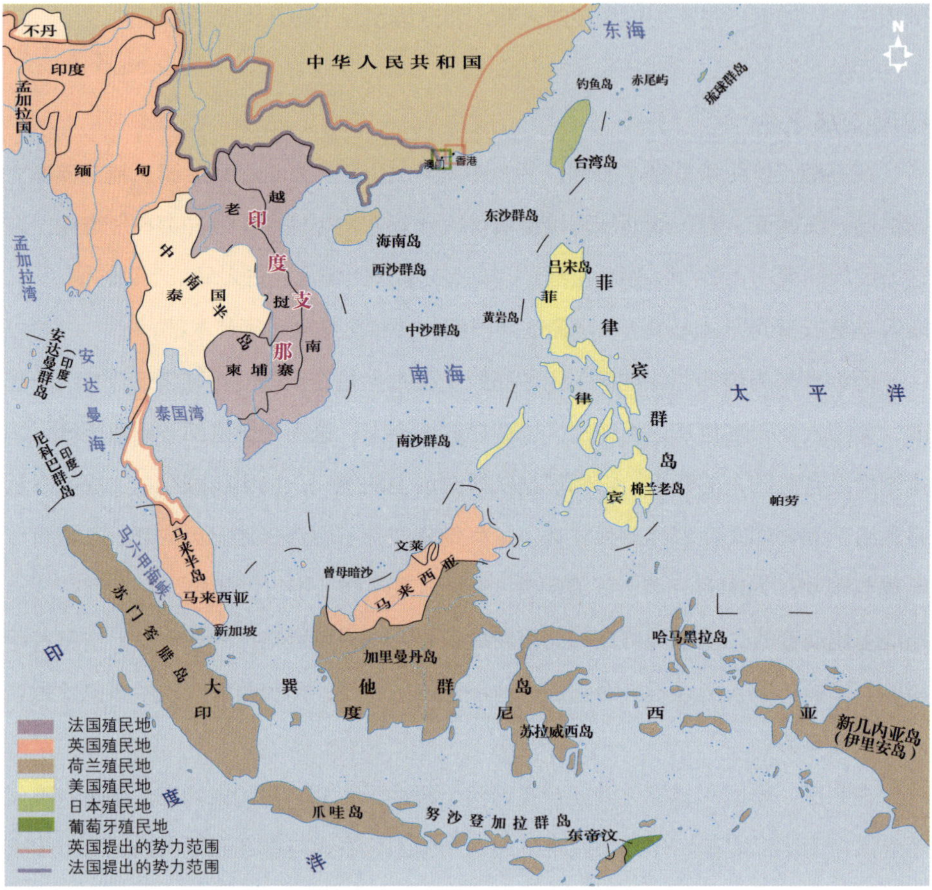

1815—1914年欧洲在东南亚的殖民情况示意图

文化的角度来说，这种看法倒也不无道理，毕竟亚洲的主要文化就是发源于这两个地区的。因此这个地缘潜力看上去比“南亚次大陆”差不了多少的地区，被看作这两大文化区的从属地区倒也符合历史。

民国政府希望用“中南半岛”之名取代“印度支那”，应该并不仅仅是出于以自己为中心的心理，“支那”之名让人反感也是重要的原因，这主要是因为日本人将之作为对中国的称呼。当然，如果日本人的这种称谓是出于善意，是不会引起中国人的反感的。“支那”是基于西方译音（也有说法是基于梵文的读音）的称谓，日本人却将“支那”由中性词变为了贬义词。这种做法并不只是简单地为了侮辱这个积弱的东亚大国，而另有其政治上的目的。

我在分析东亚部分时曾经说过，由于华夏族在文化上的强势，使得中央之国以外的边缘民族要想入主中原的话，一般都需要为自己找一个华夏族的出身，以证明自己亦有统治这块土地的权利。对于深受华夏文化影响的日本来说，也不例外。

比起之前入主中原的亚洲边缘民族来说，日本有一个历史机遇，就是可以不仅为自己找一个“同文同种”的出身，还有可能直接接过华夏正朔的大旗。这当然要“感谢”中央之国最后一个王朝的统治者——他们的出身同样不那么“正统”。相比于满洲人的易服剃发，直接吸收过盛唐文化的日本人似乎更有理由认为自己才是华夏文化的继承人。朝鲜半岛和越南也存在过这样的观念，只不过它们更希望能够保持自己的独立性。相较而言，**日本人有着更大的野心，能够将本部从危机四伏的海岛搬至中央之国是他们所一直追求的。**因此，日本并不希望将“中国”（或“中华”）的称谓给当时的中国，取而代之的则是一个不东不西的“支那”。在这种不可明示的政治目的之下所推出的“支那”之名，自然就包含了蔑视之意。

现在让我们把视线转回到远渡重洋而来的英、法两国身上吧。西方殖民者自大航海时代起就掀起了瓜分世界的浪潮，中、印两个建有强大的古典王朝的地区尚不能幸免，印度支那这片被政治分割为几块并且一直没有强势表现的区域，就更不可能幸免于难了。基于地缘上的关系，重点经营印度的英国以印度为基地，由西至东取得了缅甸的宗主权，并将缅甸作为一个省纳入了英属印度的范围。

作为一个老牌的海洋帝国，英国人当然不会放过那些海上的岛屿，尤其是有着重要战略意义的马六甲海峡。在此之前，荷兰人（再往前算是葡萄牙人）已经占据了这些海岛，不过如日中天的英国人还是从荷兰人手中分得了部分殖民地。这一地区包括马来半岛南部及加里曼丹岛的北部（今马来西亚东部）。英国人在取得了落脚点后，继续向马来半岛北部扩展势力，最终受阻于当时中南半岛的核心国家——泰国。

既然英国已经在中南半岛的西部和南部进行了渗透，留给法国人的就只有东部的空间了。作为欧洲大陆的老冤家，英法双方将争斗的战场又延伸到了东方。柬埔寨能够直接登陆，实力又偏弱，于是法国人选择了这里作为突破口。这个一直处在泰、越两国地缘压力之下的国家，很快就成了法国的保护国（1863）。然而，仅仅一个柬埔寨是无法满足法国人的胃口的。在入侵柬埔寨的同时，拥有漫长海岸线的越南也成为法国人下一步重点突破的目标。越南本土的抵抗力量并不是法国人所担心的。这个时候的越南和朝鲜一样，仍然奉中央之国为宗主国，所以法国人要想通过吞并越南来与英国竞争中南半岛，首先要和中国过招，这才是法国人的终极挑战。

最终在“中法战争”之后（1885），法国人如愿以偿地得到了越南。只是由于有“镇南关大捷”这场胜利，中国方面一直认为，最起码在军事上中国并没失败。之所以将越南的宗主权拱手让予法国，主要还是因为当时列强临门，核心之地危机四伏，实在顾不上那些“化外之地”了。

在成功控制柬埔寨和越南之后，法国人在东线可以说取得了和英国人在西线相当的成果。谁能再成功地控制泰国，谁就将在这场竞争中取得压倒性优势。不过，英、法两国的这种竞争关系也被泰国人看在了眼里，泰国便加以利用，为自己谋得了一个缓冲国的地位。当然，这并不代表着英、法两国就不会从东、西两个方向为泰国“瘦身”。

法国通过战争，成功地逼迫泰国将自 18 世纪末就成功占据的湄公河以东的高地（现在的老挝）独立出来（1893）。一如法国人将越南从中国的宗主权下独立出来一样，法国人给予老挝所谓的“国家”地位（保护国），只是将之变身为自己殖民地的一种程序罢了。这种程序性的做法对现在中南半岛地缘格局最大的影响就是：促使老挝这个经常被强邻所控的山地之邦，得以在现代国家行列中谋得一个席位。

为了更好地管理自己在中南半岛取得的成果，法国早在控制了柬埔寨和越南之时（1887）就将这两个国家合并成了“印度支那联邦”，并且在从泰国人手上得到老挝后，也将老挝并入了这个国家框架。于是法国在中南半岛的殖民地，也被称为“法属印度支那”。由于缅甸被并入了英属印度，因此印度支那有时会仅指法属印度支那，即越南、老挝、柬埔寨三国。

第四节 | 泰国

泰国曾经是中南半岛上最强大的暹罗，由于在英法殖民势力之间巧妙地保持平衡而未失掉独立地位，也因此成为亚洲最西方化的地方。华人华商在泰国的经济和文化中占有重要地位。

泰国是一个很特别的国家，它的特别之处在于当西方的殖民者几乎将地球上每一寸土地都瓜分完毕时，泰国却奇迹般地保持了独立。这其中自然有英、法两国希望它在中间充当缓冲国的原因，但这也与泰国王室高超的政治技巧相关。小国的生存之道就是在大国之间玩平衡，在这一点上，泰国玩得不错。

平衡是一种技巧

对于当时的英国人来说，海洋上的利益始终是第一位的。因此，能否控制印度洋与南海之间的通道是他们最为关注的。英国通过控制印度、安达曼－尼科巴群岛（目前属印度）、缅甸、马来西亚、新加坡，目的已经达到了。在这条航线上仅有苏

N
96°
102°
18°
12°
6°
东枝
本弄山
萨尔温江
内比都
垒固
缅甸
伊洛瓦底江
勃固
仰光
帕安
毛淡棉
莫塔马湾
（马达班湾）
清迈
坤丹山
难河
宾河
他念他翁山脉
琅勃拉邦山脉
湄公河
南乌河
琅勃拉邦
老挝
川圹高原
清化
越南
长山山脉
万象
乌隆
呵叻高原
孔敬
彭世洛
中南半岛
泰国
那空沙旺
昭披耶河
呵叻
武里南
乌汶
扁担山脉
巴色
比劳山脉
土瓦
曼谷
曼谷湾
罗勇
马德望
洞里萨湖
柬埔寨
安达曼海
丹老群岛
巴蜀
阁昌岛
阁骨岛
戈公岛
戈公岛湾
豆蔻山脉
金边
西哈努克市湾
龙岛
西哈努克市
泰国湾
富国岛
迪石湾
南游群岛
越南
阁道岛
阁帕岸岛
阁沙梅岛
阁古岛
土珠岛
（布罗般洋岛）
香蕉岛
金瓯湾
薯岛
两兄弟群岛
锡米兰群岛
那空是贪玛叻
巴帕海峡
普吉岛
马来半岛
銮湖
阁兰达岛
宋卡
阁德鲁道岛
阁阿当岛
阁拉威岛
也拉
那拉提瓦
凌家卫岛
（浮罗交怡岛）
马来西亚
南海

门答腊岛（位于马六甲的南侧）在荷兰人掌握之中。不过荷兰已经衰落了，它并不会对日不落帝国造成实质上的威胁。

当然，如果没有法国的介入，英国自然会像在印度所做的那样，逐步蚕食掉整个中南半岛。在英国人还在经营他们的海上航线时，法国人从东侧登陆了中南半岛，并和中国进行了一场战争。在前文中我们也说过了，这场“中法战争”在中国人看来，并未像之前与英国人的战争那样完败，很大程度上还取得了战术上的胜利。最终中法之间达成了平衡：法国人正式从中国手中取得了越南的宗主权，而中国则表面上使得法国放弃了对东南沿海及台湾的攻击。

由于法国人的介入，英国人通吃中南半岛变得不可能了。由于双方都在半岛两侧建立了稳固的根据地，因此下一步的争夺就集中在了泰国身上。对于法国来说，如果能够控制泰国，那么最起码可以在马来半岛获得一个突出部，并借此威胁英国在马六甲的安全。鉴于存在这样的风险，英国在控制了印度洋—南海航线的情况下，自然不会介意给予泰国“缓冲国”的地位。

如果泰国就此完全倒向了英国（毕竟法国已经从泰国手中夺取了老挝），那么在与英国的直接对抗中，无论是在陆地上还是海上，法国都处于战略劣势当中，这就意味着法国很难在马来半岛上有所作为了。然而，泰国在两大欧洲强国之间保持了独立的地位。这在亚洲并非是绝无仅有的案例，最起码中国也曾经利用列强之间的矛盾保持了半独立的状态——当然这主要是因为中国太大，试图参与利益分配的列强更多，情况也更为复杂，没有哪一个帝国有信心能够一口吞得下，因此才有了这种平衡的可能性。

至此，印度支那因英、法的介入而分为了三大块，即英属缅甸、法属印支（越南、老挝、柬埔寨）、泰国（缓冲国）。在 1945 年以后的民族独立浪潮中，这五个国家也纷纷独立，自主建国。对于泰国来说，它在中南半岛上的地缘价值并未发生变化，不管两边势力如何变化，泰国作为地区平衡者的地位并未改变。

泰国在这一时期的成就不仅是保持了独立，还在于将其国土又深入了一步。当时马来半岛大部分已经在英国人的控制之中了，作为海洋国家的老大，这也是在情理之中的。为了防止自己从南部进一步被压缩，泰国希望能够在马来半岛中部建立

左图：泰国地形示意图

一个缓冲区。当时半岛的北部区域大部分是被一个叫“北大年”的苏丹国所控制，在客观上便承担了这个缓冲的任务。不过由于泰国巧妙的平衡，它本身已经成为英、法势力在中南半岛的缓冲国。因此在经过一番复杂的政治博弈后，这个缓冲区并没有以“缓冲国”的形式存在下去。泰国和英国在1907年签属瓜分协议，泰国得到了北大年60%的土地，英国则得到了40%（后来都被马来西亚继承了）。

也许大家会觉得泰国人很牛，比起其他成为殖民地的亚洲国家来说，泰国的确做得不错。不过对于曾经是中南半岛上最强大的国家——暹罗来说，这些不过是劫后余生所剩下的。在西方殖民者还没有到来的时候，暹罗在中南半岛上的国土要比现在大，而旁边的老挝以及马来群岛上的很多小国也都臣服于它。英、法两国已经在泰国本土上割去了不少土地，对泰国来说，瓜分一个曾经的属国只能说是在别人吃肉的时候弄了点汤喝。

客观地说，英国人殖民时期的所作所为，很多时候比俄国人还是要好一点，要是换了俄国人，真是连骨头也不会剩下。这也是英国许多前殖民地还留在英联邦内，而俄国人搞的独联体早就名存实亡的原因。当然这都是相对而言的，或者说是帝国主义者的技术流派不同而已。

不过，**出于政治原因而不是地缘上的自然渗透所吃进来的领土，是需要时间消化的。**比如在地缘关系上，与阿富汗更接近的巴基斯坦的西北部山地，以及民族明显与东亚、东南亚相似的印度东北地区，在经由英国人划界之后，都有这个问题存在。因此，泰国当初通过和英国的政治交换所划入的北大年苏丹国故地，目前也成为泰国国内动乱频发的地区。毕竟就这一地区而言，民族、文化上和马来亚半岛南部的马来西亚更为一致。

泰国的这种平衡之道，直到今天仍然是其处理外部关系的准则。后面我们会看到，它是如何将这一技巧运用到与中国的关系上的。

克拉地峡

如果仅仅依据客观地理结构，曼谷湾以南的陆地显然应该是一条完整的半岛带。不过地理学家并没有将其完全命名为“马来半岛”，这样做很可能是出于政治上的考虑。毕竟“马来”二字在国家、民族、文化、宗教方面，都带有太多不同于中南半岛的地缘特点。为了方便解读，我们暂时将这一覆盖范围更广的半岛区域命名为“大马来半岛”。从地理结构上来说，“大马来半岛”有点像一条倒过来的马腿。在这条“马腿”的膝关节上，有个最为狭窄的部位，就是位于缅甸边境最南点的克拉地峡（在泰国境内）。一般情况下，克拉地峡被公认为是中南半岛与马来半岛的分界线。应该说，从这个位置上划分中南半岛和马来半岛，也算是在地理分割和地缘政治、地缘文化分割上找到了一个平衡点。最起码缅甸人不会有什么意见。

中国为了摆脱对马六甲海峡的依赖（马六甲困局），制订了诸多战略性方案，其中克拉地峡的开挖一直是一个受到热议的话题。从技术角度来看，由于克拉地峡最窄处只有 56 公里，即使考虑到在实际路线的选择中所必须增加的工程量，开挖这条运河的难度和成本也并不会与 190 公里的苏伊士运河和 80 公里的巴拿马运河有质的区别（目前在意见比较一致的路线选择方案中，运河长度为 112 公里）。**而从地缘政治的角度来看，由惯于在各方政治博弈中巧妙维持平衡的泰国掌握一条印度洋通往南海的交通要道，风险要小于地缘结构复杂的马六甲海峡。**当然，克拉地峡最终是否能够开挖，还是要取决于它对比马六甲海峡的成本优势。在这一点上，克拉地峡所具备的优势就是可以让太平洋与印度洋之间的航程缩短 1 200 公里，平均为每艘大型货轮节约 30 万美元左右的航运成本。

其实，克拉地峡的交通价值并非只是在今天才被人发现。从东西方海上通道的开拓情况来看，马六甲海峡并非最早的选项。在公元 4 世纪阿拉伯人开拓马六甲海峡航线之前，东西方的海上交流通常会在克拉地峡一带进行陆地中转。这也使得大马来半岛中部成为马来半岛—南洋群岛地区最初的文明之地。来自印度的移民在此建立了最初的国家，并向南北两端进行文明扩散。

之所以在印度洋和太平洋之间会长期存在这种“海—陆—海”的中转模式，主要因素在于“风”。在主要依靠风力航行的古典时期，定期定向在印度洋和太平洋刮起的季风是航行者的主要动力来源。问题在于，在克拉地峡之南存在一条风平浪静的“赤道无风带”。赤道无风带指向的并非仅仅赤道本身，而是包括赤道附近南北纬 5 度之间的区域。这一地带无疑是地球上平均气温最高的区域。不过，造成这

克拉地峡位置示意图

一地带终年基本无风的主要原因并不是温度本身，而是温度的水平均匀分布。在这种情况下，气流主要是做上下的垂直作用，因此航海者在水面所能感受到的风速就十分微弱了。

正因为如此，赤道无风带对依靠风力为动力的航海者来说算得上是“死穴”。而克拉地峡的位置处于北纬 10 度左右，也就是说，再往南很快就不能指望借助风力航行了。而马六甲海峡全部在北纬 5 度至赤道这个区间内，若从马六甲海峡绕行，帆船必须依靠更多的人力辅助航行。正因如此，克拉地峡路线所具备的时间和成本上的优势，其实比我们想象的还要大。

不过相比全程海运的马六甲航线，克拉地峡劣势也是很明显的。一是要被中间国盘剥掉很多利润。很多时候，马来半岛中部的国家更愿意充当中间商，而不是让你借道过境。二是受限于陆地交通线的承载力，物资的转运量会受到很大的影响。因此进入公元 4 世纪后，随着航海技术的发展以及东西方商品流通量的增加，马六

泰南四府位置示意图

甲海峡的优势开始显现出来了。两种模式的竞争关系一直持续到公元 7 世纪。在此之后，马六甲海峡开始全面垄断东西方的大宗贸易。

就如今的全球贸易特点来看，石油、矿产等大宗货物，以及工业制品，明显取代了古典时期的茶叶、香料、丝绸等初级产品，成为海上贸易的主要对象。在这种背景之下，航程本身成为衡量克拉地峡运河和马六甲航线谁更有商业价值的唯一标准（前提是通行条件一样）。没有谁是不想赚钱的，更何况如果克拉地峡能够开通的话，泰国完全可以借此提升自己在国际政治舞台上的话语权。所以，泰国人是非常想开挖这条运河的。

然而，开挖一条重要的运河，所要考虑的因素并不只是商业利益那么简单，可能造成的地缘政治影响也是必须考量的。泰国人心里非常清楚，克拉地峡运河存不存在，并不会对全球贸易量有影响。也就是说，克拉地峡运河为泰国所创造的经济、外交利益，实际上是从马六甲海峡所在国家的锅里分食。受此影响，泰国与马来西亚、印度尼西亚以及新加坡的政治关系就非常令人担忧了。而这种外交上的顾虑，同样也是那些有意投资克拉地峡运河的国家所需要考虑的。而因资金、技术方面的要求，泰国并无法以一国之力开挖运河。

另一个让泰国人顾虑的因素，就是克拉地峡对国内的地缘安全造成的潜在影响。因为无论克拉地峡的线路如何上下移动（目前有 10 条具体线路可供选择），那片至今与泰国主体文化格格不入，并且不时发生些极端事件的北大年苏丹国故地（包括那拉提瓦府、也拉府、北大年府以及宋卡府的部分地区，合称“泰南四府”）都会位于运河的南边。假如克拉地峡最终开通，马来半岛的地理属性就转变为“岛”了。连同“泰南四府”在内的泰国南部领土，无疑在地理归属上会成为新割裂出来的“马来岛”的一部分。长期来看，这种地理分割很可能会加大泰南地区的分裂倾向。

中国与泰国的地缘关系

从地理关系来看，中国与泰国并不接壤，不过这并不代表双方在自然状态下没有人口层面的交融。**只不过基于双方的地缘位置，这种人口流动基本上是单向的，即泰国单向吸收来自中国的人口，以及随之带来的中华文化。**由于陆地上的阻隔，除了 20 世纪中叶由缅甸退入泰国一侧的国民党残军外，中泰之间的人口流动基本都是从中国东南沿海的福建、广东两省，经由海上通道来完成的。

随着东西方海上贸易的发展，最迟在郑和下西洋之后，中国东南沿海地区的华人就开始与泰国进行海上商贸活动了，并形成了小规模的人口流入。伴随着西方殖民者对东南亚的开发，中泰之间的这种商贸往来在 19 世纪中叶也达到了高潮。基于“故土难离”的农业文明思维，绝大多数中国人前往泰国及其他东南亚国家，最初的目的只是单纯的谋生，并没有打算定居。但这种交流还是不可避免地为泰国带来了大量华人移民。

经济基础决定上层建筑，华人华商在贸易上的优势，最终也让他们有机会在泰国获得话语权。这种话语权的高峰出现在 18 世纪后期。1766 年，中泰混血儿郑信，也就是泰国历史上著名的“吞武里大帝”，领导泰国抵御了缅甸的入侵，并且建立了泰国“吞武里王朝”[1]。由于血缘上的关系，华人成为吞武里王朝所倚重的对象，并且开始成规模地在泰国定居。

这一历史事件的地缘意义在于从心理上拉近了华、泰两族之间的关系。在泰国6 700万人口当中，华裔约占14%，约870万，在中南半岛诸国的比例中是最高的。这对于华人能够融入泰国本土政治起到了很大的作用。今天在泰国政坛对立的两个政治派别领导人中，就有很多华裔，如先后担任过总理的他信、阿披实、英拉等，都拥有华人血统。

然而，尽管泰国华人与原住民融合度高，但并不代表双方之间就没有矛盾。在第二次世界大战结束后，世界各地掀起的民族独立风潮使得泰国的华人也受到了一定的冲击。为了更好地融入泰国社会，当地华人开始使用泰语姓名。今天我们在泰国已很难从姓名上分辨出哪些是华人，原因便在于此。

实际上，泰国华人以及东南亚其他地区的华人曾经遭遇的民族矛盾，其根源在于华人掌握了所在国的经济命脉。如果按照若干年前的划分标准，这也可以被理解为阶级矛盾。不过泰国被普遍认为是民族融合最好的国家，这些矛盾并没有上升为民族矛盾。泰国第25任总理差猜·春哈旺（任期为1988年8月4日—1991年2月23日）本身也是华人后裔，他曾经称中泰人民的关系“已是亲密到水乳交融一样不可分的程度”。由此也可以说泰国是同化工作做得最好的国家。

之所以要对泰国华人的历史、现状做解读，是因为在国际关系认知中普遍存在一个误区，即将血缘认同与国家认同混淆。比如在很多中国人的潜意识里，华人占据大多数的新加坡应该是中国的天然盟友，**然而在现实的国际关系中，血缘认同固然在一些合作问题上能够起到一定的积极作用，但最终决定国家之间关系的还是各自的利益诉求。**如果彼此之间矛盾重重，你就不能指望血缘这层关系能够发挥作用了。对于移民和他们的后代来说，融入当地并以所在国利益为先，是一个必然的趋势。尤其是那些能够跻身政治圈的佼佼者，在这一点上的表现就更为强烈。

[1] 吞武里王朝（1769—1782）由一位年轻的将军达信所建立，定都吞武里，史称“吞武里王朝”。该王朝以郑氏为国姓，达信是中国与泰国的混血儿，中国历史上称他为郑信。——编者注

基于上述理由，我们应该清楚地认识到，包括泰国、新加坡、菲律宾等国的领导人，虽然体内流着华人的血液，但并不会对他们制定与中国相关的外交政策产生太大的积极作用。最终还是需要回归地缘政治的本质，来判断彼此之间的战略合作前景。

从中泰两国的地缘关系来看，双方无论在陆地还是海洋都没有冲突，产业结构上也不存在竞争关系。250 年前的泰国可以借势华人的力量抵御外敌的侵略，今天擅长以平衡之道处世的泰国，也同样能够通过加深与中国的合作，来提升自己在中南半岛乃至东南亚的地缘地位。比如说，如果克拉地峡运河项目真的有一天启动了，相信中国资本一定会参与其间。

第五节 | 大航海时代之前的南洋群岛

南洋群岛与中国隔海相望，自古就与华夏大地有着千丝万缕的联系。但由于热带气候的影响，华夏文明在南洋群岛遇到了同样来自热带地区的印度文明，以及精于海上商贸的阿拉伯文明的挑战。

“南洋群岛”是中国人对东南亚那些热带岛屿的称呼，一般正式的称呼是“马来群岛”，这主要是由于这一地区原先基本为马来族所占据。欧洲人则称之为“东印度群岛”。不过本书既然是从中国的角度来解读地缘，加上这些岛屿由于历史的原因，华人的数量亦不在少数，因此按那些下南洋的前辈的习惯，将之称为“南洋群岛”更符合本书的立意。

南洋群岛的地缘结构

占据南洋群岛的国家目前共有 6 个：印度尼西亚、马来西亚、菲律宾、文莱、新加坡，以及那个新独立不久的东帝汶。前五个国家我们较为熟悉，并且它们与中

中华人民共和国
印度
缅甸
内比都
若开山脉
河内
老挝
越南
长山山脉
中南半岛
泰国
曼谷
柬埔寨
金边
安达曼海
泰国湾
尼科巴群岛（印度）
马来半岛
马来西亚
吉隆坡
马六甲海峡
新加坡
苏门答腊岛
印度尼西亚
大巽他群岛
爪哇海
巽他海峡
雅加达
爪哇岛
巴厘岛
龙目岛
龙目海峡
努沙登加拉群岛（小巽他群岛）
弗洛勒斯海
东帝汶
帝力
帝汶岛
帝汶海
印度洋
北部湾
海南岛
西沙群岛
中沙群岛
东沙群岛
黄岩岛
南海
南沙群岛
曾母暗沙
文莱
斯里巴加湾市
马来西亚
加里曼丹岛
望加锡海峡
苏拉威西岛
苏拉威西海
托米尼湾
马鲁古海
马鲁古群岛
哈马黑拉岛
班达海
西南群岛
东南群岛
塔宁巴尔群岛
阿鲁群岛
阿拉弗拉海
托雷斯海峡
卡奔塔利亚湾
澳大利亚
台湾岛
台湾海峡
钓鱼岛
赤尾屿
东海
琉球群岛
日本
巴士海峡
巴林塘海峡
吕宋岛
菲律宾群岛
马尼拉
巴拉望岛
苏禄海
苏禄群岛
棉兰老岛
太平洋
北回归线
赤道
北马里亚纳群岛（美）
塞班岛
塞班
阿加尼亚
关岛（美）
密克罗尼西亚
梅莱凯奥克
帕劳
密克罗尼西亚联邦
美拉尼西亚
实珍群岛
新几内亚岛（伊里安岛）
毛克山脉
巴布亚新几内亚
俾斯麦群岛
俾斯麦海
新不列颠岛
所罗门海
莫尔兹比港
珊瑚海

南半岛五个国家共同组成了东南亚联盟[1]，合称“东盟十国”。东帝汶是 2002 年从印度尼西亚分离出来的，目前还不是东盟的正式成员。对于这个世界上最年轻的国家来说，成为东盟的一员是极大的愿望。也许在不久的将来，我们就会听到“东盟十一国”的提法了。

把南洋群岛的每一个岛屿都研究透彻是不可能的，连当地人也未必了解这两万多个岛屿的情况（绝大多数为无人岛）。因此，我们仅需把注意力放在其中几个人口集中的大岛上。这些岛屿分别是吕宋岛、棉兰老岛、加里曼丹岛、苏门答腊岛、爪哇岛、苏拉威西岛、新几内亚岛。其中吕宋岛、棉兰老岛归属于菲律宾；加里曼丹岛由马来西亚、印尼、文莱瓜分；苏门答腊岛、爪哇岛、苏拉威西岛，以及新几内亚岛的西半部则是印尼的领土。

需要说明的是，东南角的新几内亚岛目前虽然被印尼占据了一半，但在地理上被划在了大洋洲。从地缘及种族的角度来看，这一划分也不无道理。“马来群岛”的称谓来源于这些岛屿上的主体民族——马来人，而处在这一岛屿东南方向的一些小岛，包括新几内亚岛，其上的族群却与马来人并不相同，这里的原住民是更为原始的美拉尼西亚人，他们的人种及语言一直是人类学家们感兴趣的话题。

新几内亚岛没有得到充分开发，还有一个重要的原因，那就是无论在大航海时代之前还是之后，新几内亚岛都不处在东西方的海上航线上。这种边缘化的地缘位置无疑降低了外界对新几内亚岛的影响。这种情况并非绝无仅有，从澳大利亚到夏威夷的南太平洋地区其实都存在这种情况。由于很少受现代文明的干扰，这些岛屿至今仍保留有很多原始人类文化的遗存。不过在现代社会，这些文化反倒成了吸引旅游者的筹码。特别是环境主义者和人类及生物学家们，也会很高兴看到这一片“净土”的存在。因此从地缘属性来看，新几内亚岛虽然与亚洲及大洋洲都比较接近，但是被划给大洋洲还是比较合理的。

另一个这样的特例是马来半岛，由于地缘文化和地理位置的原因，这个中南半

[1] 东南亚联盟简称“东盟”，是东南亚国家的区域性合作组织，于 1967 年 8 月 8 日在泰国曼谷成立。现今成员国有印度尼西亚、泰国、菲律宾、新加坡、马来西亚、文莱、越南、老挝、缅甸、柬埔寨，观察员国有巴布亚新几内亚。——编者注

左图：南洋群岛地理结构示意图

岛的狭长突出部更适合作为南洋群岛的一员。出于地缘政治的关系，我们这里所指的马来半岛，仅指马来西亚及新加坡所占据的那一区域。

研究海岛与研究大陆的侧重点有所不同。在大陆地区，由于国家密集，我们往往要把注意力集中在那些山脉河流上面，这些自然分界线往往会成为族群的战略平衡线,并最终成为国境线。而岛屿本身就是一个单独的地理单元,地理位置一目了然。它们的重要性往往体现在身处海洋中的位置，能否处在重要航线上，将极大影响它们的地缘价值。此外，各岛屿的农业、人口潜力不同，也会影响它们彼此之间的地缘关系。

关于马来人的来源现在还没有定论，从中国学者的角度来看，他们更愿意相信马来人是从中国南部（百越族）南迁中南半岛，再通过马来半岛进入苏门答腊岛，之后再向东扩散直至菲律宾群岛的；另一种说法是马来人是沿着那条走出非洲的南线（印度—中南半岛），然后通过马来半岛进入南洋群岛的。

基于地理结构的原因，人类迁移的路线与文明交流、商贸往来的线路，大多数情况下是重合的。不管马来人最初是从哪个方向迁入南洋群岛的，马六甲两侧的苏门答腊岛和马来半岛都应该是南洋群岛中人口最先迁入的区域，并且最早有机会与外来文明频繁交流。这一点也可以通过克拉地峡与马六甲海峡在东西方贸易中先后起到的重要作用得到验证。

结合地缘位置和岛屿的体量来看，在我们罗列出来的南洋群岛主要的岛屿中，马来半岛和苏门答腊岛应该最有机会成为南洋群岛的地缘核心。然而实际情况是体量远小于苏门答腊岛，并且看上去也不在航线之侧的爪哇岛，长期成为南洋群岛的地缘中心。直至今日，爪哇岛西部的雅加达依旧是印度尼西亚的首都。

对于中国人来说，应该不会对“爪哇”二字感到陌生。中国人会把彻底忘记一件事情形容为“丢到爪哇国去了”。通过这种形容，我们也能够感觉到，在古典时期的中国人心目中，爪哇岛算得上是一个极远之地了。虽然按照绝大多数古代中国人的理解，爪哇岛应该是一个化外蛮荒之地，但在南洋群岛中，它是能够承载人口最多的岛屿。

印尼虽然号称“万岛之国”，但主要的部分也就是苏门答腊、加里曼丹、爪哇、苏拉威西四个总称为“大巽他群岛”的岛屿群。而其中面积最小的爪哇岛（还不到苏门答腊岛的 1/3，跟安徽省差不多），现在的人口却有一亿之巨，差不多相当于印尼人口的一半。**在古典时期，人口数量可以说是衡量地缘实力最重要的参数。因此在爪哇岛上建立的王国，也很自然地给它在与周边岛屿的竞争中加分。**

爪哇岛这巨大的人口承载量，源于它出色的农业条件。像爪哇岛这样的热带农业区，与东亚大陆那种以大面积冲积平原为基础的农业，在地理环境上是有很大不同的。在东亚大陆所处的温带地区，土地平整、水资源丰富的低地区通常是能够承载多人口的区域。对于温带平原上的居民来说，只要摸索出河流的运行规律，并进行相应的水利建设，就能够得到成片稳产的农田。而那些上游高地来水，在为平原地区提供生产、生活用水的同时，还为下游地区的农作物生产提供了富含营养成分的土壤。这些因素共同造就了温带地区的人口主要集中在低地区的现状。

不过，这些温带区的农业经验到了热带区，特别是赤道附近的热带核心区，就完全不适用了。在南洋群岛所处的区间里，终年高温多雨，使得这一地区的水土流失情况非常严重。一方面，在高温的情况下，土壤中农作物生长所需的矿物质会更加容易溶解；另一方面，年复一年持续数月的雨季，很容易将溶解在水中的营养成分冲走，在容易积涝的低地区，这种现象尤为严重。

与世界上大多数的高地区相比，南洋群岛的很多岛屿（尤其是爪哇岛）有一个非常大的优势，那就是活火山众多。虽然其中有些不安分的活火山，隔上个若干年就可能喷发一次（一般最少也要间隔上百年），逼迫生活在其周边的居民逃离家园。但只要火山喷发结束之后，人类又总是回到火山地区，继续他们的“危险”生活。这是因为火山地区的火山灰土是极肥的土质，并且土壤的透气能力、保水能力也强，非常适合农作物的生长。在这样的情况下，爪哇岛的优势就体现出来了。爪哇岛有 112 座火山，几乎全岛都被火山灰覆盖。在火山灰周期性的补给下，岛上的居民无须像东亚民族那样精耕细作，以及不间断地改良土壤，就能够获得丰富的物产，容纳更多的人口。

正是由于南洋群岛的核心农业区都在那些被火山灰覆盖的高地之上，因此即使在农业技术发达的今天，印尼在试图扩大本国的耕地面积时，也主要把方向锁定在与爪哇岛地理条件类似的苏拉威西岛，而对拥有南洋群岛最大平原的加里曼丹岛缺乏兴趣。

无论从哪个角度看，爪哇岛都不在主航道上，但它本身的农业条件十分优越，使得建立于此的王国本身就成为有吸引力的市场，而不仅仅是以一个补给点、中转站的身份出现在东西方交流的通道上。此外，爪哇岛与马六甲海峡、马来半岛之间的地理距离并不远，因此那些为南洋群岛带来文明的外来者自然不会忽视爪哇岛的存在。相比之下，位于南海东部的吕宋岛、棉兰老岛的位置就过于边缘了，这使得它们在西班牙人从另一边开辟新的东西方交流通道时，才终于出现在了地缘政治的舞台上。

事实上，在马六甲海峡成为东西方交流的主航道之前，爪哇岛的地缘吸引力就已经体现出来了。根据现有的史料记载，东晋时期的名僧法显在远赴印度拜求佛法之后，就随着海上商船绕道爪哇岛，以考察南洋群岛上的宗教形态。要是当年吴承恩写《西游记》时，把主角唐僧换成早两百多年西游求法的法显，那么现在中国知名度最高的僧人就应该是法显了。只不过取经路上所受的磨难，应该会有一半发生在归来的海路上——“海怪”肯定会多上不少。

印度文明与华夏文明在南洋群岛的竞争

虽然马来人在南洋群岛上占据了几个主要的大岛，人口也主要集中在这些大岛上，但就这些岛屿所具有的纵深来说，并不足以产生高一级的文明。换句话说，它们只能从欧亚大陆吸收文明因子来发展自己的文化。不过好在这些岛屿正好处在东西方交流的海上通道上，因此马来人总有机会通过商贸活动，从外部吸收文明。

离南洋群岛距离最近的文明是以中国为主的东亚文明，以及以印度为主的南亚文明。尽管在古典时期，这两个文明与南洋群岛的海上距离显得很长，不过由于地处连接东西方的交通要道上，这两个文明还是对这些岛屿上的马来人造成了很大的影响。

单从地理距离来看，无论是水路还是陆路，南洋群岛距离东亚、南亚这两个文明地区的距离都差不多。从这个角度看，两大文明渗透入马来文化核心区的机会也应该差不多才对。但事实上，印度对南洋群岛的实质影响要大大强过中国。比如那个以苏门答腊岛为基地向爪哇岛扩张的三佛齐，所选择的国教是佛教；而长期处在南洋群岛地缘中心位置的爪哇岛，岛上诸王国则选择了婆罗门教作为国教；甚至在中南半岛上，印度的文化影响也要强过中国（中国仅在越南北部的影响要更强）。

从地缘的角度出发，便能够解释为什么中国在这场文化争夺战中会长期处于下风了：**纬度及气候这两个基础地缘因素在其间发挥了重要作用。**之前我们在东亚部分曾经分析过，古中国的核心区基本处在暖温带和亚热带地区。这两个区域尽管在细节上有诸多不同，但有一个共同的气候特征就是四季分明。这使得在中国核心区的绝大部分地方，古天文学家所制定的“二十四节气”都能够起到指导农业的作用。

南亚次大陆、中南半岛、南洋群岛均属于热带地区。如果再细分，可以划分出热带季风性气候、热带雨林性气候，以及热带海岛性气候。不管怎么分，有一点是相同的，就是热带地区不再四季分明了，它们基本上只分为雨季和旱季（或称干季和湿季）。不过，那些海岛上一年四季都是雨季，而南亚次大陆的旱季则要长得多，以至于还可以再分为“冷季”和“热季”。

说到这里，我们必须对古代中国农业与气候的关系做一个简要的分析。关于黄河流域在前古典时期的气候问题，目前正在研究当中，不过有一点可以肯定：当时那里的气候属于亚热带气候，和现在长江以南的气候类似。当然，那个时候黄土高坡及华北平原还是森林茂盛的区域，气候特点与现在已被过度开发的长江中下游相比还是有所区别的，物种也更为丰富。比如处在黄土高坡与华北平原过渡区的河南，古称“豫”，有一种解释说“豫”就是“持矛猎象”的意思。这多少能够说明在华夏文明开始时，黄河流域的气候特点是什么样的。

因此，东亚农业就起源于这种不同于热带地区的、四季分明的气候条件下，只是黄河流域现在已经变成了温带气候。这便是最初产生于黄河流域的节气亦能适用于长江流域的原因。

之所以要讨论华夏文明所适应的气候，是因为华夏文明的本质是最为彻底的农业文明，它在古典时期的传播范围是受限于当地的农业条件的。华夏文明中的农业特点过于突出，以至于由此而产生的文明因素中，气候和环境的特征也过于明显。

比如，我们的传统节日基本都与节气有关，春夏秋冬的变换是文人墨客重点描述的对象。

你可以想象一下，当古中国人将这些文化概念带给热带地区的那些原住民时，他们会多么茫然。而对于同属于热带地区的印度文明来说，这些障碍就少得多了。最起码，从南亚次大陆迁移过来的人可以在岛上基本保持他们的生活习惯。最终，印度文明所产生的文化覆盖了南洋群岛以及中南半岛的大部分地区，也就不足为奇了。

关于中国的北回归线以南地区究竟如何划分“热带”与“亚热带”，并没有一条很清晰的分割线，但最起码在云贵高原以及珠江流域的边缘地区，已经明显属于热带气候了。华夏文明经过两千年的努力，应该说已经初步适应了热带地区。华夏民族在热带边缘地区的生存经验，在古典时期行将结束的时候，对华夏文明的扩张起到了至关重要的作用。

气候的原因决定了在古典时期，即使有来自东亚大陆的移民进入南洋群岛，也不可能从事他们所适应的农业生活，亦不能与当地人分享他们所熟知的文化常识，最终只能融入当地文化。这一点在中南半岛上也有所表现，所不同的是由于地缘上的关系更为紧密，可以依靠不间断地沟通，在一定程度上保持华夏文化的影响力。

从郑和七下西洋开始，中国才真正地将南洋群岛纳入视野。尽管中国随后又恢复了闭关锁国的政策，但民间的海上交流一直没有停下来。明朝在立国之初“突然”将视野扩大至南海及印度洋，这与元朝的开放性是分不开的。对于蒙古人在欧亚大陆史无前例的扩张行为，不同的民族从不同的角度，会有千差万别的评价，但有一点是可以肯定的，这种扩张行为促进了东西方的交流。无论是陆上还是海上，东西方的商路都变得更加畅通。当然，习惯于保守农耕文化的华夏民族只是在被动地接受这种开放性。

郑和的远洋探索行动虽然让中国的海商开阔了视野，并很大程度上打破了色目人（主要为阿拉伯人、波斯人）对于东西方航线的垄断，但中国人浓厚的农耕情结所引发的恋家心理，使得这些华夏民族的海洋探索者们大多数都没有选择在南洋的海岛上定居，最多只是将华夏的血脉留在了当地。南洋中的一些族群至今仍称他们是中国水手的后代。

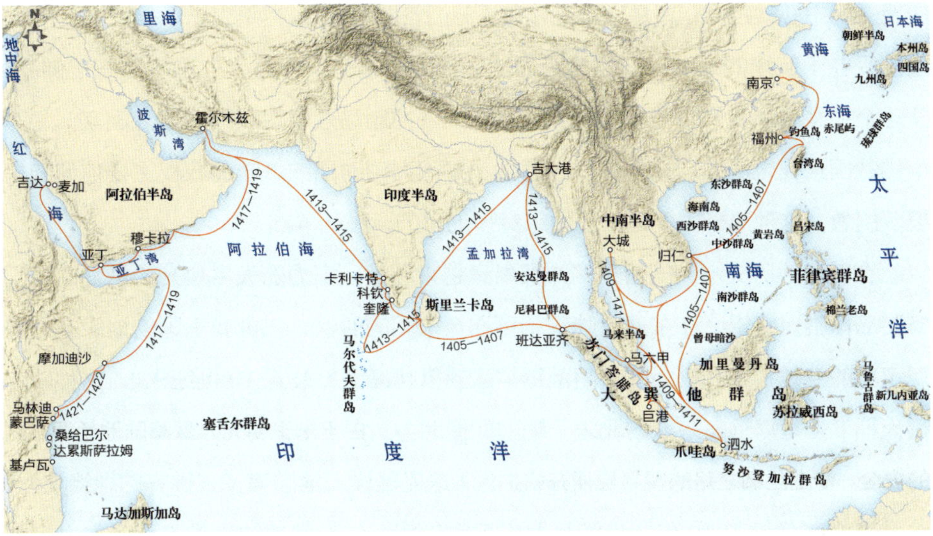

郑和下西洋航线示意图

至于印度文明对南洋文明的影响，则主要是通过宗教来显现的。在克拉地峡部分我们也讲过，在大马来半岛中部最先建立王国的，是来自印度的移民。法显及后来的记录也告诉我们，在伊斯兰教开始成为南洋群岛主流意识形态之前，来自印度的婆罗门教（印度教的前身）和佛教是马来人的主要信仰，至于那些马来国王到底选择哪个作为国教就不一定了。

由于爪哇岛的人口优势突出，使得其承担了南洋诸岛原住民文明圈中心的重任。如果其他农业基础不如它的岛屿希望与之竞争地区中心的位置，就必须有额外的地缘牌可打。这张地缘牌就是地缘位置。

受益于东西方海上贸易量的飞跃，马六甲海峡成为东西方海上的大通道。在这种情况下，位于海峡两侧的地理单元很自然地成为直接的受益者。从技术上看，商船在穿行马六甲海峡之时，可以选择在南面的苏门答腊岛上进行补给，也可以选择靠在北面的马来半岛南部。最先被选中的地理单元，无疑能够率先得到巨大的经济利益，并据此来挑战爪哇岛地缘中心的位置。

在这场海峡控制权的竞争当中，最先胜出的是苏门答腊岛。因为无论是与旧原住民文明中心的距离，还是本身的体量，苏门答腊岛的条件都要优于马来半岛南部。直接受益于航线的开辟，苏门答腊岛的东端建立起了一个强大的国家——三佛齐。从这个中文名称我们也能够感知到，这个能够控制马六甲海峡的马来人国家，是一个佛教国家。之所以选择佛教作为国教，是因为同时期的爪哇岛政权主要信仰的是婆罗门教。这种选择主要是出于地缘竞争的目的。

在随后的历史中，随着东西方贸易量越来越大，实力的天平也开始越发向苏门答腊岛倾斜。终于，在东亚大陆王朝更迭至宋朝的时候，三佛齐王国的地缘实力实现了质的突破，并有机会将势力范围扩张到爪哇岛上（公元 10 世纪末）。这种转变很大程度上是靠远在东亚的北宋王朝的间接助力。**由于宋王朝无力保障陆地丝绸之路的安全，海上丝绸之路的贸易量便开始扩大，**这无疑极大地增强了三佛齐的地缘实力。

最终在公元 1019 年，也就是北宋真宗年间，信奉佛教的三佛齐灭了与之竞争的强敌——爪哇岛上的东爪哇国。纯粹从文明竞争的角度来看，这应该算是印度文明在南洋群岛的一场内部博弈。然而后来的历史告诉我们，印度文明也没能在南洋群岛笑到最后，因为很快就出现了一个主动扩张能力更强的文明，仅仅用了一百多年时间就完成了在南洋群岛的布局，它就是伊斯兰文明。

伊斯兰文明在南洋群岛的扩张

相信很多人心里都有过这样的疑问：从地理位置上来看，南洋群岛应该更容易受到东亚、南亚两大文明中心的影响。也就是说，在文明的创造力上，因受制于体量而处于弱势的南洋群岛，更应该在地缘文化上与中、印两个古老文明中的胜出者保持一致。但从现状来看，南洋群岛核心地位的文明形态却是和远在西亚的阿拉伯人保持一致。要想弄清楚这一点，就需要对伊斯兰文化在南洋群岛的传播进程做一个解读。

印度文明在向南洋群岛扩散时，出于自身的地理条件、地缘位置等原因，历史上先后选择了马来半岛中部、爪哇岛、苏门答腊岛作为文明的播种地。但有一个地理单元始终未能参与这场竞争，这就是马来半岛的南部，不过这并不意味着它就没有上位的机会，毕竟它位于马六甲海峡之侧。如果再有一个新的文明渗透进来，并觊觎马六甲海峡的枢纽位置，那么被苏门答腊、爪哇两岛边缘化的马来半岛南部无疑将成为最适合的落脚点。

机会出现在公元 15 世纪初，马来半岛南部的统治者（也是三佛齐的王族成员）意识到，西亚阿拉伯人控制着东西方海上贸易，与其信仰同一种宗教，有助于帮助自己与苏门答腊岛争夺航线所带来的商业利益。而对于那些阿拉伯商人来说，他们当然也希望能够由自己的“兄弟”控制如此重要的地缘枢纽位置。在这种地缘背景下，马来半岛南部建立起了南洋群岛第一个伊斯兰王国——马六甲苏丹国。

所谓风水轮流转，只要地缘条件具备，每一个地区都会有机会展现自己的地缘潜力。即使马来半岛南部没有被阿拉伯人开发，相信随后而来的欧洲殖民者也一定会发现马来半岛南部的海洋优势（新加坡的开发就是佐证）。不过在这个历史进程中，有一点仍然让人迷惑：如果说欧洲殖民者必须要等到 15 世纪末大航海时代开启之后才能开始向南洋群岛渗透，那么那些很早就往返于海上丝绸之路的阿拉伯商人，为什么直到 15 世纪初才在南洋群岛的地缘政治结构中打开了一个缺口呢？

要想弄清这个问题，就必须把视野放得再开阔些，去看看东西方交流的枢纽地区——西亚发生了些什么事。在古典时期后期，代表亚洲与欧洲进行地缘博弈的帝国是土耳其人建立的奥斯曼帝国。这个崛起于小亚细亚半岛的伊斯兰帝国，不仅成了阿拉伯人的宗主，更是在 14 世纪下半叶将势力范围扩张到了西侧——隶属欧洲的巴尔干半岛。奥斯曼帝国与欧洲国家的这种强势对抗，导致之前由蒙古帝国维护的无比通畅的陆地丝绸之路受到了极大的影响。在这种影响之下，无论是马可·波罗那样去东方冒险的欧洲人，还是希望继续得到东方那些梦幻般商品的欧洲贵族，都只能考虑有没有其他路径可寻了。

有需求就有市场。**陆地丝绸之路的阻断，并不代表东西方贸易通道会彻底断绝。这些在陆地损失掉的贸易量，很大程度上通过海上丝绸之路得到了补偿，而这一次从中获取巨大利益的就是阿拉伯人。**尽管阿拉伯人在这一历史时期只能依附于奥斯曼帝国，但这并不妨碍他们利用自己优越的地理位置，从海上“帮助”欧洲国家中转来自东方的商品。

阿拉伯人从海上丝绸之路所获得的巨大利益，直接引发了两个地缘后果。一是

为了稳定商道，获取更大的利益，阿拉伯人开始有意识地向南洋群岛输出意识形态。只要接受阿拉伯人的文化，便能从海上贸易中获得更大的利益，并在内部竞争中占据优势。这样的诱惑使得南洋群岛国家发生了连锁反应，也让伊斯兰教在短时间内（前后差不多一百年）在南洋群岛全面铺开。至于刚才我们提到的马六甲苏丹国，也因为它的标杆作用以及优越的地缘位置，成了南洋群岛新的地缘文化中心。

然而，另一个地缘后果却葬送了阿拉伯人的暴利时代，并极大地改变了世界的地缘格局：由于不堪忍受阿拉伯商人的盘剥（包括同样唯利是图、负责“二次剥皮”的意大利商人），西欧国家开始努力尝试寻找新的航线，以直接和东方进行贸易，欧洲的大航海时代随之开启。

欧洲人开启新航线，也同样来到了南洋诸岛，并且导致伊斯兰世界迅速衰弱。与其他外来文明一样，欧洲人也在这片土地上留下了文明烙印。只不过这次，他们最先开拓的是一块“处女地”——菲律宾群岛。虽然阿拉伯商人们在不遗余力地传播教义时，也曾将菲律宾群岛这片文化低地纳入了目标范围，但因其地理位置并不能像马六甲海峡那样让他们获取足够的利润，所以阿拉伯商人并未太上心，只是帮助当地统治者建立了伊斯兰王国（如苏禄国）。在西班牙人到来时，当地的原住民还没有完成伊斯兰化进程，因此西班牙人在让当地居民接受天主教教义时，所遇到的困难比其他地区要小得多。另一方面，为了开发这片“新大陆”，西班牙人在传统的南海西侧航线之外，又开辟了一条经由菲律宾群岛、台湾岛到中国大陆的新航线，使得菲律宾群岛从中获益。于是，基督教文化最终得以在南洋群岛获得一席之地。

在这场历经千年的文化渗透大战中，唯一感到遗憾的应该是华夏文明了。其实对照时间表我们会发现，**伊斯兰文明在南洋群岛强势扩张的时期，正好也是中国历史上最大规模的远洋开拓时期——“郑和下西洋”时期。**如果中央之国的政治家们能够意识到海洋的重要性，并主动参与这场文化竞争的话，华夏文明当时应该具有相当大的优势。**但过于内敛的文化，以及对海洋文化、化外之地的轻视，使得华夏文明从来没有从战略角度设想过这种地缘扩张。**

事实上，尽管这一阶段的远洋活动是由中国官方组织的，但在执行层面所依靠的，却有不少是源自元朝的色目人后裔。就这一点来说，其实并没有什么好奇怪的。在元朝所划分的社会结构里，从亚洲西部引进的色目人群体本身就具有很强的商业属性，使得这个群体比中央之国的原住民更容易接受这种远距离探险。更何况那些来自西亚的阿拉伯商人此时仍然活跃在这条航线上。虽然官方层面没有用文化同化沿途居民，但出于文化和民族源头上的认同感，色目人后裔即使助力阿拉伯商人在南洋的文化扩张，也是合乎情理的。

第六节 | 殖民时期的影响

500 多年前，来自欧洲几大海洋强国的船只来到了南洋群岛，并把这里分割成了一块块殖民地。各殖民国家间此消彼长的实力变化最终形成了南洋群岛诸国如今的地缘格局。

如果东方文明仍然沿着旧有的轨迹运行，我们今天的关注点仍然会集中在可以耕种的土地上，自然不会刻意去关注南洋群岛上的文明进化史。不过随着大航海时代的到来，欧洲人开始了瓜分世界的狂潮，南洋群岛作为处在东西方海上交流通道上的枢纽板块，也得以进一步提升自己的地缘影响力，并且在世界地缘政治舞台上占有一席之地。

实际上，所谓大航海时代的开启，其原因就是欧洲人希望绕过阿拉伯人，打通一条从海上通往亚洲的商道。印度与中国这两个在欧洲人眼里遍地是黄金的东方文明所在地，便是他们远洋的原动力。至于美洲、南洋群岛地缘价值的发现，都只不过是意外的收获罢了。现在就让我们来看看这些来自欧洲的殖民者，到底如何改变了南洋群岛的地缘命运。

大航海时代的开启与教皇子午线

由于欧洲的殖民者对南洋诸岛做出了巨大的“贡献”，我们不得不花点时间去他们的老家，看看他们如此划分世界的根本原因究竟是什么。当然，系统地解读殖民世界的形成是一项浩大的工程，我们只需简单了解他们发家的顺序，以及瓜分南洋诸岛的地缘因素就可以了。

并不是每一个欧洲国家都有机会参与大航海时代的竞争。很显然，你首先必须拥有海岸线，尤其是紧邻大西洋的海岸线，才有机会参与海外殖民地的瓜分。对于地中海国家来说，对外殖民的机会就跟大航海时代关系不大了。例如意大利真正能够控制的殖民地，就只有北非的利比亚，甚至无法超越当年的罗马。

依照上述原则，我们由南至北依次可以看到，西班牙、葡萄牙、法国、荷兰、德国、挪威，当然还有整个国境线都是海岸线的英国，应该都有机会参与这场海外殖民盛宴。其中，位置最北的挪威是唯一无所作为的，这主要是因为寒冷的环境限制了挪威的人口增长以及与欧洲腹地其他国家的双向交流。在历史上，北欧人更倾向于向欧洲那些温暖的滨海地区移民，并最终与当地民族、文化融为一体。除此之外，上述名单中的其他几个国家都是向海外扩张的主力军。

最早进行扩张的是伊比利亚半岛上的葡萄牙和西班牙。它们之所以能够率先将视线从地中海投向更远的地方，并不是因为海岸线够长，而是它们与阿拉伯人的地缘关系最紧密。我们知道，阿拉伯人在占领了整个地中海的南缘（北非）之后，仍试图向欧洲大陆腹地渗透。公元 8 世纪至 15 世纪，阿拉伯人曾经在西线取得过突破，跨过了地中海西部那条窄窄的直布罗陀海峡，进入了伊比利亚半岛。西班牙和葡萄牙也因此长期处在阿拉伯人的控制之中。

尽管曾长期受到阿拉伯人的统治，并且直到 1492 年才把阿拉伯人彻底赶出伊比利亚半岛，但西班牙和葡萄牙两国并不是阿拉伯世界与欧洲交流的枢纽，尤其是没有地中海海岸线的后者。**基于地缘位置的关系，意大利所在的亚平宁半岛成为欧洲与伊斯兰世界之间的贸易平台，并从转口贸易中获得了最大利益。这一经济上的优势，**

也使得亚平宁半岛成为欧洲文艺复兴运动的发源地。

与阿拉伯人的被迫亲密接触，让西班牙和葡萄牙有机会近距离学习阿拉伯人在航海上的成就。近在咫尺的意大利人通过转口贸易所获取的巨额利润，也直接刺激到了伊比利亚人。在技术与动机的双重作用下，葡萄牙和西班牙共同开启了欧洲的大航海时代，并成为瓜分世界的先行者。

1487 年，葡萄牙航海家迪亚士沿非洲西海岸南下，于次年抵达非洲南端的好望角，并沿着非洲东海岸线探索了一段路程。葡萄牙人对好望角的发现，极大地刺激了与之相邻的西班牙。在当时，人们已经普遍相信地球是圆的，因此西班牙人决心选择横跨大西洋的方案，从地球的另一边接近印度。最终的结果大家应该都很熟悉了——1492 年，哥伦布抵达加勒比海，并将发现的岛屿命名为“印度群岛”。1498 年，在第三次航行中，哥伦布终于代表欧洲人第一次踏上了南美洲的土地。

哥伦布直到去世，仍然坚信他发现的土地是印度。这次错误的认定，让欧洲人在为南洋群岛命名时，不得不使用“东印度群岛”这个名称，而加勒比海的那些岛屿就成了“西印度群岛”。

哥伦布的错误还造成了美洲原住民被错误地命名为“印第安人”（印度人）。当然，名字只是一个代号，它并不会改变这些美洲原住民以及这片新大陆的地缘属性。不过对于西班牙人来说，没有循着新航线找到亚洲始终是一个遗憾。这意味着他们与物产最丰富的亚洲失之交臂。

迪亚士发现好望角，使得葡萄牙很想垄断大西洋—印度洋航线的利益，对此持最大异议的就是与之相邻的西班牙了。随后哥伦布的发现使得西班牙也意识到，需要在两国之间确定一条利益分割线，以避免潜在的冲突。由于两国都是天主教国家，在罗马教皇的调解下，双方于公元 1493 年 5 月 4 日在地图上划定了一条纵穿大西洋的分割线——教皇子午线（西经 38 度）。

教皇子午线的划定，实际代表着西、葡两国在寻找亚洲之旅上的不同方向。葡萄牙人坚信，只有向南绕过好望角，才是抵达亚洲的正确选择；而西班牙人则在窃喜，认为横跨大西洋的哥伦布已经抵达了印度。

如果哥伦布发现的真的是印度，那么横跨大西洋的航线无疑比葡萄牙人的环非

教皇子午线示意图

洲航线短得多，这也是为什么在哥伦布回到西班牙后仅仅 20 天，西班牙就痛快地决定将非洲航线完全“让”给葡萄牙的原因。换句话说，西班牙人认为自己一定会抢在葡萄牙人之前，将亚洲纳入自己的势力范围。

然而，哥伦布发现“印度”的事情可以瞒过葡萄牙人一时，却不可能永远不让他们知道。很快葡萄牙人便知道自己在这次划界中吃了亏。在教皇的再一次仲裁下，双方于公元 1494 年签订了新的条约，将这条教皇子午线向西移动至西经 46 度。

今天，我们在地图上观察西经 46 度这条线，会发现它将南美洲的东北角，也就是巴西东部划入了葡萄牙。事实上，这也是葡萄牙最终得以在南美殖民的法律依据。然而在划界之时，西、葡双方其实都还不确定，这条新教皇子午线是否能对新大陆进行分割。因为在此之前哥伦布登上的只是西印度群岛，并没有真正登上美洲大陆。不过根据当地人的描述，欧洲人已经知道了在西印度群岛之南存在着一片大陆。基于哥伦布的错误认定，西班牙人和葡萄牙人当时都认为那是印度。

1500 年 4 月 22 日，葡萄牙人卡布拉尔在一次原定驶向印度洋的航行中，因风暴而阴错阳差地在巴西东部的塞古鲁港登陆，成为第一个登上美洲大陆的欧洲人。同年 7 月 31 日，第三次远航美洲的哥伦布从今天委内瑞拉北部的帕里亚湾登陆南美大陆。当然，由于哥伦布是大西洋航线的开拓者，并且在第一次航行之后，已经明确知晓了新大陆的存在，因此发现新大陆的功劳最终还是记在了他的名下。

仅仅在地图上划一条直线就想解决彼此之间的矛盾，这是不现实的。如今占据巴西大半领土的亚马孙河流域，其实是在西经46度线以西的。也就是说如果双方都遵守规则的话，亚马孙河流域本来应该是西班牙的殖民地。只不过像亚马孙河流域这种原始森林覆盖的区域，只有控制了河口，才有机会溯河而上，逐步渗透至内地并建立据点。很显然，葡萄牙人比西班牙人先做到了这一点。至于教皇的仲裁，日子一长谁又会真的在意呢？要知道，即使西、葡两国遵守这个仲裁，那些西欧邻国也不会甘心看到伊比利亚人垄断海洋利益，一定会凭借武力重新制定游戏规则。

麦哲伦与菲律宾

事实上，还没有等到新的挑战者出现，葡萄牙和西班牙就已经发现了教皇子午线无法完美分割双方的利益。1498年，葡萄牙人达·伽马在阿拉伯人的帮助下，完成了从非洲西海岸横穿印度洋的最后旅程，抵达了印度南部。1511年，葡萄牙人登陆马六甲，随后发现了真正的印度群岛。而随着在美洲的开拓，西班牙人也意识到了，他们发现的只是一块新大陆。

很显然，西班牙人绝不会放弃最具诱惑力的亚洲市场。1520年，另一位西班牙航海家麦哲伦从欧洲启程，开始了新的寻找亚洲之旅。按照预想，他需要先向南绕过南美大陆，然后再横跨太平洋，抵达印度。在向南通过后来以其名字命名的麦哲伦海峡之后，麦哲伦的船队终于驶入了太平洋。事实上，“太平洋”这个名字也是源于这次远航，因为在横穿太平洋的三个月中，麦哲伦身处赤道无风带，整个洋面显得风平浪静。

公元1521年，麦哲伦的船队抵达了菲律宾群岛，并在1522年9月沿葡萄牙人开拓的大西洋—印度洋航线返回西班牙，完成了首次环球航行。不过麦哲伦无法亲自接受这一荣誉，因为他已经在菲律宾死于与马来人的战斗当中了。在此之前，葡萄牙人已经绕过非洲到达了南洋群岛的西部（包括苏门答腊岛、马来半岛），因此麦哲伦在碰到菲律宾的马来人时，应该就会意识到他即将完成环球旅行。从这一点来说，他也不算死不瞑目了。

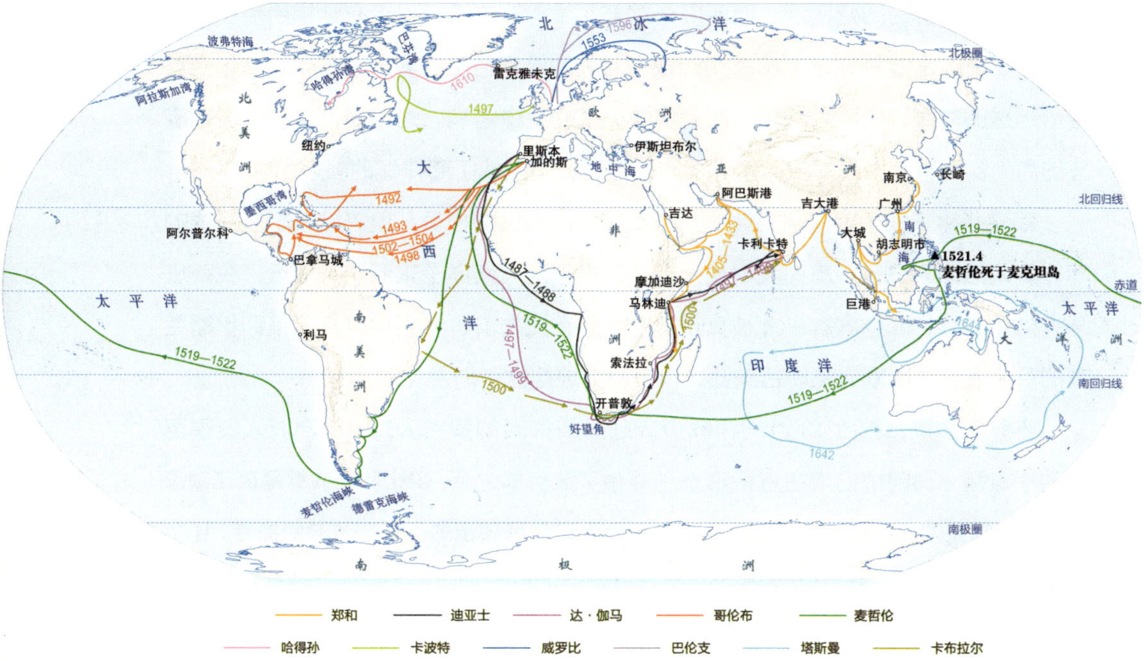

新航路开辟示意图

麦哲伦的发现打通了从欧洲前往亚洲的大西洋—太平洋航线，也为西班牙染指亚洲的利益打开了窗口。在此之前，葡萄牙人已经完成了从非洲到印度，直到南洋群岛南部的探索，即将接近菲律宾群岛。很显然，双方在所谓的“东印度群岛”需要重新划一条利益线。最终经过一番博弈之后，在教会的调解下，伊比利亚两强在南洋群岛划出了一条切割太平洋的利益线——东经 141 度线。由于菲律宾群岛已经被西班牙发现，因此位于此线以西的菲律宾成了一个例外，在条约中被认定为西班牙殖民地。

关于上述事件，教会其实只是在为既定事实背书，没有发挥真正的主导作用。然而我们并不能就此认定教会和天主教在这一重大事件中没有发挥作用。事实上，正是由于天主教的存在，以及对传教的狂热，西班牙与葡萄牙的扩张成果才得以在地缘层面被稳定下来。今天，拉丁美洲与伊比利亚相通的宗教信仰、语言，仍然让西、葡两国有机会在大西洋的对岸发挥地缘影响力。

相比之下，南洋群岛的情况就要复杂些了。葡萄牙因为荷兰的崛起，几乎完全丧失了在南洋群岛的殖民地，而西班牙对于菲律宾的统治权也没有延续到殖民时代结束。在美国击败西班牙（1898）而成为北美地缘利益主导者的过程中，当年麦哲伦所走过的航线，便成为美国向西太平洋扩张的地缘路线。为了更彻底地削弱西班牙的海上实力，美国海军攻入了菲律宾。之后，美国成了菲律宾的新宗主国。

即使菲律宾成了美国殖民地，并因此成为英语区的一员，但仍然有超过八成的菲律宾人信仰天主教。前面我们也分析了，由于距离南洋至东亚航线太远，在西班牙人到达之后，菲律宾群岛才被真正开发。而在此之前，大巽他群岛上信仰伊斯兰教的马来人也才刚刚自然渗透到此，自上而下地建立伊斯兰化的国家。

不管怎么说，相比 13 世纪在欧亚大陆纵横捭阖的蒙古人，伊比利亚人做得更好的一点是：与阿拉伯人在意识形态上斗争了数百年之后，**伊比利亚人算是真正领悟到了地缘扩张的重心在于文明层面的同化，而绝不仅是领土的占有和资源的掠夺。**其实也不用和蒙古人比，因为很快就有一个来自欧洲的反面教材出现了，它就是荷兰。

商本主义者——荷兰

单从欧洲内部的地缘政治博弈来看，西、葡两国企图两分世界的想法注定是不现实的，因为欧洲其他沿海国家不可能坐视利益被伊比利亚半岛独占。不过，接下来崛起的并不是大家期待的大英帝国，而是法国北部那个以风车和大坝著称的低地小国——荷兰。

荷兰人为什么能够先于英国成为第一海上强国，有多方面的原因。最直接的底气来自荷兰独立战争的胜利。

独立战争带给荷兰人最大的收获就是拥有了一支强大的海军，这使其在战胜旧宗主后，也有能力向海外扩张。由于与旧宗主已经达成了和解，荷兰并没有向西挑战西班牙在美洲的霸权，而是把渗透的方向伸向了葡萄牙的势力范围。这一选择直接导致了“荷属东印度群岛”这个地缘板块的诞生，以及最终以此为基础的印度尼西亚的独立。也正是基于这个原则，荷兰才没有试图染指菲律宾及新几内亚岛东部，并最终让英、美等国渗透成功。如今印尼和巴布亚新几内亚那条近乎直线的国境线处在东经 141 度，这就是当年西、葡分割太平洋的“遗迹”。

选择拿葡萄牙人开刀的另一个原因，是基于争夺成熟贸易区的目的。非洲气候条件最好的南非（处于温带地区），以及具有资源（主要为香料）和航线双重价值的南洋群岛，成为荷兰人扩张的主要方向。最终除菲律宾群岛，荷兰人在南洋群岛上占据了绝对的优势，其殖民地逐渐演变成了现在的印度尼西亚。

尽管荷兰人踩着葡萄牙人暂时取得了海上霸权，但荷兰人这种“商业资本主义”的做法使得他们的殖民地在地缘结构上过于单一，并且缺乏纵深。从荷兰人的殖民地选择上我们也可以看出这种单一性——他们所选择的殖民地都是靠近航线的港口。应该说，在马汉的“海权论”之前，荷兰人就已经实践了这一理论。

正如我们在“海权论”一节所分析的那样，仅仅依靠对海峡、运河的控制，并不能维持地缘优势。荷兰的国土面积注定了它无法抵御周边国家的进攻。惹来“杀身之祸”的原因很简单：周边的大国无法容忍荷兰商人占据东西方贸易的大部分利益。最终，荷兰在英、法两国从陆地和海上的两面进攻之下交出了海上霸权。如果荷兰人不是那么功利，能够像英国人那样在大陆拓展自己的战略空间，他们的结果也许会好得多。

其实，荷兰人对不在航线上的土地也不是一点兴趣都没有，最起码“荷属东印度群岛”当中的大部分岛屿都不在主要航线上。问题在于荷兰人的这种扩张并不是真正的移民、文化渗透，而只是商业利益的延伸。**对于欧洲人来说，他们进行远洋探险并寻找新航线的主要动力之一，就是为了寻找东方的香料。**

早在中世纪时期，那些产自东方的丁香、胡椒等香料就经由阿拉伯人中转而流入欧洲，极大地刺激了欧洲上流社会的味蕾，并改变了他们的饮食习惯。由此，香料在欧洲既是生活必需品，也是奢侈品。这样的双重属性，使得欧洲人注定要为此付出巨大的代价。在阿拉伯人垄断东方贸易的时候，香料的价格几乎等同于黄金。

这些让欧洲人为之疯狂的香料，其重要的产地就在现在的印度尼西亚。一直到18世纪末，苏拉威西岛与新几内亚岛之间的马鲁古群岛是包括丁香、肉蔻等几种重要香料在内的唯一产地，由此也被称为“香料群岛”。其实从地缘影响力来看，香料这种近乎奢侈品的调味品并没有粮食那么重要。**在大历史框架下，只有能够为人类提供热量的农产品才拥有决定性的地缘影响力。这就好比被誉为“现代工业味精”的稀土，**

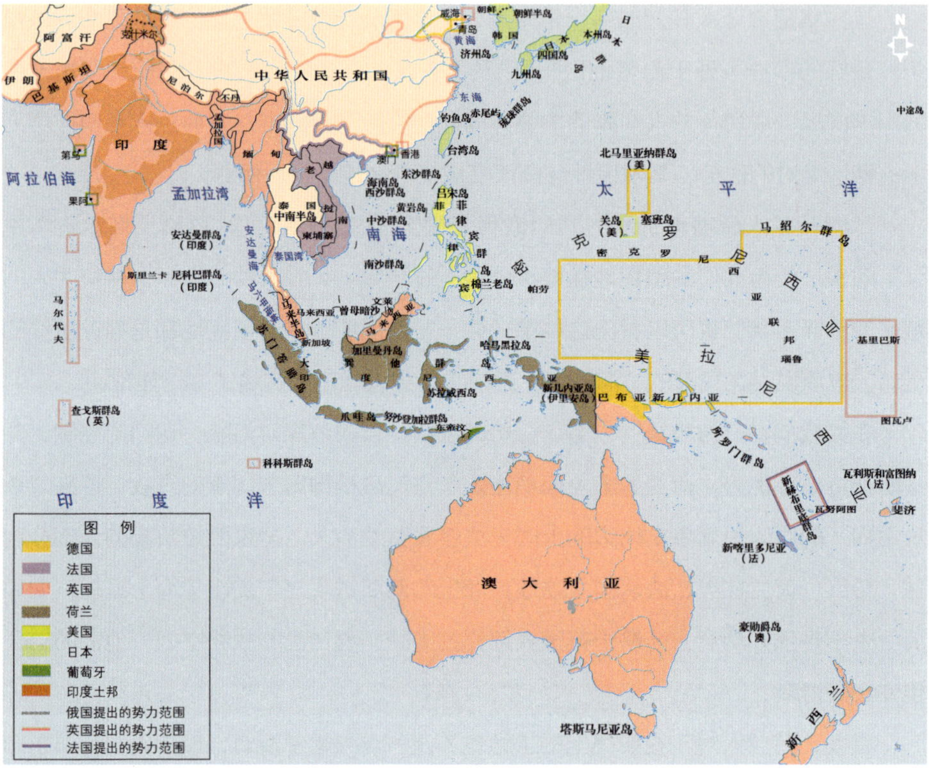

1900年帝国主义国家在东南亚的殖民情况示意图

虽然为大家所瞩目，但垄断它的战略价值比起垄断优质铁矿石的战略价值，并不在一个层面上。

一个有想法的大国在进行战略扩张时，更应该考虑到被扩张地区的综合潜力。或者说，它应该从地缘政治的角度审视自己有哪些短板需要弥补。然而对于那些荷兰商人来说，商业利益才是终极目标。从这个角度看，没有哪一种商品比香料更有利可图了——价值几乎等同于黄金，而又不像黄金那样属于不可再生资源。为此，荷兰人宁愿放弃与英国人竞争海上航线的控制权，也要保住这些一本万利的经济作物产区。

相比伊比利亚那些狂热的天主教徒，荷兰人在地缘文化扩张上的表现也很不尽人意。今天我们在地球上会看到面积庞大的西语区、葡语区，可就算在荷兰曾经殖民过的印度尼西亚，也难以找到荷语的痕迹，更别说宗教层面的整合了。前面我们也分析过了，这些荷兰商人关注的，只是那些有航行、贸易价值的港口，以及那些岛屿上的资源。为了最大限度地获得贸易利益，荷兰人甚至将手伸到了台湾岛。这样的话，即使西班牙想开发庞大的中国市场，也必须经荷兰的手。然而，郑成功对台湾的收复让荷兰人明白，华夏文明中并不只有农耕基因。

荷兰人在战略上的短视行为，使他们不可避免地走向衰弱。而更重视综合得分的大英帝国不仅接过了海洋盟主的权杖，更成就了空前绝后的日不落帝国。当然，一直在欧洲大陆与英国博弈的法、德两国也不会坐视英国一家独大，它们也加紧了海外殖民地的扩张。其中海岸线更长的法国明显占据了地缘优势——哪里有英国人，哪里就有法国人的身影。

大英帝国的地缘战略

为了和天主教所代表的旧势力进行切割，荷兰、英国、德国这些海外殖民的后起之秀纷纷进行了宗教改革，转而以基督教新教立国（也就是中国人所称的“狭义基督教”），只有仍希望在地中海天主教地区（西、葡、意）扩张势力的法国没有进行宗教改革。这当然不是因为法国人的天主教信仰有多么坚定，归根结底还是地缘位置的关系——谁让法国在大西洋和地中海都拥有海岸线，同时在欧洲大陆又是首屈一指的大陆强国呢。

同样的道理，荷、英、德等国所进行的这场宗教改革，也不仅仅是意识形态上的修正那么简单。既然在欧洲大陆没有占据地缘优势，那么倒不如重视一下自己在大西洋的海岸线。如果不与旧信仰体系进行切割的话，又怎么在教皇已经两分世界的背景下角逐海外利益呢？当然，这并不是说那些宗教改革家、传教士就一定会有这种想法。事实上，他们当中的大部分的确是出于信仰来做这些事的。而怎么选择合适的意识形态来服务国家利益，就是政治家们的事了。

作为一直在欧洲地缘政治博弈中摸爬滚打的英国人来说，他们有足够的经验来观察并总结伊比利亚人与荷兰人在早先扩张中的得失。西班牙与葡萄牙一同率先开启了大航海时代，并发现了新大陆，固然为它们带来了先发优势，但新大陆在为伊比利亚半岛带来财富的同时，也削弱了两国对地球上其他地区的野心。毕竟从那片原始且资源丰富的土地上获取财富实在是太容易了。这种短视的做法让它们在垄断全球航线这个问题上，显得缺乏战略规划。

荷兰人是另一个极端，这些商人出身的政治家们并没有像伊比利亚半岛上的“两颗牙”那样专注于掠夺，他们的注意力主要集中在商业航线上。尽管在现在的西方人看来，这种获取财富的手段也许更有“正义性”，但这种纯商业的做法是非常容易受到攻击的。最起码，海洋属性更强的英国人并不会容忍海上的航线被荷兰人所掌控。

对于长期参与欧洲大陆政治斗争的英国人，他们的政治眼光显然要比荷兰人高上几个层次。英国人的政治眼光在于，他们并不像西班牙人那样满足于掠夺原住民，也不像荷兰人那样只关注商业利益。长期局限于岛屿上的经历，使得英国人渴望拥有一个地域足够广大的大陆地区作为其战略基地。鉴于当时欧亚大陆仍是世界的中心，这一战略基地当然需要在欧亚大陆上。这块土地还必须满足英国人的海洋需求，所以还必须处在欧亚大陆的边缘。

既然如此，最佳的选择就是我们在“新世界岛论”中所标示的三个欧亚大陆边缘地区了，即欧洲大陆、印度、中国。进入欧洲大陆当然是英国人一直以来的梦想，不过欧洲大陆的情况太复杂了，在殖民潮来临之前，英国人就已经放弃了这一想法，转而将战略目标定位在维持欧洲大陆的战略平衡上。除欧洲大陆之外，欧亚大陆另一端的中国也许是个不错的选择，不过这个高度中央集权的国家并不那么容易被吃掉，并且实在太过遥远。英国后来虽然率先打开了中国的大门，但最终还是选择了和其他帝国共分利益的方案。

相比之下，长期处于分裂且足够富庶的印度成了最佳的选择。由于印度足以胜任“日不落帝国”的战略后方，因此才会有“王冠上最耀眼的宝石”之说。事实上，**如果没有印度在地缘上的支持，英国也不可能在鸦片战争中取得对中国的胜利。试想一下：如果英国远征舰队只能从英国本土出发，他们怎么可能取得战争的胜利？**

由于英国人将大部分的精力集中在了经营印度上，荷兰人才能从容地占据南洋群岛（菲律宾群岛除外）。不过英国人并没有让荷兰人得意太久，对于海洋利益高于一切的英国人来说，他们不可能长期受制于人。在双方的博弈当中，英国人的政治远见起到了决定性的作用。从战争的潜力来说，那些只关注航线上商业利益的荷兰人显然无法与关注发展综合实力的英国人相比。最终英国人得以占据马来半岛，并从荷兰人手中取得了加里曼丹岛西北侧的宗主权，这意味着英国人基本控制了马六甲。

对于英国人来说，并没有必要对荷兰人赶尽杀绝，能够获得航线的控制权就足够了。至于荷兰人视为珍宝的那些香料利益，英国人自有方法来博弈。因为相比航线和港口而言，资源在地缘因素中的稳定性就差得多了。比如 100 多年前，海湾所蕴藏的石油并不会在全球地缘政治格局中发挥任何作用，而 100 多年后，谁又会再去那片土地发动“石油战争”呢？

英国人争夺香料贸易权的方法并不复杂。在大英帝国所占据的庞大土地上，为那些香料树找个适宜生长的地方并不是件难事。最终，印度洋中的英国殖民地——毛里求斯成了新的香料产地，并彻底击垮了荷兰的海外经济（法国人也这样做了）。在同样的思维下，印度、斯里兰卡等大英帝国属地也成了茶叶的主产地。

通过上述内容的解读，相信大家已经清楚了，**目前南洋诸岛的政治格局基本就是继承了西方殖民的格局。**按照地缘结构来看，大巽他群岛应该组成一个国家，但因为英、荷当年分割加里曼丹岛，使得该岛的西北侧被分离了出去。这也让独立之后的马来西亚怪异地分为东马、西马两个部分。在海洋上，每一个岛都是一个独立的地理单元，这种人为的划法无疑会给未来留下隐患。

英、荷两国在分割加里曼丹岛的问题上，还算是尊重了自然特征，以岛中央那条山脉的分水岭为分割线进行了切割。要是随手划条直线，留给印、马两国的麻烦就更大了。只是这样分割岛屿的做法总归是不符合基本地缘规律的，尤其是对实力更强的印尼人来说，他们会认为这是从自己身上割肉。在当初马来西亚决定单独建国时，印尼的政治家们就显得非常不高兴了。在可以预见的将来，这种结构性的矛盾也将一直影响两国的关系。

当然，也不能就此说欧洲人对于南洋群岛的整合没有贡献。事实上，如果没有外力的强势介入，按照古典时期的运行轨迹，南洋群岛很可能会形成多个酋长国。比如三佛齐入侵爪哇岛时，岛上曾同时存在着三个国家。今天文莱在加里曼丹岛的存在，就是这种原始地缘政治结构的遗存。

第七节 | 华夏文明与南洋群岛

近代的南洋群岛对中国人来说是一个苦难辛酸之地，“下南洋”现象在为当地输入大量华人劳动力的同时，也带去了华夏文化，形成了影响深远的华人社会。

大多数中国人对于南洋群岛上这些国家既熟悉又陌生。说“陌生”是因为中国和这些岛屿中间毕竟隔着一个南海，地缘上的阻隔使得身在东亚大陆的中国无法了解这些热带岛屿居民的生活方式。正如我们在前面所分析的那样，古典时期华夏文明在南洋群岛上的生存力并不强。而说“熟悉”是因为在东方古典文明行将结束的时候，生活在中国南部的中国人曾经有组织地向这一地区大量移民，以至于我们今天仍不时地要为那里的华人牵肠挂肚。这个移民过程,就是大家所熟知的“下南洋”。

“下南洋”现象的地缘背景

西方殖民者的到来对于南洋群岛的地缘意义，并不仅限于获得的商业物流利益。从南美洲引进的橡胶树、可可树、金鸡纳树等经济作物，更是从根本上改变了当地的经济结构。另外，大量在东方古典时期未得到开发的矿藏也陆续被发现。而无论是种植新的经济作物还是开矿，都需要大量的劳动力。

对于西方殖民者来说，从遥远的欧洲大陆征集劳动力是不现实的，况且作为征服者的他们更习惯于以管理者的身份出现。而对于当地的马来族来说，热带海洋气候使他们很容易就能从自然界获得充足的生存资源，“播种就能收，撒网就有鱼”。生活在如此安逸的环境中，殖民者对这些原住居民的劳动能力也没有过高的期望，尽管他们有着足够多的数量。

像美洲那样从非洲获取劳动力，是一个不错的选择，这些同属于热带地区的黑人在非洲大草原上过着游猎生活，体质明显要好于亚洲南部的居民。再加上世界上最为残酷的管理方式，他们完全可以作为好的劳动力被使用。不过相比从非洲引进劳动力，南洋群岛上的殖民者们显然有更好的选择——从中国的南部沿海运输劳动力到南洋诸岛，仅仅需要穿越南海，比之从非洲横穿整个印度洋显然要经济得多。

中国农民拥有极强的集体意识，且任劳任怨，在管理上的难度显然要远低于未开化的非洲黑人。而且这些来自东亚文明区的劳动力，他们的智力可以弥补与非洲黑人在体力上的差距。而比起当地的马来人，中国人即使在体力上也占有优势，这也是基于纬度差所造就的客观事实。

总之，对于殖民者来说，华人是开发南洋的最佳劳动力。然而，作为被引进方的中国，如果没有足够的动力（或压力），这种大规模的移民行动并不可能持续进行。虽然我们经常从影视剧中看到“贩猪仔”之类的悲惨故事，但对于处于文明区的华人来说，仅用对付非洲黑人的办法显然是行不通的。

华人之所以愿意在这一时期突破旧有的观念，背井离乡，远赴海外谋生，外部的因素只是一方面。因为在暂时没有西方殖民者介入的其他地区，同时期的东亚大陆也开始了大规模的移民行动。所以就移民行动本身来说，更多的是源于中国自身的地缘因素，西方人只是适时地提供了一个机会罢了。这其中的关键性内因有如下几条：

1. 19 世纪中叶，来自欧洲的殖民者用武力打开了中国的国门，中国人的视野从那个时候起便开始逐步从东亚扩散到全世界。随之而来的是东西方文明全方位接触，这使得拥有世界视野的人不再局限于精英阶层。换而言之，中国的普通民众也已然发现，在脚下的这片土地以外，亦可以寻找到新的生存方式。

2. 中国人长期处于中央集权状态下的农耕文明中，使得他们有着足够的忍耐力来适应新的环境，并且向地球的任何一个角落移民。

3. 由于南美洲高产作物的引进，以及农业技术的日趋成熟，中国的人口开始呈现爆炸式增长，在 19 世纪末已经达到 4 亿人口。而在整个古典时期，中国的人口数量一直无法突破 1 亿这个关口（全球也都存在类似情况）。人口的压力使得处于中国核心区（主要为北方）的农民，开始向帝国范围内的边缘地区大批移民，如东北平原、蒙古高原。这也造就了诸如闯关东、走西口这样带有强烈移民色彩的社会现象。而对于帝国南部那些多山的省份来说，人口压力也并不低于北方。不过这些地区与帝国的那些边缘地区在地理上过于遥远，因此向海外扩散成为最佳的选择。

4. 华夏文明经过几千年的同化和扩张，已经成功跨越了北回归线，将核心地区渗透至热带的边缘地区。这使得无论是云贵高原的华人向中南半岛迁移，还是闽南、粤东的华人下南洋，都可以相对容易地适应当地的气候。假如当西方殖民者到来的时候，华夏文明仍局限于黄河、长江流域，那么这些习惯于暖温带及亚热带气候的居民对于移民热带地区，就很难有足够的兴趣。

当然，对于东南沿海的那些下南洋的华人来说，由于地理位置的原因，对于土地的依附性要低于大陆腹地的农民。他们当中的很多人早已习惯于“以海为田”的渔业生活，因此对于海洋的恐惧在整个华夏民族中是最小的。

华人对“南洋群岛”地缘政治的影响

当华人开始适应一个地区的生活方式以后，所爆发的扩张性是惊人的。

在“南洋群岛”上也发生了同样的事情。这些来自亚热带的移民比之原住民有着更大的生存压力和危机感，因此在南洋各国中，华人逐渐在南洋占据了经济优势。这种与人口数量不成正比的优势，使得他们容易引起社会矛盾，并遭到攻击。

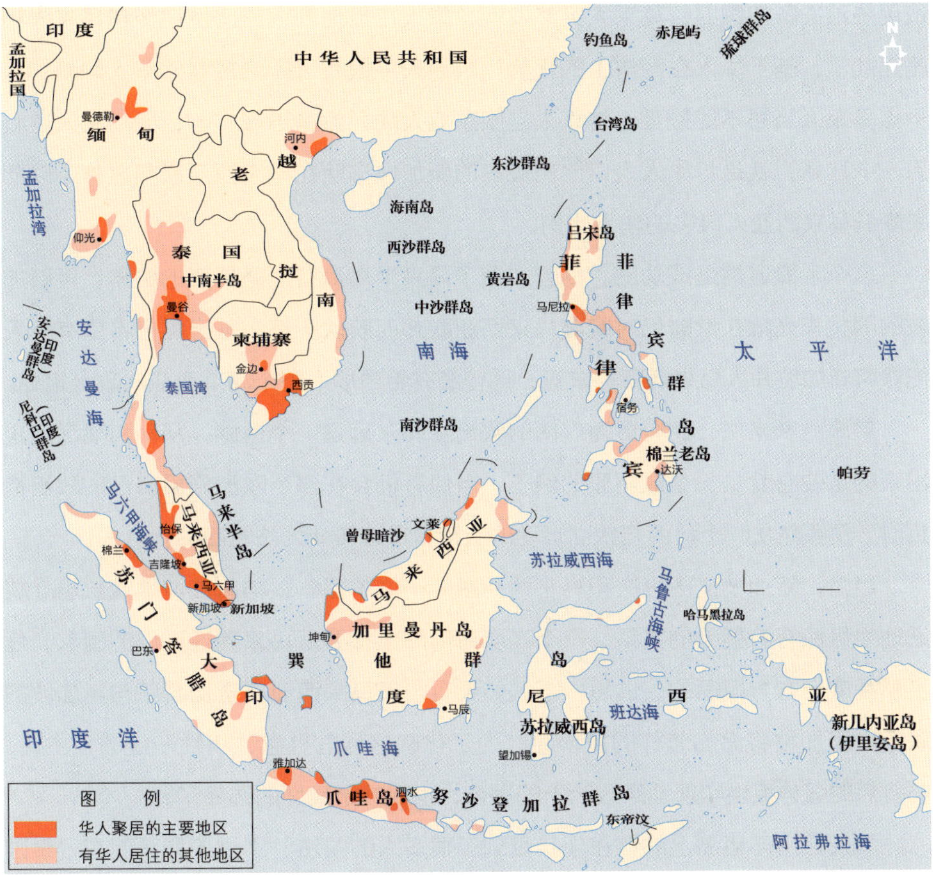

“下南洋”华人移民示意图

不过从根源上说，与其说是种族冲突，倒不如说是因为经济差距产生的矛盾。

经济基础决定上层建筑是一个普遍的规律。即使南洋华人因为政治因素，暂时还不能将他们的经济优势转变为政治优势，这也并不代表华人群体的存在不能改变南洋群岛的地缘政治格局。最起码我们知道，新加坡是一个华人占主体的国家（华人比例约 75%），这在对华人群体普遍抱有防备之心的南洋群岛地区，不得不说是一个异数。

新加坡的建国，可以说是地缘政治作用的一个典范。在马来西亚脱离英国的殖民统治准备建国时，马来人突然发现，华人在当地的人口比例已经和马来人相差无几了。基于华人在经济上的优势，政治天平很有可能会最终向华人倾斜，这一点马来人当然不能接受。将华人赶回东亚大陆显然是不现实的，但马来人还有另一个选择，就是将华人人口比例最高的新加坡排除在马来西亚联邦之外，以此来降低马来西亚人口中的华人比例。

这个手段显然是成功的。尽管占据了马来半岛最有战略价值的尖角，可新加坡的国父李光耀在世时仍对脱离马来西亚联邦而耿耿于怀，甚至提出希望有一天能够将新加坡并入马来西亚。毕竟，他曾经有希望成为整个马来西亚的政治领袖。

对政治家来说，拥有更为广阔的政治空间永远是一个诱惑，从科西嘉岛上走出来的拿破仑就是一个最明显的例子。当他有机会在整个欧洲施展自己的政治抱负时，便毅然从一个科西嘉独立运动的支持者迅速转变为法兰西的代言人。

当然，新加坡试图再次和马来西亚融为一体的想法，与新加坡地域狭小、缺乏地缘纵深有着很大的关系。一个连填海用的土都要从马来西亚进口的国家，危机感是来自方方面面的。试想一下，如果有一天马来西亚完全切割了与新加坡的联系，新加坡将面临怎样的窘境呢？为了化解这种危机感，牺牲一定的自主性，与背后的强势板块实现地缘政治上的融合，也许就是最好的选择了。

华人在南洋诸岛上的存在现状受到了很多人的关注。不过正如我们在“泰国部分”所分析的那样，**相比稳定、务实的地缘政治关系，血缘关系只能是锦上添花。**如果南洋群岛各国的实力够强，与中国在地缘关系上有共赢的可能，那么这层血缘关系的确能够拉近中国与南洋群岛诸国之间的关系。但如果没有共赢的可能性，或者说中国无法帮到这些海外华人，那么新加坡当年那种极力去中国化并学习西方的行为，只能受到“过于务实”的责备罢了。

第八节 | 文莱、巴厘岛以及东帝汶

这些面积很小的国家和地区，却在周边地区大国的夹缝间顽强生存，根本原因在于所处的地理位置和地缘价值。

文莱、巴厘岛以及东帝汶是南洋群岛的几个让人感兴趣的国家和地区。文莱位于加里曼丹岛的北部，它有两个让人感兴趣的地方：一是文莱苏丹依靠石油所积累起来的财富；二是为什么这样的袖珍小国能够以不符合地缘规律的形式存在下来。而后两个地区则同位于努沙登加拉群岛（小巽他群岛），它们引起我们的兴趣则是因为经常能够在国际新闻中听到它们的名字。

文莱的选择

同属于英国殖民地的文莱，无论是从地理位置还是从文化上来看，似乎都应该成为马来西亚联邦的一分子。不过南洋群岛的情况和印度的大部分地区有点像，在西方殖民者到来之前，南洋群岛由不同的部族首领统辖着自己的领地，并没有被一

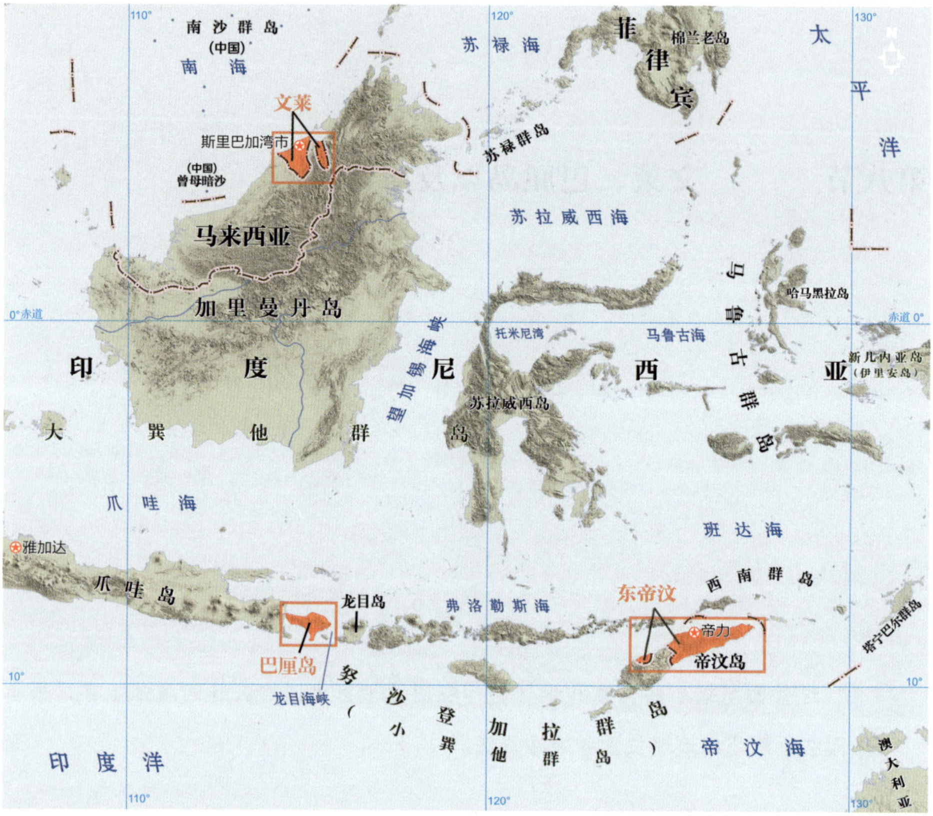

文莱、巴厘岛、东帝汶位置示意图

个强大的帝国完全覆盖。这一点倒是和西方人的政治观有类似之处。因此在决定成立马来西亚联邦时，文莱作为未来的一个邦，有权利做出自己的选择。

实际上，文莱苏丹也是在最后一刻才做出不加入马来西亚联邦的选择。1962 年，英国迫于民族独立的势头，准备放弃在南洋群岛的宗主权时，本来是准备将南洋群岛所有的殖民地合并为“马来西亚联邦”。问题是文莱并不愿意这样做，甚至因此而爆发了武装起义。既然文莱不愿意，英国最后也乐得在南洋群岛继续有个支点。在文莱最终成为一个完全独立的国家之前，英国仍然掌握着文莱的外交、军事事务。

文莱之所以这么特立独行地谋求独立，很大程度是因为它悠久的历史。事实上，对于中国人来说，文莱并非一个完全陌生的国度。早在北宋王朝建立之初，文莱就以“渤泥国”之名遣使来华。而在 16 世纪初，大巽他群岛整体完成伊斯兰进程后，渤泥国又曾经作为伊斯兰势力继续向东渗透的桥头堡，而向菲律宾群岛方向扩张。在当时，除加里曼丹岛的大部分地区之外，菲律宾南部的一些岛屿也已经是文莱的领地了。

如果不是后来西方殖民者的介入，干扰了渤泥国向北扩张的进程，加里曼丹岛及其东北部的菲律宾群岛很有可能会尽数归入渤泥国的统治范围。在爪哇岛、苏门答腊岛、马来半岛先后成为南洋群岛地缘核心的时候，与三岛位置相对应，且体量相当的加里曼丹岛上的政权也并非没有觊觎这个中心地位的想法，尤其是当菲律宾群岛的开发能够让渤泥国拥有更广阔的腹地，以及与中国进行商贸活动的新航线时。

在曾经拥有如此巨大的地缘潜力，却突然被欧洲殖民者打碎美梦的情况下，文莱固守着最后的那一点领土，想争得一个独立地位的心情就可以理解了。事实上，即使是在英国殖民时期，文莱也顽强地为自己谋得了一个“保护国”的地位。在各种类型的殖民地中，这算是政治权力相对较高的一种了。

从结果来看，能够在现在的国际秩序中争取到完全独立的地位（标志就是加入联合国），最大的受益者当属文莱的苏丹了。由于近海的石油资源被开发，这位苏丹得以成为世界上最富有的君主之一。不过由此我们倒是可以做个假设，如果当年马来西亚在试图合并文莱时，就已经发现其近海存在巨大的石油资源，那么文莱还有没有机会获得独立呢？

虽然文莱最终还是获得了真正的独立，但其实这个袖珍国家对这种地缘关系仍然感到不满。大多数人对文莱的印象都只是东马来西亚海岸线上的一个点，然而如此之小的一个袖珍国家，竟然还被马来西亚一分为二。这块从文莱分割出来的地方有一个很浪漫的中文名字——林梦。很显然，这又是西方殖民者在地缘政治方面的遗存。

从地理结构上看，林梦背靠的是加里曼丹岛上的主要山脉——伊兰山脉，面对的则是一个内嵌的海湾——文莱湾。如此背山靠海的地形，对于海洋文明国家来说是极具吸引力的。1890 年，英国人在已经控制了马来西亚绝大部分土地之后进占

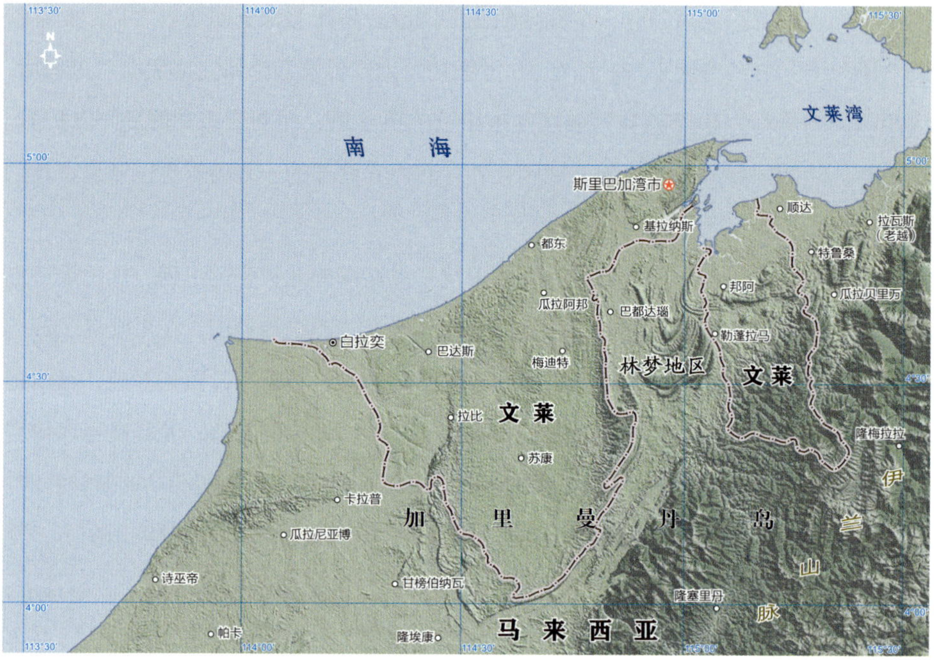

文莱示意图

了林梦地区，并将文莱苏丹国的领土一分为二。

林梦的存在不可避免地让马、文两国陷入了领土争端，文莱方面一直没有放弃对林梦地区的主权声索。事实上，这种犬牙交错的行政格局也直接影响到了相关海域的划分，尤其在海里有石油的情况下。2009 年 3 月，文莱与马来西亚签署了一份关于解决两国领海重叠纠纷问题的文件，使两国对近岸争议海域的石油储备共同拥有勘探和开发权，此外还确定了两国的边境划定问题。

在马来西亚方面看来，这个方案算得上是一揽子解决方案，并形象地将之称为“领土换石油”。然而文莱方面却表示，谈判只是划定了林梦与文莱两部分国土之间的行政边界，这并不表明文莱放弃了对林梦主权的声索。

应该说，鉴于文莱的国土现状，试图让其完全放弃林梦的主权几乎是不可能的。而对于马来西亚来说，以其压倒性的地缘优势，容忍文莱这个弹丸之国分割自己部分海岸线及石油利益，已经是吃了大亏了，再要它让出部分领土成全对方，也同样不可接受。在这种情况下，尽管当下两国出于现实的利益，暂时以合作的姿态面向未来，但这种结构性的地缘矛盾始终是一颗定时炸弹。尤其是身为弱势方的文莱，在地缘关系上会更渴望得到外来势力的保护。

由于文莱、马来西亚同属前英国殖民地，英国便成为调停两国关系最佳的外部势力。尤其是在文莱独立的过程中，英国人的确起到了很大的作用。包括今日，美国也在代表英国维系文、马两国之前势力均衡的局面。问题是，理论上任何有海岸线的地方，都可以向外辐射地缘的影响力，能不能做到这一点，关键就要看实力了。而地理距离、地缘政治关系，也是能否向外辐射的重要因素。

以文莱、马来西亚的地缘位置来看，与之隔南海相望的中国，显然是地缘距离最短的大国，并且双方都对南海断续线内的海域提出声索，使之不可避免地与中国在地缘政治层面上发生关系。文莱与中国之间并无其他潜在的地缘矛盾。事实上，虽然华人占据了文莱13%左右的人口，并且因为经营工商业而占据了经济上层，两族却相处融洽。能够以这样的态度对待大国移民，并且在殖民者的夹缝中保持国祚不绝，我们应该相信文莱有足够清醒的头脑去处理与中国的关系。

巴厘岛——不仅仅是度假天堂

巴厘岛今天之所以出名，主要是因为它的自然环境，作为全球知名的热带度假胜地，它是无数旅游度假者向往的地方。包括中国在内，巴厘岛也成了很多新人度假结婚的好去处。然而，恐怖分子在2005年10月12日晚制造的巴厘岛恐怖爆炸案，就让这个人间天堂瞬间变成了地狱，共有202人失去了生命，300多人受伤。

恐怖分子并非仅仅因为巴厘岛游客众多，容易扩散影响力，才选择在此制造恐怖事件。事实上在这种选择的背后，有着很深的地缘文化及地缘政治背景。我们先来看看巴厘岛的地缘位置到底有什么特别之处。

既然有“大巽他群岛”，那么按照命名的规律，肯定就有“小巽他群岛”了。事实也的确如此，小巽他群岛就在它“大哥”的东南角。这是一组在南洋诸岛中算不上大，但也有些体量的岛链。而巴厘岛的位置正处在小巽他群岛的西端，再往西就是大

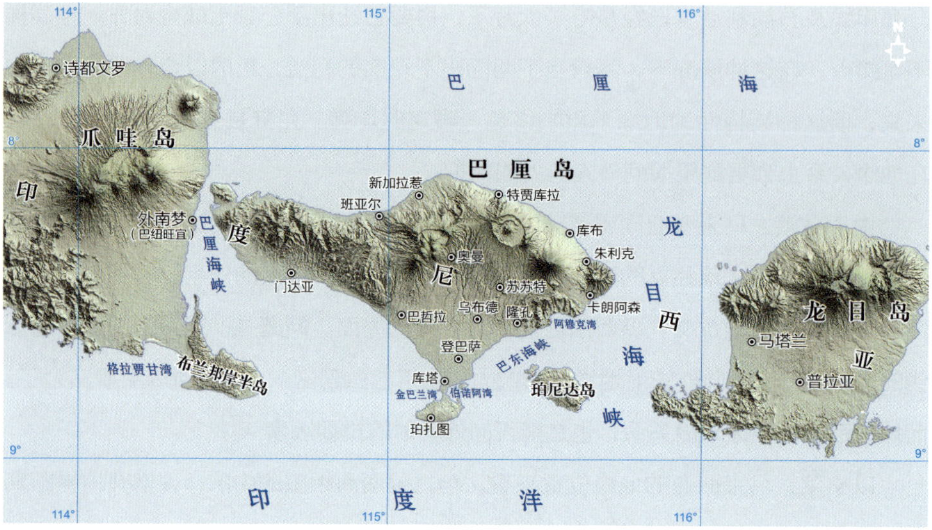

巴厘岛示意图

巽他群岛和整个印尼的地缘政治中心——爪哇岛了。

作为南洋群岛的优势种族，南洋群岛中的几个大岛也是马来人最为集中的区域，尤其是大巽他群岛的四个大岛。由于马来人是自西向东逐次在南洋群岛扩散的，所以包括吕宋岛、棉兰老岛这样位置较偏的大岛，马来人进入的时间都较晚，更别说其他体量较小的岛屿了。在马来人到来之前，这些岛屿上就已散布着南洋群岛的原住民。

从地理位置上讲，小巽他群岛正好处在南洋群岛与大洋洲的过渡地区。大巽他群岛的主要居民为马来人，小巽他群岛以及新几内亚岛则被所谓“澳大利亚人种”的原始部落所占据。印尼的马来人对这一地区的自然渗透是符合地缘规律的，毕竟相比于这些更加原始的部族，马来人占据了文化上的优势。从地缘规律来看，马来人现在所占的那些大岛，原来也是被这些原始的原住民占据的。

马来人大规模从大巽他群岛向小巽他群岛移民，是在 14 世纪末至 15 世纪初伊斯兰文化渗透南洋群岛的时期。**在伊斯兰教的强大压力之下，坚守印度教文化的少数马来人，开始大批从爪哇岛移民至小巽他群岛最西面的巴厘岛，并随之改变了岛上的种**

族结构。目前岛上有 1 000 多所印度教寺院，因此也被认为是印度以外最像印度的地方。

仅仅因为信仰一个“另类”的宗教，就足以让巴厘岛引起恐怖分子的关注了。另一方面是因为在这里发动袭击，还能够有效地打击伊斯兰激进组织认定的最大的敌人——西方。由于地理上的接近，澳大利亚的度假者是巴厘岛上最主要的游客来源。在这次袭击中，澳大利亚游客也成了主要的受害者。

巴厘岛特立独行的宗教信仰和它的地理位置，使得在迎接游客之时，也不可避免地承受了压力。但对于中国来说，它的地缘政治价值并不只限于岛屿本身。在下一节我们会分析到中国在摆脱马六甲海峡的掣肘这个问题上巴厘岛所发挥的特殊的地缘价值。

不过，巴厘岛并不是小巽他群岛上唯一对中国有地缘政治价值的点。在群岛东端的东帝汶同样引起了中国的关注。

东帝汶——大国的“新战场”

如果没有东帝汶的独立，小巽他群岛就完全是印尼的国土了。印尼有能力把小巽他群岛的绝大部分划入国土范围内，这还要拜它原来的宗主国——荷兰所赐。要不是西方殖民者将所能到达的每一寸土地都划了界，印尼也无法形成现有的国土范围。但东帝汶问题的出现，其实也是因为荷兰人在殖民时留下了这个尾巴，否则今天的印尼也不至于有这样的烦恼。

初看到“东帝汶”这个名称的人，一般都会有一个疑问：有没有“西帝汶”？没错，的确有西帝汶。不过这二者并不是指两个岛，而是一个岛的东西两侧。这个被分为东西两块的岛屿当然就是帝汶岛。

关于这个岛屿为什么会被分成两半，看过前面内容的朋友心里应该有了答案。的确，和新几内亚岛、加里曼丹岛一样，这又是西方殖民者划分殖民地的结果。这一次参与“分赃”的双方分别是荷兰和葡萄牙。这也就是我们刚才提到的荷兰人留下的尾巴。

之前我们在分析欧洲殖民者时谈到，西班牙和葡萄牙是最早的海洋霸主。不过

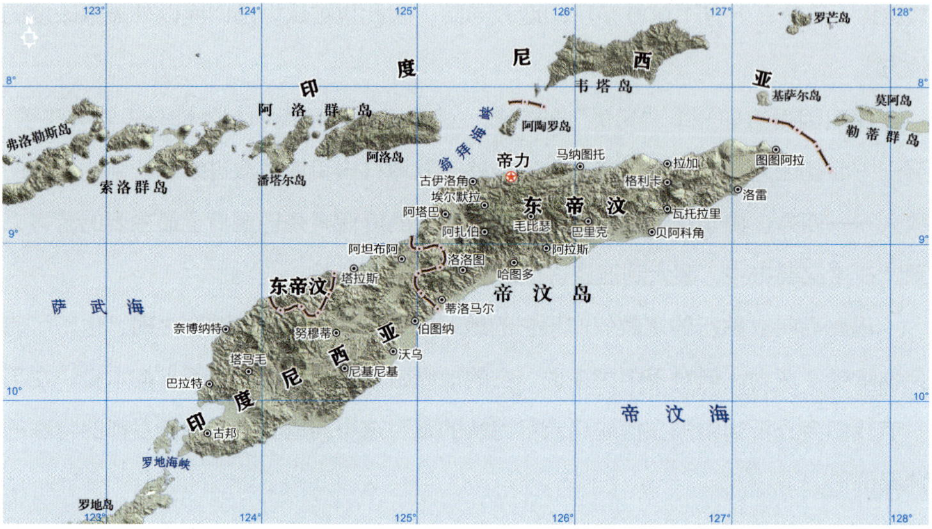

东帝汶示意图

南美洲那唾手可得的财富消磨了它们的进取心，并使得它们最终退出了对亚洲的争夺。西班牙将麦哲伦用生命代价换来的菲律宾“移交”给了美国，从此彻底退出了亚洲的殖民战争。而葡萄牙要做得稍强一点，在败给荷兰后，葡萄牙仍然在中国的东南部保有了一小块殖民地，它就是澳门。葡萄牙也就此创造了一个历史，那就是将这块欧洲人在东亚地区的第一块殖民地（16 世纪从明朝租借）一直保有到新千年来临之前（1999 年）。

在南洋群岛的最南部，葡萄牙人也同样保有了那么一小块主要是象征荣誉的殖民地——东帝汶。对于最早殖民南洋群岛的葡萄牙人来说，他们竟然不能保有这个小岛的全部土地，这是令他们难以接受的。不过相比西班牙人，葡萄牙人已经做得够好了。

这一南一北遥相呼应的殖民地，能让葡萄牙人回忆起当年的荣耀。只是如今的葡萄牙已经很难控制这两个远在万里之外的殖民地了，更何况这两个弹丸之地在地缘关系上与两个大国——中国和印尼联系紧密。因此在 1975 年，葡萄牙人同意放弃东帝汶的宗主权，允许其独立。

不过东帝汶人还没来得及高兴，就于当年被印尼占领了。所以我前面也说过，印尼人在处理领土问题上要比马来西亚人果断得多。之所以会造成这种情况，根子还是在利益上——相比马来西亚，印尼更早地意识到每一个小岛周边都可能蕴藏着巨大的经济利益。

即使在南洋群岛中，东帝汶的体量也是微不足道的。经过葡萄牙人 400 多年的统治，岛上的原住民被深深地打上了不同于印尼主流文化的烙印——在这半个岛上，九成以上的居民成了天主教徒。

作为旧的宗主国，葡萄牙人自然会特别关注东帝汶的事务。不过在西方国家当中，对东帝汶最上心的还是它的近邻——澳大利亚。澳大利亚的关注点是东帝汶周边海域所蕴藏的丰富能源。由于地理上的相邻关系，双方的专属经济区会发生很大的重叠。当你的对手是一个仅有 100 万人口的岛国时，应对起来显然比面对一个有 2.5 亿人口的大国要容易得多。

看透了这一层地缘因素，我们就能明白，当东帝汶在联合国的干涉下，于 2002 年成为新千年第一个新生国家后，澳大利亚为什么会很快成为东帝汶最大的援助国。事实上早在 1999 年，印尼同意东帝汶独立，并由此引发了东帝汶的流血冲突，澳大利亚就获得了联合国的授权，进入了这一地区执行维和任务（这场冲突造成了 20 万东帝汶难民逃入西帝汶）。

不过，让很多人不解的是，远在东亚的中国也对东帝汶产生了极大的兴趣。东帝汶所拥有的石油资源当然是重要的因素，毕竟高速发展的中国正在世界各地寻找可控的资源，包括韩国、日本在内的其他国家，也对东帝汶的资源很感兴趣。但如果认为中国的关注点仅限于此，那就低估了东帝汶对于中国的战略价值。

在第一章的内容中我们曾分析过，美国把制约欧亚大陆南边缘地区的重任，交给了处在印度洋与太平洋交界处的澳大利亚。尽管用澳大利亚来制约印度，并不像日本和英国那样具有明显的地缘优势，但澳大利亚作为新提升的“世界岛南外围”地区，同时能对另一个更具威胁性的潜在对手——中国构成战略威慑，以阻止中国向南太平洋地区过度渗透。从这个意义上来说，美国必然会重新评估“美澳军事同盟”的作用。

大国战略永远是在控制与反控制之间反复博弈。就中国而言，目前不可能和美国直接对抗。但对日本和澳大利亚这两个外围地区，中国并非无所作为。

在“东亚部分”我们分析过，日本对于中国真正有军事威慑力的地区并非是日本本土，而是琉球群岛。如果没有这一岛链，日本的战略作用将大打折扣，中国将很容易东出太平洋，直接面对关岛上的美军。这也就是驻日美军必须将基地设在冲绳的原因。

中国反制这一岛链的突破口在于台湾，如果台湾岛能够纳入中国的国防圈中，中国海军就可以无障碍地进入太平洋，从而将美国用日本来制约中国的战略彻底打破。也许只有到那一天，琉球的居民才可能真正过上“离开美军的日子”。

澳大利亚目前能对中国构成的威胁比日本要小得多。尽管美澳军事同盟已经公开宣称中国对澳大利亚存在军事威胁，但这只是对中国日益增强的实力感到不安，做出一个战略上的远期预估，并不代表两国目前存在军事冲突的可能。

单纯从地理位置上讲，为了在军事上对冲美澳军事同盟的威胁，印尼应该是一个不错的选择。在后面的南海部分，我们也会列出中国和印尼之间广阔的合作前景。只是大国在考虑问题时，往往会有更多的战略考虑。中国和印尼要想在军事层面上形成紧密的合作关系，还欠缺一个共同的对手。

如果印尼暂时不能直接帮助中国牵制美澳军事同盟，那么我们可以把视线转向大洋洲，看看那里有没有其他可能的对象。可惜的是，大洋洲与其说是个洲，不如说是一个大岛。整个洲可以说就是澳大利亚一国独大，因此才会有“澳洲”之说。如果一定要从中找出一个勉强能与之抗衡的国家，那就是新西兰了。不过这个岛同样为英国后裔所占据，并天然地归属于西方体系，中国在这里不可能有机会。巴布亚新几内亚是另一个可能的选择。事实上从地理位置上来说，它比新西兰要更加合适，毕竟它是在澳大利亚的北边，从地缘结构上看，一个处在澳大利亚南部的国家，并不符合中国防御性的战略要求。

不过，巴布亚新几内亚这个位于亚洲与大洋洲交界处的岛国，在政治上并不稳定，即使在与中国人的交往当中，它也经常游走于北京与台北之间（1999 年曾与台湾短暂“建交”，但只有三天）。即使没有台湾的介入，澳大利亚也足以对大洋洲边上的那些小国施加足够的影响力。也许中国能够依靠努力与这些岛屿合作，获得经济上的利益（比如海底资源），但要想再进一步，难度是非常大的。

既然在大洋洲没什么机会，我们还是把视线转回到亚洲。尽管我们不知道在联合国支持东帝汶的决议当中，中国是否起到了积极作用，但最起码我们知道，仅仅是在澳大利亚人军事进入东帝汶的几个月后，中国就向东帝汶派出了维和警察，当然，这一切都是在联合国的授权之下进行的。

中国这一次积极参与东帝汶的安全工作，并不只是为了石油。另一个可以提供佐证的事实是：2002 年东帝汶宣布正式独立，中国抢在澳大利亚之前，第一个对此予以承认。

应该说，**政治家、军事家、商人都能从各自的角度，在东帝汶找到自己所需要的东西，我们不妨从地缘的角度出发，以“新世界岛论”为理论基础，重新审视一下东帝汶的地缘价值。**正如我们刚才所分析的那样，台湾岛可以用来反制日本，而东帝汶的地缘作用也可以应对澳大利亚的威胁。

从地理位置来看，正好处在澳大利亚上方的东帝汶，位置是非常好的——西可入印度洋，东可望南太平洋。

我们并不能期望这样一个（实际上是半个）小岛能够对中国有多大的战术价值。中国和澳大利亚潜在的军事冲突，其实都只是基于地缘角度所做的战略评估罢了，并不代表一定会发生。这就好比一个练武之人看到身边出现一个同类，自然就会在心里评估对方和自己发生冲突的概率，以及自己是否可以在对抗中击倒对方。

既然双方都只是在做战略评估，那么中国所需要做的也只是在战略上让对方感觉到，自己也同样有机会在你的眼皮底下做出军事反应。这和当年古巴之于苏联的作用类似。如果东帝汶能够和中国形成紧密的合作关系，中国的蓝海战略就能在紧邻澳大利亚的地方有个支点，进而这种带有示威性质的反制战略就有机会实现了。

对于拥有大批战略分析专家的美国来说，它当然不会不清楚中国的这种战略意图，因此你会看到美国和澳大利亚极力想将中国势力挤出东帝汶的消息。相比澳大利亚对东帝汶所具有的地理优势而言，中国也并非没有优势。最起码东帝汶是一个亚洲国家，它所参与的政治事务一般都在亚洲的范围内，这便使得中国拥有了施加影响力的可能性。

对于因地缘政治划分而引发的政治孤独性，澳大利亚并非没有感觉。相比之下，英国能够参与欧洲事务，日本则能够参与亚洲事务，澳大利亚如果不能在政治上与某个边缘地区发生直接的联系，它的价值就会大打折扣。从地缘的角度和目前所主要针对的目标来看，澳大利亚的“脱洋入亚”是一种现实的选择。当然，这并不是指澳大利亚需要在地理划分上做出改变，而是说它需要更多地参与进由亚洲国家组成的政治、经济体当中。事实上，澳大利亚从各个层面都在积极地介入亚洲事务。

第九节 | 中国南海

在一个陆地以岛屿形态呈现的地缘板块中，诸岛内部的地理结构往往不是地缘政治的重点。大家关注的重点主要是在海洋之上。

中国南海，位于东亚大陆南侧、中南半岛与南洋诸岛之间，周边有东亚的传统大国——中国，以及一批中小国家，同时处于连接太平洋和印度洋的国际航运要道上。其具体价值主要体现在航线、渔业资源，以及海底的矿产资源（特别是油气）上。因此，南洋诸岛与中南半岛、东亚大陆所围就的南海，就不光是南洋那些岛国的利益所在了。

南海断续线

众所周知，中国在南海有一条南海断续线。对于南海断续线的性质认定，一直存在着很大的误区。国际上有一种看法，认为中国是试图把南海围成自己的“内水”，并以此来独霸南海的资源，控制南海的航线。然而，真实的情况并非如此。2012

中华人民共和国
南宁
广州
香港
澳门
担杆列岛
万山群岛
佳蓬列岛
川山群岛
海陵岛
放鸡岛
高雄
台湾岛
琉球屿
七星岩
河内
海防
越
涠洲岛
吉婆岛
白龙尾岛
琼州海峡
海口
七洲列岛
北部湾
北卫滩
南卫滩
东沙群岛
东沙岛
巴士
巴坦
海南岛
神狐暗沙
一统暗沙
湄岛
麦岛
山阳岛
加拉鄢岛
达卢皮里岛
富加岛
吕宋岛
西沙群岛
北礁
赵述岛
永兴岛
宣德群岛
永乐群岛
珊瑚岛
玉琢礁
东岛
金银岛
湛涵滩
华光礁
滨湄滩
盘石屿
浪花礁
嵩焘滩
中建岛
昏果岛
（老虎岛）
老
挝
岘港
占岛
南
惹岛
菲
宪法暗沙
比微暗沙
隐矶滩
武勇暗沙
济猛暗沙
中沙群岛
本固暗沙
华夏暗沙
海鸠暗沙
波洑暗沙
美溪暗沙
黄岩岛
律
马尼拉
卢邦岛
中南暗沙
柬埔寨
南海
民都洛岛
卡拉棉群岛
宾
北子岛
南子岛
奈罗礁
永登暗沙
中业群礁
双黄沙洲
西月岛
礼乐滩
中业岛
渚碧礁
费信岛
安塘礁
道明群礁
南钥岛
海马滩
太平岛
敦谦沙洲
马欢岛
棕滩
郑和群礁
福禄寺礁
南薰礁
鸿庥岛
五方礁
南方浅滩
三角礁
大现礁
景宏岛
孔明礁
美济礁
赤瓜礁
仁爱礁
仙宾礁
永暑礁
九章群礁
沙
胡志明市
富贵岛
库约群
杜马兰岛
群
巴
拉
望
岛
苏禄海
康泰滩
逍遥暗沙
石盘仔
伏波礁
仙娥礁
蓬勃暗沙
尹庆群礁
毕生礁
六门礁
信义滩
舰长礁
中礁
西礁
华阳礁
无乜礁
半月礁
日积礁
东礁
南华礁
司令礁
指向礁
南威岛
群
广雅滩
人骏滩
蓬勃堡
奥援暗沙
榆亚暗沙
簸箕礁
柏礁
都护暗沙
西卫滩
南薇滩
南海礁
金吾暗沙
安波沙洲
安渡滩
李准滩
奥南暗沙
光星礁
金盾暗沙
光星仔礁
弹丸礁
巴拉巴克岛
巴拉巴克海峡
万安滩
邦吉岛
卡加延苏禄岛
岛
皇路礁
南通礁
海龟群岛
盟谊暗沙
北康暗沙
康西暗沙
法显暗沙
隐波暗沙
南安礁
海宁礁
欢乐暗沙
中康暗沙
南康暗沙
文莱
斯里巴加湾市
亚
苏禄群
昆岛
劳特岛
纳
土
纳
群
岛
大纳土纳岛
曾母暗沙
西
来
苏比岛
马
阿南巴斯群岛
塞拉桑岛
塞拉桑海峡
苏拉威西
加里曼丹岛
印度尼西亚
淡美兰群岛
印度尼西亚

年2月29日，中国外交部在发布会上回答有关提问时，对这一点就做出了澄清："南海争议的核心是部分南沙岛礁领土的主权争议和南海部分海域的划界争议，没有任何国家，包括中国，对整个南海提出主权声索。事实证明，南海的航行自由和安全从来不是问题，没有因为南海争议受到任何影响，中国对南海诸岛及其附近海域拥有无可争辩的主权，没有所谓强化和弱化的问题，且与有关国家的谈判和磋商渠道畅通。望各方，包括南海争议的非当事国，多做有利于维护本地区和平稳定的事情。"（外交部发言人洪磊）

事实上，从技术上看，南海断续线不可能成为一条领海线。对于中国来说，南海断续线的实质其实是一条权利线。中国在南海断续线以内的权利，归结下来不外有二：一是对南海断续线内的陆地（包括水面之下的暗礁）拥有无可争辩的主权；二是任何与南海断续线内水域相关的事物，如渔业、海底资源开发、环境保护等都与中国相关。

目前，处理海洋争端所依据的主要条约是《联合国海洋法公约》，而这个公约对于历史性权利、历史水域的概念认定是模糊不清的。因此质疑南海断续线法律地位的国家多以此为依据，试图完全依照公约中的专属经济区、大陆架等概念，来作为划定海洋权利线的原则。问题是这样一条权利线早在1947年就出现在了相关的地图上，而《联合国海洋法公约》于1982年在联合国海洋法会议上通过，于1994年才正式生效，因此用它来衡量这条权利线是有失公允的。因为在解决法律的效力问题上有一条基本的原则：法不溯及既往。更何况《联合国海洋法公约》完全没有否定历史性权利的合法性。

在目前的情况下，即使中国与南海周边国家现在想依照《联合国海洋法公约》中的约定来协调专属经济区一类的界线也是不可能的。因为在当下，南海岛礁主权的归属还是一个悬而未决且涉及多方利益的问题。既然无论从法律适用性还是从实际操作层面看，当下在南海都不可能出现南海断续线之外的利益线，那么我们不妨跳出这个思维定式，纯粹从地缘博弈的角度，看看中国能够在南海做些什么。

左图：南海示意图

南海岛礁的五方格局与北纬 12 度线

对于各国来说，即使南海上的岛礁不作为权利线的支撑，通过控制它们来显示在这片水域的地缘存在感也是非常重要的。在马汉的“海权论”中，能否在靠近重要贸易通道的地区拥有港口和海军基地，是海权能否向外辐射的重要标志。正如美国如果不是在全球重要海域都拥有海军基地的话，你很难想象只能从美国本土出击的美国海军，还能拥有覆盖全球海域的威慑力。

对于中国来说，无论经济实力有多强，在全球范围内建立基地，并且与美国竞争影响力也是不现实的，毕竟海洋联盟拥有足够多的海洋遗产来支持美国。即使是冷战时期无比强大的苏联，对于这一点也无可奈何。然而在南海，这种控制的可能性却是存在的。

尽管南海中绝大部分的岛礁，其自然条件并不符合建立港口及海军基地的基础，但在工业技术高速发展的今天，以那些岛礁为支撑点构筑人工岛，这在操作上只是钱的问题。不过，在南海多达数百个岛礁上大兴土木，这既不现实也没有必要。事实上，向外辐射海洋实力的基础还是海军的军力，那些海上军事基地只是用来延续其威慑、打击的能力。也就是说，在每个具有重要战略意义的板块，能真正拥有一个基地就足够了。

在中国传统的地理概念里有“五方”之说。五方即东、西、南、北、中五个方位，五方都坐实了，地缘结构也就完整了。**而造物主恰巧在南海的五个方位布设了五处群岛（礁），它们分别是东沙群岛、西沙群岛、黄岩岛、中沙大环礁、南沙群岛。**我们可以将这种地理格局形象地称为“南海五方”。很显然，**中国在南海能延伸多远的控制力，就看在这五片陆地上的控制力了。**

为南海固守北方海域的群岛是东沙群岛，它主要由一个陆地面积为 1.8 平方千米的东沙岛，以及若干环礁、暗礁（沙）组成，目前为中国台湾所控制。不过两岸是否能够和平统一，或者在南洋问题上是否步调一致，对这一地区的海洋控制权影响并不大。因为南海距离大陆海岸线足够近，即使不依靠东沙群岛，中国大陆也有足够的辐射力控制相关水域。

南海示意图

相比东沙岛的形单影只，南海西侧的西沙群岛算是名副其实的群岛了。这个由22个岛屿、7个沙洲、十多个暗礁暗滩所组成的群岛，不仅能够满足军事需求，也能够成为中国在南海建立行政区的基地。2012年成立的用来在南海实施行政权的三沙市，其军政中心就设立在西沙群岛中最大的岛屿——永兴岛上。

把视线从西沙群岛向东移，进入我们视线的就是中沙群岛了。需要注意的是，在前面的“南海五方”概念中，中沙群岛是被切割成了两部分——中沙大环礁和黄岩岛。前者在“南海五方”中居中，后者则是南海的东大门。从地理结构来看，将两者合称为一个群岛的确有些勉强，不过名字只是一个代号，重要的是能否控制它。

由于中沙大环礁距离西沙群岛的地理距离远比其他南海国家更近，因此尽管环礁本身并没有陆地露出水面，中国也因此没有驻军，但中国在此行使权力并未受到过挑战。而对这两个点的实际控制力也促使中国政府在暂时无望全面解决南海问题的情况下，以在南海施行“伏季休渔”政策的形式，画出了一条利益线——北纬 12 度“南海伏季休渔线”，每年 6 月和 7 月，线北所包含的南海水域被禁止从事捕捞作业。

当我们在南海地图上把这条线画出来后，会发现这是一条完美的中分线，南海海域由此被切割成为南、北两部分。西沙、东沙、中沙群岛负责支撑的是中国在南海北部的利益；岛礁数量最大，并且主权博弈最激烈的南沙群岛，则被划在了南海南部。

在南海划定一条这样的权利线，当然不只是为了让部分南海水域的渔业资源能够在伏季休养生息。从地缘政治角度看，如果中国在这一区域的渔业执法权没有受到挑战，那么其他权利自然也就坐实了，所以抛开刚才的“南海五方”结构设定，**这条分割线才是真正有现实地缘政治意义的标志，也是中国在南海稳步推进权利范围的成果。**

然而，仅仅在地图上划定一条东西向的权利线，并不能就此坐实中国在南海北部的控制权。影响这一战略落实的短板出现在南海的东部，也就是我们在“南海五方”结构中设定为南海东大门的黄岩岛。

与南沙群岛中某些岛屿被菲、越等国驻军实控不同，中国暂时无法将施政权全面覆盖黄岩岛相关水域的原因，是因为这片被中国方面称为“岛”的陆地，实际上也是个环礁。只不过黄岩岛的南北两端露出了不少 1 ～ 4 平方米的礁石，看起来更像是岛罢了。

由于不具备人类生存的基本条件，与黄岩岛地理位置接近的菲律宾也并没有实际占据黄岩岛。当然，如果菲律宾人也像中、越两国在南沙群岛卡位那样，以礁石为基础构筑高脚屋，并随后将黄岩岛扩建为人工岛，那么他们是很有机会抢在中国人前面做到这点的，事实上他们后来也的确这样尝试了。

很多人在分析国际时政时，喜欢用“阴谋论”来解释一切。将所有事件的发生归结于一种神秘力量在幕后操作，的确是一个偷懒的好办法，就像有些人喜欢把一切暂时无法解释的谜团归结于外星人一样。然而我们在国际事务中见到的策略运用，绝大多数应该是所谓的“阳谋”。因为你并不能指望自己的战略意图真的能够瞒天过海，无非是基于各种因素的综合考虑，尽可能增大把握性罢了。

北纬 12 度伏季休渔线就是这样一个“阳谋”。即使菲律宾人暂时不认为中国方面意欲通吃南海北部的全部利益，仅仅试图将渔业执法权覆盖到黄岩岛水域，也已经足够引起菲方的警惕了。在这种不安情绪下，1999 年，菲律宾曾派出一艘老旧的登陆舰刻意搁浅黄岩岛，同时在其周边构筑高脚屋，试图以坐滩的形式显示其在黄岩岛的存在感。这种做法相信大家并不陌生：同样在 1999 年，另一艘菲律宾的破旧军舰坐滩在南沙仁爱礁，因中国方面的封锁而屡屡见诸新闻。

菲律宾军舰坐滩黄岩岛与仁爱礁的事件都发生在 1999 年，不同的是，菲律宾抢占黄岩岛的做法，在当年就被中国通过外交途径施压解决了——船一个月后被拖走了；而仁爱礁的破船在中国的监控下“自然死亡”了。

两起事件之所以处理结果不同，是因为它们与中国的距离不同。简单点说，中国之所以在 1999 年将包括黄岩岛在内的南海北部划入施政区，是因为中国判断自身的实力已经能够影响到黄岩岛水域了。即使暂时不能将菲律宾人全面阻拦在黄岩岛之外，也能够暂时维持黄岩岛无人入驻的现状。至于以后谁能控制黄岩岛，就看谁的海军实力发展更快了。

如果说 1999 年划定伏季休渔线意味着中国表明了自己控制南海北部的意图，那么 2012 年三沙市的设立，就是另一个重要的地缘政治事件了。这个涵盖了西沙、中沙、南沙的地级市成立，标志着中国向蓝海进军的战略又迈出了重要的一步。简单点说，经过这么多年的准备，中国的综合实力已经能够支撑其在南沙水域有所作为了。与此同时，我们也看到了中国在黄岩岛的强势表现，以及不容置疑的主权声明。

经略南海

上述内容告诉我们一个道理，综合实力与地缘距离本身是呈反比的。你的综合实力越强，与目标的地缘距离就越短。中国最近能够在南海问题上有所突破，本质上就是因为中国的综合实力有了显著提升。当然，所谓的“突破”绝不是指中国会在南海有夺岛一类的激化矛盾的行为，而是说中国有实力真正在南海南部进行军事、资源层面的布局。相比于中国有实力把控全局的南海北部来说，南沙水域的地缘政治结构则要复杂得多。即使中国能够展现出压倒性的实力，也必须从政治层面做综合考虑。

从地缘关系来看，包括南洋群岛、中南半岛在内的东盟国家对中国的重要性是显而易见的。如果以南海断续线所涉及的海域为标准，占据东盟十国半数的越南、菲律宾、马来西亚、印度尼西亚、文莱这五个国家，都与中国存在潜在的地缘冲突。如果完全把上述南海国家定位为博弈对象，对中国与东盟的关系将造成毁灭性打击。

问题在于，中国如果想在南沙海域恢复自己的权利，势必会与其中的一些国家发生利益冲突。在这种情况下，选择与哪个国家发生冲突的标准其实很简单：**在树敌最少的情况下，将利益最大化。谁侵犯中国的利益最多，谁就是博弈的对手；反之，则是潜在的合作者。**按照这个标准，文莱和印尼两个国家只有小部分专属经济区与南海断续线重合，并不涉及领土问题，因此它们并不会感受到来自中国的压力。而涵盖南沙南部数个暗礁的马来西亚，也同样有机会保持中立态度。至于在南沙侵占岛屿最多，且声索海域面积最大的菲律宾、越南两国，便将长期在南海问题上与中国展开博弈了。

从 1999 年划定北纬 12 度地缘利益线开始算，到 2012 年中国实际控制黄岩岛止，中国一共花了 13 年，完成了控制南海北部的战略构想。同样，中国在南沙海域想有质的突破，也需要花费很长的时间。好在随着中国实力的逐步增强，时间站在了中国一边。在这个过程中，杜绝外部势力的直接介入是必须坚守的底线。

美国人当年为了避免欧洲插手它在美洲的利益，曾经提出了“美洲是美洲人的美洲”的观点，也就是所谓的“门罗主义”[1]。因此，南海也应该是“南海国家的南海”。这并非是说中国想借此在南海以大欺小，而是因为南海之外的势力显然更希望看到南海国家一片混乱。一旦这种情况出现，受损的将是全体南海国家的利益。

---

[1] 门罗主义于 1823 年 12 月 2 日由美国总统门罗（James Monroe，1758—1831）在致国会咨文中提出。其主要内容为：宣布任何欧洲强国都不得干涉南、北美洲的事务，否则就是对美国不友好的表现；提出“美洲是美洲人的美洲”的口号，目的是反对当时英国和俄、普、奥三国的“神圣同盟”插足南美洲，使美洲置于美国的控制之下。——编者注

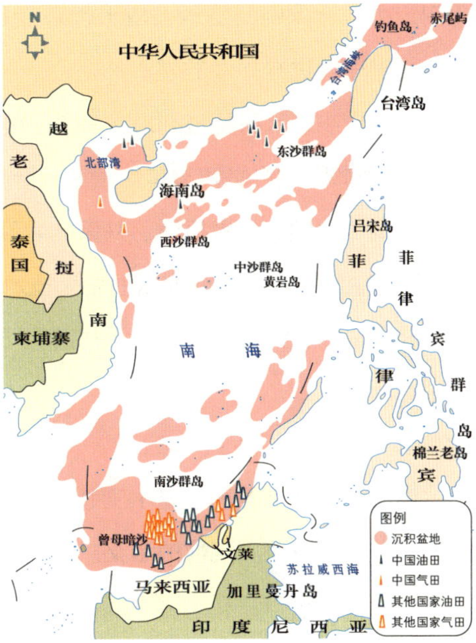

南海油气资源示意图

由于南沙海域局面的复杂性，以及与中国现实的地缘距离，中国并不会试图通吃所有利益。“搁置争议，共同开发”的提议绝不仅仅是一句口号，而是实实在在的解决方案。在“文莱部分”我们已经看到了，类似的做法在南海国家之间已经实践过了。问题在于，即使中国的提议十分符合南海周边国家的整体利益，但中国如果不能在南沙水域显示出压倒性的优势，也很难让大家真正坐在谈判桌上。这倒不是说中国需要用威慑的手段胁迫这些近邻接受自己的条件，而是要促使那些抱着对抗思维的国家放弃幻想，回到合作共赢的轨道上。

作为一个世界级大国，南海在中国崛起的地缘路线图中所能体现出来的价值，绝不仅仅是那些海底的资源，或者说与南海国家进行利益捆绑那么简单。基于更高层级的战略目标，中国更希望在南海看到和平的景象。在这种思维下，如果有一天“搁置争议，共同开发”的想法能够实现，相信中国可以让合作伙伴在经济上获利更多。

当然，这种让利并不代表中国的经济利益一定会受损。由于经略南海中的排他原则，类似合作中的资本、技术也必须属地化。以各国最感兴趣的石油资源为例，南海各国已经进行开发的基本都是位于大陆架上的近海石油，而南海的石油多蕴藏于远离海岸线、水深超过 800 米的深海区域。由于深海石油开发技术仅为少数国家所掌握,南海国家势必要与其他国家进行合作。以石油开发合同中比较常用的“五五分账准则”为例，负责投资、开采的石油公司能够获得净利润的五成。在这种背景下，如果中国能够掌握深海石油勘采技术，那么即使让出部分属于资源份额的利益，也能够在投资、技术层面获益，并且不损害合作对象的利益。

南海的咽喉——马六甲海峡

南海的那些岛屿无疑是中国领土的重要组成部分，并且它们对于维护中国在南海的海洋利益有着决定性的意义。不过，**中国目前的海上利益并不仅在南海，印度洋以西的中东及非洲是中国重要的能源供应区，目前也逐渐成为中国企业主要的市场拓展区域。**在目前的原油进口量中，从中东和非洲进口的比例就约占 75%，这些石油基本上是经由印度洋和马六甲海峡运至中国的。如果算上从其他地区经由印度洋运输的石油，这个比例将达到 80%。**因此，连接印度洋与南海的马六甲海峡成为中国必须重视的战略要地。**

说到马六甲海峡，很多中国人首先想到的是新加坡，它位于马来半岛的顶端，其重要性是显而易见的，可以称得上是马六甲的门户。中国人对新加坡一般的认识是“华人国家”，所以想当然地认为它会站在中国一边，但事实并非如此。前面我们也说过，新加坡之所以能取得现在的成功，主要是因为它尽量向英、美靠拢，并采取西方的价值观。因此，希望依靠文化的力量使新加坡完全倒向中国并不现实。从新加坡的角度来看，鉴于自身的体量和地理位置，最好的生存之道是在大国之间周旋，让自己奇货可居。

除此之外，关注马六甲航线的国家还必须考虑马六甲海峡沿岸的另两个国家——马来西亚和印度尼西亚的立场。尽管在和平时期，中国的商船经过马六甲海峡并不会遇到官方的阻拦，但从战略安全的角度来看，你无法保证在非和平时期会发生什么情况。

即使中国有办法让上述三国不敢威胁中国在马六甲海峡的航运安全，但只依靠马六甲海峡的风险依然很大。这个风险主要来自以下两个方面：

首先，马六甲海峡太长，地形条件复杂。穿越整条海峡的航程超过 1 000 公里，两岸泥沙不断地向海峡内淤积，形成了大量的沙滩和沙洲（浅于 23 米的地方就有 37 处），再加上海峡内累积了不少沉船，使得真正能利用的航道宽度很有限（主航道仅宽 2.7 ~ 3.6 公里）。尤其是在扼守其东大门的新加坡水域，海峡只有 2 公里宽。目前，超过 20 万吨的巨轮就已经无法在马六甲海峡安全通行了。如果在战时，马六甲海峡的这种状态，也将使得攻击航船、封锁海峡变得非常容易。

其次，从南海方向驶出太平洋的船只会发现，在海峡之西有一条相当于门户的岛链存在。这条岛链的北部是安达曼群岛，南部则是尼科巴群岛。不幸的是，由于大英帝国的帮助，这条位置上看起来更应该被划归东南亚国家的“马六甲海峡西大门”，现在却归属于印度。在印度与中国存在地缘政治竞争的情况下，大家应该很容易判断出，这样的格局对于中国是很有风险的。

理论上，从中国出发的船只也可以东出第一岛链，进入西太平洋，然后向东南方向航行，围着新几内亚岛、澳大利亚大陆绕一圈，从南太平洋进入印度洋。当欧洲人在阿拉伯人垄断东西方海上通道的时候，就曾选择绕行非洲南部，或者围着地球绕一圈以抵达亚洲。问题是，即便不考虑成本问题，这条西太平洋—印度洋航线的地缘政治风险也要远高于南海—印度洋航线。毕竟，这条航线要在美国（关岛）、澳大利亚、新西兰这些海洋国家联盟的核心成员眼皮底下经过。既然连马六甲海峡都快被中国的对手封锁了，又怎么能指望上述国家成为中国的盟友呢？因此，我们必须把视线放在这两条航线之间，看看南洋群岛本身有没有其他海峡可以扮演相应的角色。

备选方案——印尼通道

我们知道，南海的东、南方向是一片由两万多个岛屿所组成的“大陆”，由本书所称的“南洋群岛”所围就。这就意味着马六甲并非唯一连通南海—印度洋的纽带，其他岛屿之间的海峡组合也可能成为新的交通要道。然而，并不是所有的海峡都具有战略价值。小渔船自然完全可以在南海那两万多个小岛间随意穿行，但对于具有远洋能力的军舰（包括潜艇）、商船来说，能够利用的海峡并不多。

由于南洋群岛的南部外围岛链都属于印尼国土，很显然，无论你是从南海腹地穿行，还是选择东出台湾岛与菲律宾之间的巴士海峡，沿菲律宾东麓南行，最终都必须经过印尼国土才能够抵达印度洋。为此，我们也可以将替代马六甲航线的备选方案称为“印尼通道”。

真正有战略价值的印尼通道有两条，这两条通道中共计有三条重要的海峡：西边的通道需要穿越巽他海峡，东边那条则要通过望加锡与龙目两条海峡。

巽他海峡位于苏门答腊岛和爪哇岛之间，长约 120 公里，宽 22 ～ 110 公里，平均水深远远超过马六甲海峡，非常适于大型舰船通航。因此，巽他海峡成为太平洋通往印度洋重要的战略通道，来自东亚的航船经常通行于此。而且巽他海峡很深，峡底地形简单，因而也成为潜艇的黄金水道，美海军第七舰队就经常通过巽他海峡来往于太平洋与印度洋之间。不过，由于苏门答腊岛和爪哇岛距离较为接近，最窄处仅有 3.3 公里，战时也非常容易遭到封锁。

另一条就是巴厘岛东侧的龙目海峡了。之所以会叫这个名字，是因为海峡对面的那个小岛就叫龙目岛。为了让这条海峡更具有知名度，也许应该将它改名为“巴厘海峡”。只不过对于政治家和军事家来说，炒热这一条战略位置极为重要的海峡，并不会带来直接的好处。事实上，这条海峡目前也不可能改名，因为巴厘岛西侧与爪哇岛之间的那条海峡就叫巴厘海峡。

巴厘海峡之所以没有那么知名，是因为它的宽度只有不到 3 公里，并且水太浅。不过这倒为爪哇岛与巴厘岛之间的交流提供了便利，否则，当年那些不愿意改信伊斯兰教的马来人也不会那么容易大规模退往巴厘岛。

相比其他几条海峡，龙目海峡的通行条件可以说是最好的。海峡最初是因地壳断裂下沉而形成的，由于海流强烈的侵蚀和冲刷，龙目海峡自形成以来一直都在自然地加深加宽。目前其大部分水域水深能达到 1 200 米以上，宽度则在 35 ~ 65 公里，并且没有暗礁。这样的通行条件，不仅让马六甲海峡相形见绌，其安全性也要好于最窄处仅 3.3 公里的巽他海峡。现在往来于太平洋与印度洋之间的载重 20 万吨以上的大型船只，基本都是从龙目海峡通行的。

从印度洋方向驶来的油轮在经由龙目海峡进入印尼水域后，接下来所直面的就是望加锡海峡了。这条位于苏拉威西岛和加里曼丹岛之间的海峡，长 740 公里，宽 120 ~ 407 公里，大部分水深为 50 ~ 2 458 米，平均深度为 967 米。有这样的纵深，通行再大的油轮也没有问题了。由于日本所使用的油轮多属载重 20 万吨以上的超大型船，因此对于日本来说，龙目—望加锡航道则显得更为重要。

抛开通行条件，仅从地缘位置来看，日本也会比中国更加重视龙目、望加锡海峡。因为当我们把视线移到望加锡海峡之北时，会发现与之直接连通的并不是南海，而是菲律宾。就算中国最终控制了南海，日本也完全可以只依靠菲律宾东侧—望加锡海峡—龙目海峡这条绕过南海的海上通道通往印度洋。事实上，这条通道的战略价值早在第二次世界大战期间就已经体现出来了。为了争夺海峡控制权，日本联合舰队与盟军曾在此进行过闻名于世的望加锡海战。

对于中国当下来说，航程更短的巽他海峡会更有价值些。如果中国能够控制南海，那么只需搞定印尼就足以保证航线的安全。相比之下，龙目海峡的位置就有些偏东了，如果继续北上望加锡通道，无论是从马来西亚与菲律宾之间穿行而过，回到南海航线，还是继续北上由台湾岛南北两侧进入东海，面临的地缘政治局面都要复杂些。当然，在和平时期，龙目—望加锡通道的重要性还是无法替代的。比如中国从澳大利亚所进口的铁矿石，大部分就是由龙目海峡输入的。

通过上述分析，我们应当清楚这两条战略通道的位置以及地缘价值了。经由这两条通道进入印度洋的优点在于可以避开印度的监控，并迂回至印度洋的腹地。它们的名气之所以远逊于马六甲海峡，是因为在和平时期，一切商业活动都需要考虑成本问题，而马六甲海峡在地理上的优势使得它在印度洋—太平洋的航运当中占据了主导地位。不过作为战略备选方案，增加的那部分航距也属于可以接受的范围。

相比于马六甲海峡三国（新加坡、马来西亚、印度尼西亚）共管的局面，在巽他、望加锡、龙目这三条海峡的问题上，印尼终于可以独自充当一次“关键先生”了。对于这个人口超过 2 亿的国家来说，五大地缘政治区中的任何一方想将其完全控制都是

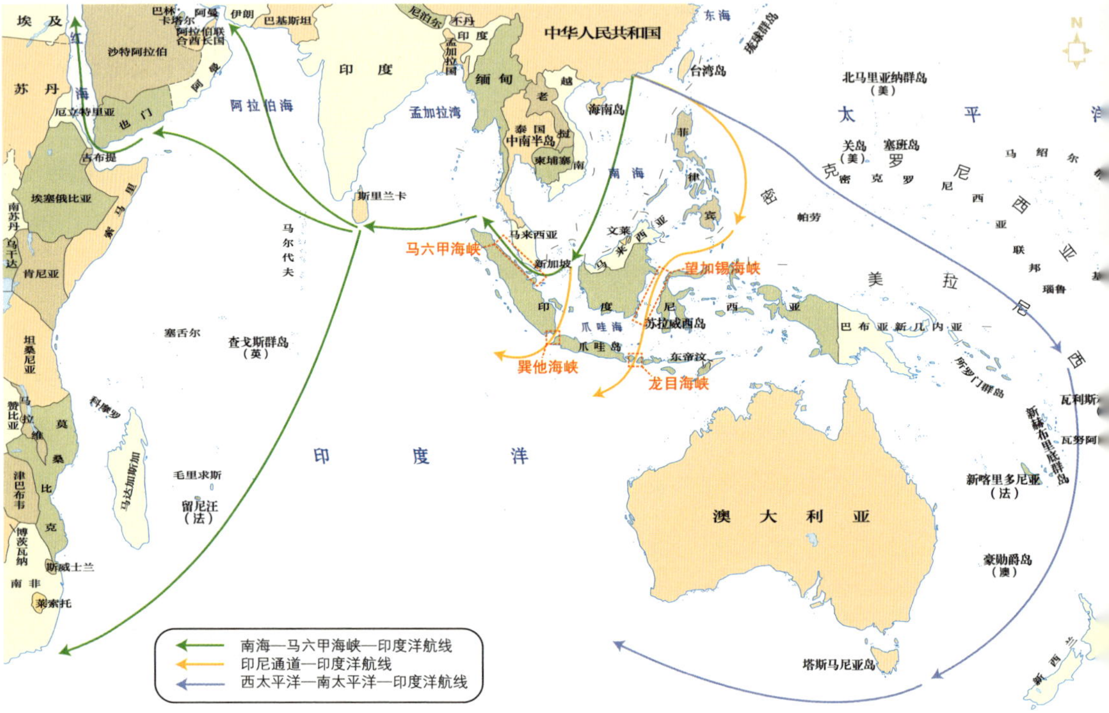

中国海上突围路线示意图

不现实的。就中国来说，双方并没有直接的地缘矛盾，相反，基于各自的地缘政治定位，两国之间的战略合作前景颇为广阔。

要想与人合作，首先必须知道你的合作伙伴需要什么。我们先来看看印尼需要什么。以地缘实力来看，无论是在 GDP（国内生产总值）还是人口方面，印尼都是当之无愧的东南亚老大。在 20 世纪 50 年代亚非国家争取民族独立的大潮中，正是基于对自身地缘潜力的自信，印尼才会试图在第三世界国家秩序的建立中拥有更多的话语权。1955 年召开的第一次亚非会议，就是在印尼的提议下举办的，举办地就在印尼的万隆，因此又称为“万隆会议”。

尽管印尼并无可能成为一类地缘政治板块，但在东南亚地区成为核心，并凭借同盟的力量提升国际话语权，还是可以期待的。然而一个国家能否成为地区核心，不仅取决于整体实力，更取决于其与地区其他成员的地缘关系是否紧密。如果彼此之间没有互联互通、合作共赢的需要，那么即便你的实力再强，也很难辐射自己的影响力。从在东南亚的地缘位置来看，面朝太平洋、背靠印度洋的印尼显得颇为边缘。兼具海陆双重优势的泰国、马来西亚、越南，在地缘位置上都更有机会成为连接中南半岛与南洋群岛之间的纽带。另一个让印尼有危机感的因素，来自其身后的澳大利亚。对于澳大利亚来说，如果想扩张自己的地缘影响力，东南亚几乎是唯一的选择了。事实上，无论是在东帝汶问题上，还是在2014年马航的两起空难中，我们都能够看到澳大利亚忙前忙后的身影。毕竟，直接横亘在它身前的，只有与之隔海相望，且渴望获得东南亚领导权的印尼了。

在上述地缘背景下，如果能够从外部得到一个强有力的支撑，那么印尼所面临的地缘困局将大为改观。问题在于，这一选择的余地其实并不大。首先，对方必须是一个一类地缘板块，也就是位列我们在第一章所列出的五大地缘政治区，才有可能发挥作用。其次，这个地缘政治区有和印尼合作共赢的需要，并且没有潜在的地缘矛盾。

当一个国家想要寻求外部支持时，美国总是第一个被想到的。然而对于美国所处的西方世界来看，在介入东南亚事务这个问题上，马来西亚才是更合适的代理人。因为即使不考虑印尼与澳大利亚的潜在矛盾，马来西亚的位置也更重要，且又曾是大英帝国的殖民地。同理，对美亦步亦趋的欧洲国家，也没有与印尼进行战略合作的需求。至于俄罗斯人，即使他们想在海洋上有所作为，最符合他们要求的也是越南和它直面南海的金兰湾军事基地。

印度也许也是一个选项。对于这个期待崛起的国家来说，介入东南亚事务，更多是为了对冲中国在印度洋的影响。然而让印度人选择的话，优先合作的目标应是与之陆地相连，且有更广阔合作前景的缅甸，以及能够在南海给中国直接添乱的越南。

其实，即使不做上述排除法，中国也是印尼最合适的选择，因为印尼对中国而言有足够的重要性。无论出于加深与东盟合作的想法，还是出于在南海博弈的需要，印尼的话语权对于中国来说都有很大的价值。比如在菲、越试图绑架整个东盟或者南海国家，以期共同应对中国时，在南海周边找个与自己没有利益冲突，又有互换筹码可能性的战略合作伙伴，就显得很重要了。

此外，**既然中国人已经决定向蓝海进军，那么印尼所掌控的两条海上通道，也足以让这个世界级大国对其另眼相看。**需要说明的是，尽管美国人认为，对于这种“国际性海峡”，各国都应该享有过境通行权[1]。但事实上绝大多数国家在穿行于这些位于印尼领海中的海峡时，都不能无视印尼的存在——除非你能够强大到美国的地步。

罗列出这些中国需要印尼的理由，并不是说中国在与印尼的战略合作中会为对方所掣肘。分析这些是出于知己知彼的需要，如果双方不能各取所需的话，那么也就没有合作的必要了。当然，一定要有备选方案的话，印尼也可以选择和日本加强战略合作，而当下处处希望掣肘中国的日本，也会很愿意把印尼这样一个东南亚大国拉入自己的阵营。问题是在与中国没有直接利益冲突的背景下，印尼完全没有必要为了日本的利益而站在中国的对立面。

[1] 过境通行权是由海洋大国提出的、最终得到《海洋法公约》认定的权利。即无论何种船只，均可以迅速不间断地通行其中。其权利高于在领海的“无害通行权”，即不能以其有害为由而阻止其通行。——作者注

第四章

南亚与印度洋部分

南亚与亚洲其他几个地区不同，在古典时期，南亚地区很少与中国发生地缘博弈，这主要是因为青藏高原的阻隔。而乾隆皇帝在他的“十全武功”中，有两项武功成就于尼泊尔的战争，这算是特例了。之所以会发生这种反常的情况，主要是因为占据东亚核心区的清帝国已经正式将西藏纳为国土，而当时占据尼泊尔的廓尔喀人有意向喜马拉雅山以北扩张，在这种情况下双方就发生了地缘冲突。

第一节　|　南亚次大陆

印度拥有傲人的世界古代文明，以及超级稳定的文化和社会结构，历史上虽多次被征服却始终未被改变。英国的殖民统治在次大陆上留下了深深的烙印，以及民族、国家、宗教之间的矛盾和对立。

对于当今的中国来说，南亚始终是一个需要面对的重要区域。这不仅仅是因为中国和南亚次大陆的主要国家——印度之间尚存在着边境争端，更是因为中国随着经济的高速增长，对印度洋航线的倚重程度越来越高。因此，无论是从陆权还是海权的角度，我们都需要对这片土地的地缘结构做一个分析。

南亚的地缘结构

我们首先来认识一下南亚次大陆的地理结构。之所以要将亚洲南部的这块土地称为“次大陆”，是因为山脉的阻隔使得南亚大陆成为一个相对独立的地理单元，

右图：南亚次大陆地理结构示意图

塔吉克斯坦
乌兹别克斯坦
杜尚别
塔里木盆地
塔克拉玛干沙漠
和田
阿尔金山脉
柴达木盆地
帕米尔高原
(巴基斯坦实际控制区)
兴都库什山脉
喀布尔
阿富汗
白沙瓦
伊斯兰堡
喀喇昆仑山脉
印巴停火线
(印度实际控制区)
昆仑山脉
中华人民共和国
青藏高原
金沙江
澜沧江
怒江
唐古拉山脉
冈底斯山脉
喜马拉雅山脉
雅鲁藏布江
拉萨
坎大哈
拉合尔
上印度河平原
木尔坦
昌迪加尔
奎达
巴基斯坦
苏莱曼山脉
基尔塔尔山脉
下印度河平原
海德拉巴
卡拉奇
新德里
恒河
亚穆纳河
印度大沙漠
斋浦尔
勒克瑙
恒河平原
尼泊尔
加德满都
珠穆朗玛峰
不丹
廷布
南地区
布拉马普特拉河
古瓦哈蒂
因帕尔
孟加拉国
达卡
艾藻尔
马尔瓦高原
占西
温迪亚山脉
讷尔默达河
艾哈迈达巴德
博帕尔
兰契
卡奇湾
印度
恒河三角洲
加尔各答
吉大港
恒河口
缅甸
若开山脉
伊洛瓦底江
内比都
北回归线
赖布尔
默哈讷迪河
克塔克
肯帕德湾(坎贝湾)
印度半岛
孟买
西高止山脉
戈达瓦里河
德干高原
绍拉布尔
海德拉巴
东高止山脉
维沙卡帕特南
克里希纳河
孟加拉湾
阿拉伯海
伊洛瓦底江口
普雷帕里斯岛(缅甸)
大科科岛(缅甸)
安达曼群岛(印度)
安达曼海
班加罗尔
金奈
阿明迪维群岛(印度)
卡利卡特
(科泽科德)
拉克沙群岛(印度)
保克海峡
贾夫纳
十度海峡
九度海峡
特里凡得琅
米尼科伊岛(印度)
斯里兰卡
马纳尔湾
斯里兰卡岛
八度海峡
尼科巴群岛(印度)
科伦坡
马累
格雷特海峡
苏门答腊岛
印度尼西亚
马尔代夫群岛
马尔代夫
印度洋
赤道 0°
70°
80°
90°
30°
20°
10°

并因此而形成了独具特色的地域文化。也就是说，如果它的面积足够大的话，完全可以给予“洲”的地位。可惜的是，尽管这片大陆养活了16亿人口，为人类做出的贡献远远超出了亚洲以外的任何一个洲（非洲是亚洲以外人口最多的，也只有10亿多），但仅390万平方公里的土地面积，只能让它获得次一级的称号。

让我们来看看究竟是哪些山脉分割出了南亚次大陆。这片大陆又大致可以分成哪几个重要的地理单元。

南亚次大陆与亚洲北部的分割线，就是著名的喜马拉雅山脉。一般的分类方法是以喜马拉雅山脉的分水岭为线，将山脉南坡也归入南亚版块。这一地区我们可以称为“山南地区”。

在次大陆的西面，基尔塔尔—苏莱曼山脉是伊朗高原和南亚次大陆的分割线。而在次大陆的东面，帕特凯山和若开山脉成了南亚与东南亚的分水岭。

如果将山南地区也归入南亚次大陆的范畴，那么整个次大陆由北向南的基本地形特点就是“高—低—高”，也就是北部的山南地区、中部的平原地区，以及南部的高原地区。如果再细分的话，我们可以将之分为6个地理单元，即山南地区、印度河平原、恒河平原、恒河三角洲、德干高原、布拉马普特拉河谷。不过，次大陆南部以德干高原为主的所谓高原地区，平均海拔不过500～600米，只是丘陵、台地的海拔高度。而边缘山地的体量又十分狭窄，因此整个南亚次大陆基本上可以视为一个低地板块。

这6个地区也成就了不同的地缘文化，有的已经融合在一起了，有的则成了独立的政治单元。就行政区划而言，南亚包括7个国家，其中南亚次大陆目前包含了5个国家，分别是：尼泊尔、不丹、巴基斯坦、印度、孟加拉国。此外，印度洋上还有两个岛国：斯里兰卡、马尔代夫。

作为南亚核心国家的印度，其文化无疑可以被定性为一个印度教国家。尽管种族繁杂，但在印度12亿多人口中，有差不多10亿人信仰印度教。占据主导地位的种族是以高加索人种基因为主的雅利安人后裔——印度雅利安人，他们以北部恒河平原为核心聚居地；南部的德干高原，则大多为含有大量澳大利亚人种基因、肤色较深的达罗毗荼人所居住。尽管两大族系在种族上的差异明显，但由于种姓文化的存在，这种差异在历史上并未造成过大规模的种族冲突。

相比之下，宗教方面的潜在威胁要更大些。尽管一般人认为印度是印度教国家，但印度的穆斯林人口总量目前也超过了 1.6 亿。另外，印度几乎被孟加拉国和中国切割成飞地的东北地区——布拉马普特拉河谷，传统上是从中南半岛方向迁入的黄种人部族世居之地。尽管印度在立国之后，有意向该地迁入了大量印度雅利安人，并且占据了核心低地区，但种族上的巨大差异，以及地缘位置上的独立性，仍然让这一地区成为印度最有分裂倾向的板块。

在整个南亚地区，唯一能够对印度造成威胁的国家，就是因“印巴分治”方案[1]而在 1947 年独立的巴基斯坦了。需要说明的是，在最初的独立方案中，巴基斯坦的领土还包括印度东部以恒河—布拉马普特拉河三角洲为国土范围的孟加拉国，这两者分别被称为西巴基斯坦和东巴基斯坦。由于共同信仰伊斯兰教，英国人便将之捏合成了一个国家。不过地理距离如此之大，中间又隔着与之有结构性矛盾的印度，孟加拉国最终于 1971 年脱离了巴基斯坦，取得了独立地位。

除了这三个低地国家以外，尼泊尔、不丹这两个建立于喜马拉雅山南坡（山南地区）之上的国家，也属于南亚国家阵营。前者超过八成的居民信仰印度教，后者则以藏传佛教立国。从这一点也可以看出山南地区在青藏高原与印度半岛之间所承担的缓冲作用。需要说明的是，不丹直到今天还基本处于印度保护国的状态，其军事、外交事务受印度的影响很深。这也导致在中印之间没有划定最终边界时，不丹与中国之间也无法完全解决边界问题。

位于印度东南部的斯里兰卡古称“锡兰”，是南亚地区的一个佛教国家，除去天然的地理独立因素以外，有意识地选择不同的宗教，也是斯里兰卡历史上一直能够保持独立地位的重要原因。

相比上述能够在地图上明显看到的 6 个国家来说，排列于印度半岛南部，由 26 组珊瑚环礁、1 200 多个珊瑚岛所组成的、南北绵延长达 900 公里的马尔代夫群

[1] 印巴分治方案是指 1947 年英国政府按居民宗教信仰，把英属印度分为印度联邦和巴基斯坦两个自治领。同年 8 月 14、15 日，巴、印分别宣告独立，成为英联邦的自治领，正式实行分治。——编者注

岛，留给世人的印象就基本上是“旅游度假胜地”了。这个置身于南亚地缘政治旋涡之外的岛国，最大的风险来自全球性的气候变暖。一旦海平面上升，这个平均海拔只有 1.2 米的岛国，很可能是地球上最先消失的国家。

简略地了解南亚每一个国家的地缘特点，有助于我们在渗透影响力时抓准根本性方向。比如在与不丹和斯里兰卡进行友好交往中，佛教就可能成为一个切入点。而在了解巴基斯坦与印度之间的地缘矛盾后，地缘政治因素就成为影响中巴、中印关系的主要因素。

每一个板块的组成成员中，都会有核心与边缘之分，发挥的作用也不尽相同。很显然，南亚地区无论从哪个角度来说，印度和印度文明都占据了主导地位。因此，我们需要先对印度文明产生的地缘背景做一个解读。

印度文明的外部压力

很多人感兴趣的是：同为文明古国的中国和印度，在古典时期为什么会走上完全不同的发展道路？这其中的原因的确是很值得深究的。既然本书是以地缘为主线，那我们就不妨先从地理环境的角度来看看两者之间的异同点。

在古典时期，两面靠洋的地理环境，使得印度半岛最起码在东、西两个方向上没有被入侵的风险。以中国的经验来看，对印度半岛地缘安全影响最大的，似乎应该是北部那片高原。然而，就算生活在青藏高原上的族群在机动性和攻击力上与蒙古高原上的游牧民族一样强大，可青藏高原与印度半岛之间巨大的海拔差，也足以让他们望而却步。

在一般人的理解中，无论对于个人还是族群，从高地而下去适应低地的难度，应该远低于反过来的情况。其实不然。生活在恒河平原上的印度人移民西藏，会有高原反应，也很难适应寒冷的气候，但让高原上的藏族来到印度，也同样会遇到类似的障碍。与大家熟知的“高原反应”相对应的，还有一个“低原反应”的医学概念。原因在于身体为了适应高原低氧的环境，红细胞的携氧能力会增强，以满足身体的需要。当人从高海拔地区回到平原后，空气的氧含量提高，而机体还没有适应这个高氧环境，红细胞仍然在高效率、高质量地运送氧，这样就会产生“醉氧”，其

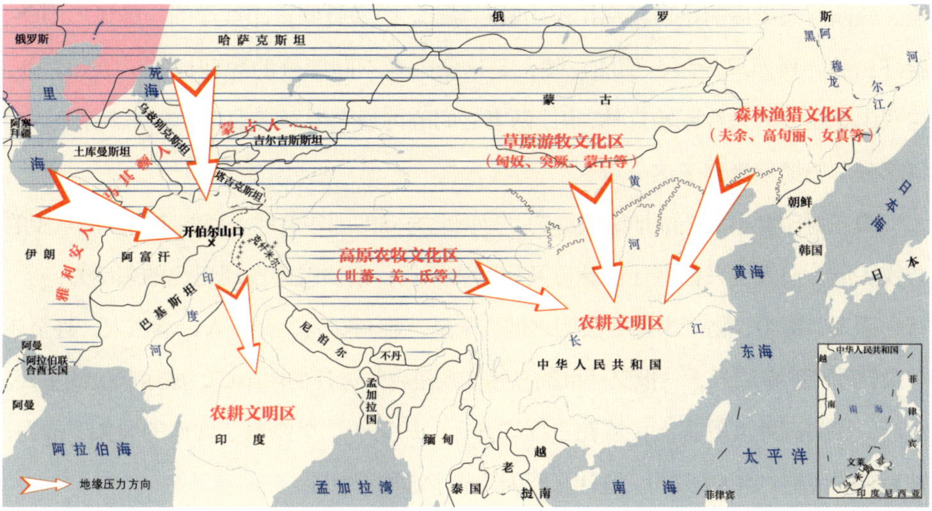

中印古代地缘压力示意图

症状表现为浑身无力、嗜睡，就像喝醉了酒一样。避免这一症状出现的方法是采取“台阶式”下降，每降低一定的海拔高度，就休整一段时间，阶段性地抵达低地。

除了低原反应以外，印度与青藏高原在温度上的巨大差异也是一大阻碍。青藏高原属于高原气候区，一天都有可能经历四季，而印度处在热带，常年处在高温状态，这个差异是常人无法忍受的。这种差异同样是因海拔差引起的。事实上，华夏文明之所以能够从暖温带向南逐步渗透到亚热带，并最终触及热带地区，以及青藏高原的边缘民族之所以能够对中原王朝治下的黄土高原地区造成压力（比如吐蕃之于唐帝国），都是有过渡的台阶板块，不需要马上面对过大的环境差。

然而与中国的台阶型地形不同的是，印度半岛北部是一马平川的平原地区，青藏高原与半岛之间并没有足够纵深的次级高原让南下的高原民族能逐步适应环境。即便成功占据了印度，也不可能长期维系彼此之间的地缘关系。这就是印度不需要面对北方压力的原因。

至于与印度半岛东北部相连的中南半岛，且先不说其本身也属于热带地区，没有向外扩张的强烈欲望，单是两者之间的天然地理屏障，也足以保证双方的地缘安全。分割两大半岛的是自喜马拉雅山麓东端起，向南延伸至印度洋的一条弧形山脉。若开山脉、科西马丘陵、那加丘陵，是这条山脉不同部分的地理标签。除此之外，这些山脉左边的大片原始森林，也让两者之间的沟通变得异常艰难。相信大家在“缅甸部分”已经感受到了这一点。

真正对印度半岛造成地缘威胁的，是西北方向的那些高地。那些来自欧洲草原的游牧民族，在入主兴都库什山脉以及伊朗高原后，很快就会发现自己的东南方向上，有一片人口集中、物产丰富的文明之地。于是，雅利安人、突厥人、蒙古人，甚至还有来自欧洲的希腊人，一批又一批的高纬度入侵者跨过开伯尔山口，成了印度的主人。然而，那些高纬度的强大民族在占据印度后，却又一个个像着了魔似的失去了战力，被后来的民族“重演历史”。是什么原因造成了这种现象呢?

印度文明的特点

我们先来看看印度文明诞生的背景。印度之所以能够成为文明的发源地，这与它的气候是分不开的。纵观世界早期文明，除印度河文明以外，更早的两河文明（阿拉伯半岛北部）、尼罗河文明（非洲东北部）都起源于热带地区，即使是稍晚的黄河文明在当时也属于亚热带地区。之所以热带地区能够成为文明的发源地，是因为它们的物产足够丰富，身处其地的居民比之低温地区更容易获得食物，也能够留出更多的精力去发展文明。此外，身处大河周边，能够获得发展农业所需的水源及肥沃的土壤，是另一个地缘方面的原因。

热带气候固然能够促使身处其中的族群更早地进入文明阶段，但在面对边缘民族入侵的时候，这种没有压力的生存环境却让文明变得非常脆弱，或者说缺乏向高纬度地区扩张的动力。这种情况在农耕民族对抗更高纬度的边缘民族时屡屡出现，中国的情况也大致如此。问题在于印度的地缘结构本身无法形成像中国那样的合力，因此只能在一次次的外力作用下变得支离破碎。如果没有大英帝国的那次整合，南亚次大陆形成像欧洲那样的政治格局也是有可能的。

至于印度为什么没能形成中央集权式的帝国，其实并不是印度本身的问题，它只是东亚文明的“大一统”观念的一个特例。就融合能力来说，印度其实并不比中

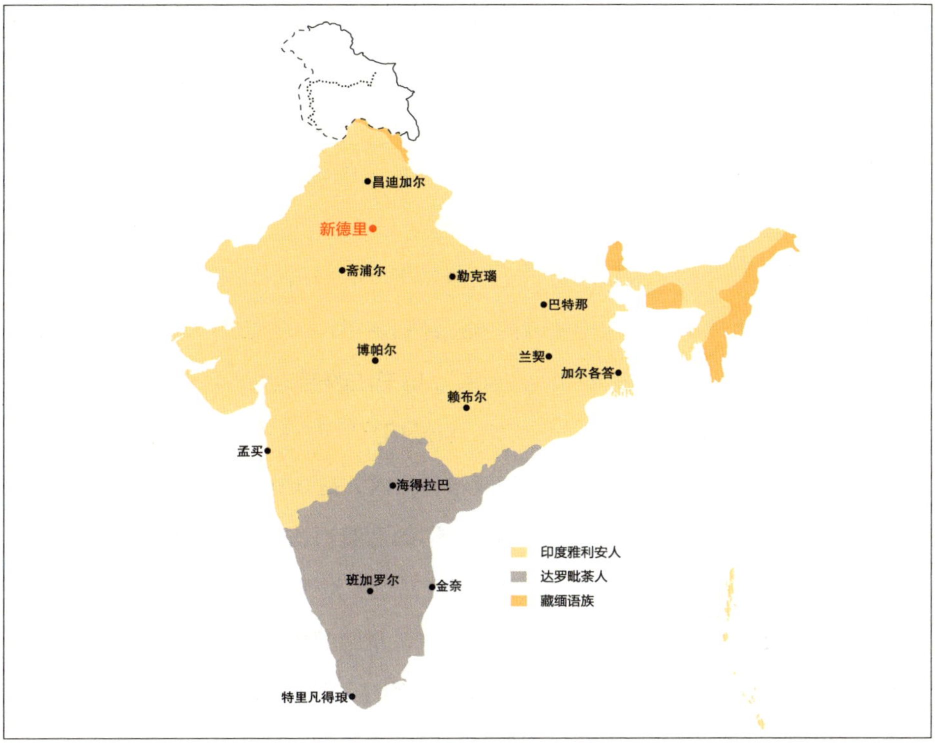

印度民族分布示意图

国差，毕竟在经历过那么多次外族入侵之后，印度仍然能够保有以印度教为代表的主体文化。

就本质来说，印度的这种融合能力和中国一样，还是源自农耕文明本身的优势。相比游牧或渔猎文明来说，农耕文明本来就是更高一级的文明。农耕文明的稳定性及其所创造的财富，是吸引那些入侵者的根本原因。当然，如果入侵者不仅仅满足于掠夺，而是希望成为农耕文明的主人，那么他们最终被融合的命运就在所难免了。

不过，**印度文明与华夏文明之间的确存在着明显的不同。中国属于“家天下”的文明模式，而印度则属于“种姓”框架下的文明模式。**

华夏文明认定“国”不过是一个扩大的了“家”。尽管在这个大家庭中，必须遵循长幼有序的规则，但所有的位置都不是固定的，而是可以改变的。比如伴随年龄的增长，在一个家族中，一个人可以从受管教的晚辈升格为对家族事务有发言权甚至主导权的长辈；一个贫民出身的人，可以通过科举这种平和的上升通道，或者在“王侯将相宁有种乎”的文化背景下，用暴力手段提升自己在这个“家国”中的阶级地位。简单来说，在华夏文明中，每个人所处的社会地位都是有上升空间的，并且从本质上是平等的。

然而印度的“种姓”模式却走了一条截然相反的道路。几千年来，在种姓制度的束缚下，一代代的印度人在出生以前就已经固定了自己的阶层和命运。即使在今天，印度虽被标榜为“全球最大的民主国家”，也无法改变这种根深蒂固的文化观念。

印度之所以会形成独特的种姓制度，与最初文明的形成过程有着莫大的关联。从种族结构上看，印度占主导地位的印度雅利安人，是3 000前从东欧草原经伊朗高原、兴都库什山脉游牧而来的“雅利安人”的后裔。在这些高加索人种的欧洲人到来之前，在印度半岛已经孕育出成熟文明的是达罗毗荼人。

关于最初的达罗毗荼人到底是什么人种，以及他们是不是已经混入了一定的高加索人种基因，目前还没有定论。但可以肯定的是，这些印度原住民是皮肤褐黑、身材远不如雅利安人高大的族群。欧洲雅利安人的到来，是这些达罗毗荼人所面临的第一次大规模入侵，也是种族差异最大的一次入侵。

基于体质上的优越感，以及维护血统的需要，种族隔离成了设计种姓制度的原动力。所谓“种姓”，指的就是肤色。那些与征服者的肤色、种族截然不同的被征服者，成了种姓结构中的最底层——首陀罗。当然，即使没有这种差异，在人类社会的成熟过程中也会诞生阶级。掌控意识形态的“婆罗门”阶层、手握世俗统治权的“刹帝利”阶层、代表雅利安人平民的“吠舍”阶层，与那些被征服的原住民一道，固定地成了印度文明中的四个阶层。

尽管在今天，种姓制度被认为是落后的象征，并阻碍了印度文明的进步，但从客观结果来看，这种各安天命的阶层划分法相当于一种固定的分工模式，在古典时期却也最大限度地避免了印度社会结构的大变动。

事实上，雅利安人并非唯一以这种种族隔离的模式来完成阶级划分的民族，但他们却是最成功的。比如入主中原建立元朝的蒙古人，就曾经以民族差异为标准，把国民划分成了蒙古人、色目人、汉人、南人四个社会等级。然而蒙古人与他们所认定的汉人、南人之间的种族差异，远小于雅利安人与达罗毗荼人之间的差异，以致他们根本无法阻止彼此之间的融合。至于被特别引入的色目人阶层，数量上远不占据优势，即使想维持血统的“纯洁性”也是不可能的。

除了种姓制度的设计之外，雅利安人在意识形态上的设计，也是社会结构能够一直保持稳定的重要保障。婆罗门这个掌握意识形态的祭祀阶层，其职责就是在整个社会普及婆罗门教（也就是后来的印度教），并让社会各阶层各安天命，把希望寄托于来世。相比之下，同属游牧民族的蒙古人在这一点上就做得差多了，以致后来渐渐被各个征服地区的文化、族群所同化了。

雅利安人设计的种姓制度，也使得印度半岛在后来面对无数次来自西北方向的入侵后，社会结构、文明传承仍然能够不发生变化。对于后来那些征服者来说，从根本上改变印度这样一个庞大的社会体系，是一项几乎不可能完成的任务。更何况他们大都在文化上不具备优势，很难想到更好的办法来改变。

在权衡过利弊之后，新的征服者最终都满足于在掌握实权的刹帝利阶层中，加入一个代表自己民族的“亚种姓”。在他们看来，既然身为祭祀阶层的婆罗门是印度社会正常运转的保障，那么在能够保证自己获得最高政治权力之后，并没有必要破坏这种平衡。

除了上述原因，印度社会能够在如此残酷的阶级环境下保持稳定，与其优越的生存环境也有着直接的关系。当然这里所说的“生存”，基本等同于“活着”。如果一个人对物质的需要仅限于为身体提供必要的热量，那么在印度这样物产丰富且不需要考虑熬过漫长冬季的地方，活着就不是一件难事了。至于人类应有的更高层级的精神需要，则并不需要通过突破阶级束缚这样具有破坏性的竞争方式来实现。只要在宗教模式下“冥想”，就能够让自己保有对来世的希望。

巴基斯坦

任何把视线投向过南亚次大陆的人都应该感觉到，巴基斯坦是印度永远的痛。按照我们几十年来被灌输的思维逻辑来看，印巴分治这笔账显然是要算在英国头上的。正是这个居心叵测的老帝国不甘心交出这颗“王冠上最耀眼的宝石”，才造成了今日印巴对峙的局面。然而事情真的那么简单吗？

我们先来看看巴基斯坦的地理结构。从表面上看，巴基斯坦与印度之间并没有明显的山体作为分割线。**不过当我们把关注点放在河流上，就会看到两者之间的区别。整个巴基斯坦的地缘概念就是那条以印度为名的河流——印度河。**之所以会有这个名称，是因为印度文明起源于印度河流域。这一点并不难理解，毕竟从方位来看，人类文明的最初发源地——两河平原，以及雅利安人都处于或来自南亚次大陆的西方。创建最初文明的达罗毗荼人也好，站在原生文明肩膀上，将文明结构整合成“印度教 + 种姓制度”的雅利安人也罢，最适合聚居的区域一定是印度河流域。

回顾当年和现实的地缘结构，我们会发现，印巴分治的设计基本只是在顺应英属印度原有的格局。因为此时的印度河流域已经在地缘文化上发生了第二次质变：伊斯兰化（雅利安—印度教体系的建立，是印度的第一次质变）。而恒河平原及南部的高原地区，仍然坚持着印度教传统。

虽然很多国家都会有一定范围的穆斯林聚集区，但很难想象这样一个人口过亿并拥有独立地理单元，且背靠伊斯兰国家的区域，会不产生分离思想。然而，我们真正应该关心的是为什么印度河流域会出现伊斯兰化的现象。从地理关系来看，这似乎并不难理解，因为整个印度河流域本身完全处于伊朗高原—兴都库什山脉的侧面。在整个中、西亚都已经穆斯林化，而印度又极易被入侵的情况下，那些入侵者将会一次又一次地将伊斯兰文化带入与之地理接近的印度河流域。只不过，仅凭地理接近，并不一定能使印度河流域伊斯兰化。

以我们在“东亚部分”的经验来看，一片土地是不是能够被华夏文化所覆盖，应该与它本身的地理环境有直接关系。气候、地势能否支撑大规模的农业生产，是其中最重要的标准。不过这一标准在印度半岛似乎并不适用，因为印度河流域、恒河流域，以及地势略高的南部高地都很适合发展种植业（现代印度的耕地面积，占国土面积的 60%）。**不过，当我们仔细分析三大板块的气候时，就会发现一条与现代巴基斯坦、印度国境线高度吻合的气候分割线，而这条分割线，才是造成伊斯兰文化止步于印度河流域的根本原因。**

我们可以称这条分割线为“季风线”。季风线以东部分，除了也被划入南亚板块的喜马拉雅山脉南坡地带属于特殊的“高原—高山气候区”以外，整个恒河流域以及南部地区都属于降水充沛的热带季风区；而印度河流域则属于降水稀少的“热带草原—沙漠气候区”。

所谓季风，简单地说就是“以年为周期的、风向随季节变化显著的大范围对流现象”。其特点就是夏季由海洋向大陆输送湿润水汽，而冬季气流则是由大陆向海洋方向运动。对于身处太平洋季风区的我们来说，理解这点并不难——夏季温润的东南风，和冬季干冷的西北风，周而复始地伴随着四季的轮回。

至于印度半岛，为它带来大面积降水的季风，则是来自西南方向，被称为“西南季风”；相对应的，冬季由陆至海的季风则为“东北季风”。对于东亚来说，这种“雨热同期”的规律恰到好处，能够让同时需要光照和淡水补给的农作物生长良好。对于在纬度上已经完全处于亚热带、热带区间，并且几乎没有霜期的印度来说，对雨热同期倒并不十分在意（印度全境耕地基本都能一年两熟甚至三熟）。

对于生活在非印度半岛的族群来说，在生活和农业生产中是否有大规模降水的“雨季”，其地缘影响是非常大的。人类在迁徙的过程中，与自己原居地气候类似的区域，总是会更容易吸引他们的脚步。试想一下，那些从亚洲中、西部渗透而来的民族，在从伊朗高原、兴都库什山脉下来之后，已经适应了干旱气候的他们，在环境上并不会感觉到不适。而当他们希望进一步渗透恒河平原、德干高原等地理单元时，这种环境上的不适就会对自己的生活习惯造成很大的影响。从个人甚至族群的角度来看，你当然可以选择改变，去适应新的环境，不过这也意味着“人”的地缘属性会发生根本的变化。无论占据印度河、恒河流域的族群在种族上是否相似，两地之间截然不同的气候环境，都有可能使得两地的居民随着时间的推移而产生族群分化。

如果没有外部强大势力的影响，印度内部环境差异产生的结果，可能只会停留在类似中国南方人、北方人之分的级别上（毕竟在生产方式上，印度河、恒河流域都属于农耕区）。不幸的是，在伊斯兰文化全面覆盖亚洲西部、非洲北部降水稀少的干旱地区之后，南亚次大陆西侧这块同样干燥的区域，不仅一如既往地成为北方入侵者最容易渗透的区域，在文化上也不再具有同化对方的优势了（这种情况在中央之国也同样发生过）。最终的结果就是伊斯兰化的巴基斯坦从印度中分裂了出来。

既然印度河流域在气候上是如此的干燥，几乎没有从印度洋季风中得到任何好处，那么这片土地今天又是怎么养活了两亿人口，又是如何在雅利安人到来之前成就了灿烂的印度河文明呢？

世界上最早进行大规模农业开发的地区是两河流域，这已经成为共识。这个结果是历史学家和考古学家考证出来的，不过，纯粹从地缘角度来看，这个结果也是可信的。现在的人类需要为水资源日趋紧张而烦恼，而对于上古时期的人来说，一片土地上的自然降水太多却并不是件好事。在这种情况下设计出来的人工河道，必须考虑到双重功能：导洪和灌溉。而这种工程的复杂性也势必减缓大规模农业开发的进度。

生活在东亚季风区的华夏先人，每年都会遇到洪水问题，并苦于无法利用河流下游那些面积庞大、土壤肥沃的冲积平原（因此才会出现大禹治水）。然而，亚洲西部那些无法被季风照顾到的地区，反而因为干旱的气候获得了先发优势。稀少的降水，使得生活在两河流域的居民们在洪水问题上面临的压力要小得多。整体环境的干旱，又让他们有足够多的土地来调节那些高原来水。在这种客观环境的影响下，人类领悟到：利用灌溉技术来发展农业要容易得多。此外，比东亚、西欧这种高纬度地区拥有更多的光照时间，也使得类似两河平原这样的低纬度地区在发展农业技术上拥有更高的效率。**因为在高纬度地区，你今年犯的错误可能要到明年才能够改进；而在低纬度地区发展种植业，却可以在相同的时间里做更多的尝试。**

当两河流域发展出来的灌溉技术开始向外传播时，那些与之地理接近、气候相似的地区最有机会复制两河流域的经验，但条件是必须与高地相邻，能够有河流将那些高地之水带入这些本应该草原化或者沙漠化的土地上来。有埃塞俄比亚高原补给的尼罗河下游地区，以及背靠青藏高原的印度河流域、恒河流域很快也发展出了农业文明。

即使没有青藏高原之水，凭借季风所带来的雨水，恒河流域也还会成为农业兴盛之地。但如果没有上游来水，我们今天所看到的印度河平原就应该是一片荒漠之地了。不足 250 毫米的年降水，最多只能帮助这片土地滋生一些生态脆弱的草场。然而，青藏高原的存在改变了这一切。这座有“世界屋脊”之称的高原虽然只对印度河流域开放了部分集水区，但已经足以提供两倍于尼罗河、三倍于底格里斯河加上幼发拉底河的水量了。正因为如此，今天巴基斯坦的人口比埃及＋伊拉克还要多。

几乎完全依靠上游高地补水，也使得印度河平原出现了与季风区截然相反的结构，那就是北部与高地相接的灌溉平原面积，要大于南部与印度洋相对的平原。那些紧邻山麓的冲积扇地区，才是整个流域当中最具开发潜力的地区。

最先接收上游来水的印度河平原，我们称之为“上印度河平原”，或者“印度河上游平原”。相对应的，下游地区就是“下印度河平原”或者“印度河下游平原”。与其他山麓冲积扇地区一样，上印度河平原实际是由多条河流共同冲积而成的。这些河流最终会汇集到一起，我们通常就选取其中最长、最大的一条，认定为干流。按照这个标准，整个冲积扇水系中最靠西侧，也就是在犍陀罗地区接受喀布尔河补给的那条河流，就是印度河干流了。而上印度河平原与下印度河平原的分割点，自然就是印度河与其左岸支流的会合点。

这些呈扇形分布，且直接确定上印度河平原范围的河流中，体量较大的有 5 条，因此入主上印度河流域的雅利安人，也将上印度河平原叫作“五河之地”。至于这五河到底指向哪五条河流，我们就不考证了，因为河流的结构在变，现在跟 3 000 年前会略有不同，大家有兴趣的话可以自己到地图上去找。

不过相比“上印度河平原”和“五河之地”这两个指向地理结构的标签，“旁遮普”（在印度语中就是“五河”之意）这个地缘标签的名气要大得多。因为无论对于印度还是巴基斯坦来说，旁遮普都是农业最发达的地区。在印巴分治时，巴基斯坦并没有得到所有的上印度河平原，以至今天在两国的行政版图中，都有叫“旁遮普”的行政区，只不过巴基斯坦境内的叫“旁遮普省”，印度境内的叫“旁遮普邦”罢了。

旁遮普与锡克教

从印巴分治的表面标准来看，印度之所以得到了旁遮普地区的部分领土，是因为在旁遮普的东部生活着一个介于印度教和伊斯兰教之间的民族——锡克人。其实从地缘角度来看，锡克教的产生，正是南亚的印度教与中、西亚渗透而来的伊斯兰教碰撞的结果。对于身处两大宗教结合部的原住民来说，他们当中的大多数要么选择坚守印度教信仰，要么被动或主动地归化于伊斯兰教。**然而也会有一些人既对印度教将人分成三六九等的种姓制度十分反感，又对后来者缺乏外部包容性的思维方式不甚满意，于是试图创立出一种兼具两者优点的宗教。这个宗教就是锡克教，信仰这个宗教的人就是锡克人。**

锡克人要想在两大宗教之间自立门户，生存下来，并坚守住自己的信仰，军事化是在所难免的。这一点也被后来的英国殖民者认识到了。对于殖民地遍布全球的大英帝国来说，尚武而又忠诚的锡克人是他们在印度最喜欢征召的民族。而近代中国对于印度的印象，其实也很大程度上源自这个独特的民族。那些在上海租界中执勤的锡克警察，让当年的中国人误以为所有印度人都长得很高大，蓄着大胡子，包着红色的头巾（所以才有"红头阿三"之称）。

从地缘结构来看，锡克人在上印度河平原东部的强势存在，无疑在客观上成为印度教和伊斯兰教之间的缓冲者。只不过，基于他们的地缘位置以及有限的人口数量（现在大约有 2 000 万人），他们独立建立政权的可能性是非常小的。因此英国在退出南亚，准备以宗教为标准分割印度时，并没有为锡克人设计一个独立国家。而如果必须在印、巴之间做出选择的话，锡克人留在态度更为包容的印度教国家，会是更明智的选择。事实上，锡克教在创立、延续的过程中，与当时统治印度的穆斯林不知道进行过多少次战争。锡克人的这种选择，也让印度得以将触角伸入富庶的上印度河平原。

就地理结构来说，上印度河平原与恒河平原几乎是无缝对接的，在印巴之间画出一条合乎地理逻辑的国境线来，难度会比较大。即使没有锡克人的存在，印度教徒和穆斯林在这一区域也同样会呈现犬牙交错的状态。相比之下，下印度河平原的地缘结构就显得简单得多了，因为这片地势平坦之地并非全部都是富庶的冲积平原。那些从北部山地汇流而下的河水，到了下游地区已经是强弩之末了。在整体干旱少雨的环境下，一旦上游来水受到自然或者人为因素的影响，印度河下游的灌溉区就会减少，那些无法被印度河水滋养的土地也就有可能荒漠化了。

如果印度河注定无法滋养全部的下游平原，那么最有可能荒漠化的，就是印度河的左岸地区（右岸还可以从基尔塔尔山脉补水）。现在，下印度河平原与印度半

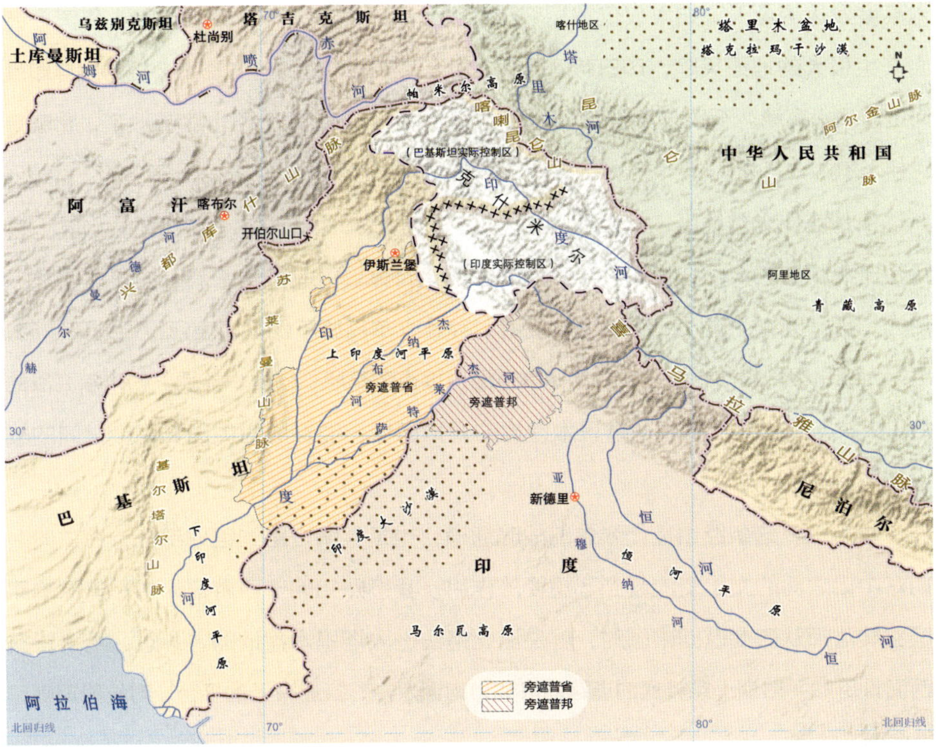

印度河流域示意图

岛南部高原之间（具体指的是马尔瓦高原），也的确生成了一片将近60万平方公里的荒漠——印度大沙漠（塔尔沙漠）。我们很难确定，印度大沙漠到底是在什么时代形成的，但有一点可以肯定：随着人类对印度河流域的开发，能够滋养这片低地的水资源会逐渐减少。也就是说，现在我们所看到的印度大沙漠，比之古典时期要更大，环境更恶劣。

尽管印度大沙漠的存在和扩大，让南亚次大陆少了一块面积不小的产粮区，但它也天然地成为印巴两国，或者说印、伊两教之间的缓冲带。在这样一片荒漠之中，即使是拉出一条直线作为国境线，所需承担的风险也要远小于印度河、恒河平原无缝对接的北部地区。对于这两个国家来说，五河之源才是当下地缘博弈的重点。在技术不发达的古典时期，你当然可以放心地经营河流下游的冲积平原，而在工业技术高度发达的今天，如果仅仅掌握下游平原，而任凭上游高地集水区落入邻国，就会产生极大的地缘风险。**印巴两国共享上印度河平原，任何一方都不会轻易放弃印度河上游集水高地。**至于这片高地所处的位置，其实大家都已经非常熟悉了，**它就是克什米尔。**

所谓克什米尔地区，从地理结构上看，就是兴都库什山脉、喀喇昆仑山脉、喜马拉雅山脉这三大山脉在印度半岛西北部的集合体。以其地势来看，也可以将之标注为“克什米尔高原”。从地缘角度看，**克什米尔高原不仅是印度河平原的集水区，更因为板块相接的地缘位置而成为印度半岛连接青藏高原、塔里木盆地、帕米尔高原的枢纽板块。**克什米尔高原与塔里木盆地的对接区域，能够成为中国与印度之间的战略通道。

事实上，这条经由克什米尔的战略通道，也是丝绸之路的组成部分，在古典时期对中印之间的文化交流起到了重要的作用。我们熟知的《西游记》中，唐僧的原型玄奘法师从印度返回中国时，就是沿此路线进入塔里木盆地的。不过，凡事皆有两面性，**和平时期一条畅通的道路能够成为沟通双方、互通有无的平台，对抗时期则可能会带来危险。**

由于克什米尔地区处在喜马拉雅山脉与喀喇昆仑山脉之间的山地上，对于印度来说，如果不能将国防线推进到克什米尔地区，那么它处在恒河平原的政治中心将会受到西北方向强大的地缘压力。而对巴基斯坦来说，如果让印度完全占据了克什米尔，它在印度河平原上的政治中心同样会强烈地感受到来自北方的地缘压力，尤其是在印度河之水绝大部分来自克什米尔的情况下。既然双方都有充分的理由占据克什米尔地区，那么将克什米尔现有的停火线转变为正式的国境线，也许才是最终的选择。

孟加拉国

提到孟加拉国，很多人最感兴趣的可能是这一地区的宗教选择。如果说印度河流域的巴基斯坦因为与伊斯兰地区地理相连，且气候相近，从而演变成穆斯林占据主导地位的板块，那么气候湿润，且几乎与中、西亚伊斯兰地区相隔整个印度半岛的孟加拉地区，成为一块伊斯兰教飞地，就显得有些突兀了。

实际上，单纯就文化传播的途径来看，孟加拉也好，印度半岛的其他地区也罢，都不存在困难。毕竟在古典时期的中后期，那些从西北方向入侵印度并建立王朝的，在此之前都已经完成了伊斯兰化进程。这其中就包括印度的最后一个王朝——莫卧儿王朝。在这种背景下，孟加拉所面临的无非是一个选择问题。

基于我们之前对于种姓制度的剖析，即使是同化能力较强的伊斯兰王朝，也不会试图自下而上地改造印度的社会结构。事实上，孟加拉的选择却是一种自上而下的选择。也就是上层统治者基于地缘政治形势的判断，为孟加拉做出了改信伊斯兰教的选择。

这一进程开启于 12 世纪。在此之前，孟加拉地区并不属于印度教盛行之地，而是佛教覆盖区。在南亚有类似选择的还有斯里兰卡。对于这些边缘地区来说，选择一个不同于核心区的宗教，有利于保证自己的独立性。孟加拉地区无论是选择佛教立国，还是后来转信伊斯兰教，也都是基于这样的考虑。

孟加拉本身位于恒河流域中最肥沃的三角洲地区，又得海洋之利，可以与印度东海岸其他地区以及斯里兰卡、中南半岛进行频繁的海上贸易。因此，孟加拉的农业经济和商业经济都很发达。这种经济上的优势，一方面加重了孟加拉人的独立倾向，另一方面也对周边地区产生了强烈的吸引力。与恒河平原“共饮一江水”的现状，使得孟加拉地区被吞并、同化的概率要比斯里兰卡高得多。即使在孟加拉国获得独立的今天，在它西侧的印度境内也还有个西孟加拉邦（在印巴分治时被并入印度）。这也证明了孟加拉人的这种防范心理并非没有必要。

现代孟加拉国的诞生，与印巴分治方案有直接的联系。在这次按照宗教原则进行的简单划分中，孟加拉国被动地成为巴基斯坦的一个省。对于印度来说，被同一个国家从两面夹击是不好受的。因此，印度在 1971 年通过发动第三次印巴战争[1]，支持孟加拉从巴基斯坦独立了出来。

---

[1] 第三次印巴战争发生于 1971 年 11 月，印度向东巴基斯坦发动进攻，战争扩展到西巴基斯坦，同年 12 月双方全线停火。1972 年 6 月，印巴签署双边关系协定。战后，东巴基斯坦成立孟加拉国。第一次印巴战争和第二次印巴战争分别发生于 1947 年 10 月和 1965 年 9 月，起因皆为克什米尔归属问题。——编者注

从保护自身安全的角度看，印度的这种做法也是正常的反应，毕竟谁也不愿意被一个敌视自己的国家两面包围。事实上即使没有印度的介入，今天人口超过 1.6 亿的孟加拉国，也没有可能继续充当人口 2 亿的巴基斯坦的飞地。虽然宗教相同，但分列印度半岛东西两侧，使得巴、孟形成了不同的民族认同感。在这种情况下，分裂便无可避免。

对于孟加拉国来说，尽管获得了独立，并占据了最肥沃的恒河三角洲，但这个绝大部分国土为平原地区（仅在东南端有部分海拔在 300～600 米的丘陵）的国家，无法获得必需的战略纵深。在印度的包围之下，它的独立性甚至很难比得过山南地区的尼泊尔。

需要说明的是，作为世界上最大的三角洲，恒河三角洲是由恒河与布拉马普特拉河（包括它们的支流）共同冲积而成的，因此也被称作“恒河－布拉马普特拉河三角洲”。事实上，布拉马普特拉河为这块三角洲所做出的贡献要远大于恒河（前者干流的水量是后者的三倍）。

对于布拉马普特拉河我们可能不太熟悉，但提到雅鲁藏布江，相信大家都如雷贯耳。是的，这两个名字只不过是不同国家叫法不同罢了，所指的是同一条江。这条水量巨大的江发源于青藏高原，流经印度的东北地区（也就是本节中所说的布拉马普特拉河谷地区），然后与恒河在孟加拉汇集在一起，最终流入印度洋（孟加拉湾）。

目前印度方面有一个担心，认为中国会在上游筑坝截流，进而影响印度的水量。这种担心并没有发生，但印度在它的东北地区做了这样的事情，以致孟加拉国的农业大受影响。因此，印度在指责中国之前，更需要检讨一下自己。

我们并不能认定中国有可能的筑坝行为是针对印度的，不过这种战略威慑力是的确存在的。这也是高地相对于低地的地缘优势之一，为此我们应当庆幸西藏能够成为中国领土不可分割的一部分。

对于印度来说，安全隐患不仅来自西北方向，东北方向也是一个动乱之源。印度并不能将之归咎于孟加拉国的独立，不过从地缘影响的角度来看，正是因为孟加拉从印度分离出去，才加剧了印度东北部布拉马普特拉河谷地区的不稳定。布拉马普特拉河谷地区由于山脉的阻隔，在历史上一直处于半独立状态。我们可以将其定

孟加拉国周边示意图

义为南亚与中南半岛的过渡地带，或者说是缓冲地带。这个位于印度东北角，被划为七个邦的三角形地区（包括河谷以及周边的山脉），其上的原住民以与中南半岛同源的黄种人为主。

如果没有孟加拉国的存在，印度核心地区对于布拉马普特拉河谷地区的地缘影响力显然会更强。而现在，双方仅仅凭借着一条狭长的通道相连，这在客观上助长了当地的分裂倾向。另外，有这样一个宗教和文化迥异的邻居，始终对印度独霸印度洋的战略构想是一个威胁。我们很容易想到，如果有一个与印度敌对的国家选择在孟加拉国建立军事基地，将对印度造成怎样的困扰。

第二节 | 龙与象的较量

亚欧大陆虽然辽阔，但对于中国和印度两个边缘实力大国来说，盘算和角力是始终存在的。从地缘结构上来看，中国的陆地地缘和海上地缘一赢一输，有利有弊。

最近几年，无论是在国内的网络上，还是在国际范围内，中国和印度之间的比较都是一个非常热门的话题，这个话题也被形象地称为“龙与象的较量”。当然，目前在经济上明显落后的印度，会更热衷于和中国比较，而中国希望对比的目标则是唯一处在自己身前的国家——美国。

不过，中印双方的确有许多可供比较的地方：都是文明古国，人口都有十几亿，又都在 19 世纪被西方入侵过，现在都在复兴阶段……总之，比较下来无非有两种观点：一种认为印度的前景好，另一种则认为中国的后劲足。印度人认为他们前景好，最大的底气在于海洋优势。倒三角形的印度不仅两面靠洋，而且是印度洋地区唯一的大国。今天，印度洋的地缘地位因石油贸易而不断攀升，因此任何能控制印度洋的国家都不会被其他大国所轻视。

中国的地缘结构分析在前面已有论述，正如中国在东亚地区占有绝对的地缘优势一样，印度在南亚也处在绝对主导的地位。南亚次大陆的大部分土地都归为印度的国土，以至于“南亚次大陆”这个地理名词，也可以用“印度半岛”来代替，就像大洋洲也被称作“澳洲”一样。从地缘板块的角度来说，历史上的印度和南亚的确可以画上等号。对于早期的西方人来说，印度也更像是一个地理概念，而不是国家。

安达曼-尼科巴群岛

从原本的地缘关系来看，安达曼-尼科巴群岛与印度之间的联系，应该远没有琉球群岛与中央之国的关系紧密。我们知道，作为中华朝贡体系的一员，琉球群岛无论从政权还是文化层面都长期受中国影响。即使在接受日本统治长达 100 多年后的今天，旅游者依然能够在琉球群岛上看到很多中华文化的遗存。

反观安达曼-尼科巴群岛，在大英帝国将之置于英属印度的管辖之下前，这片岛屿还处在非常原始的封闭状态，其原住民无论在人种、语言、文化上都与印度半岛，乃至地理关系更近的中南半岛全无关系，他们与南太平洋上那些岛国（包括澳大利亚）的原始部落同样，属于所谓的“棕色人种”，或说“澳大利亚人种”，网络上经常带有种族歧视意味地称他们为“矮黑人”一族。

群岛原住民与印度本土存在着明显的种族文化上的差异，因此直到今天，他们中的一些成员还被当成异类，甚至像动物园中的动物一样被展览给外来游客。在 1789 年被英国占领后，这条岛链只是被英属印度用来作为流放犯人的场所。鉴于英国当时全面控制马六甲海峡的背景，安达曼-尼科巴群岛的战略价值也没有得到人们的重视。

真正让安达曼-尼科巴群岛的战略价值得以显现的，是“二战”时期的日本。在进占整个东南亚之后，日本很显然不能容忍自己的“大东亚共荣圈”门口还有对手的领地。即使日本不再觊觎印度，能否取得安达曼-尼科巴群岛的控制权也关系到战后日本与英、美之间的地缘平衡。

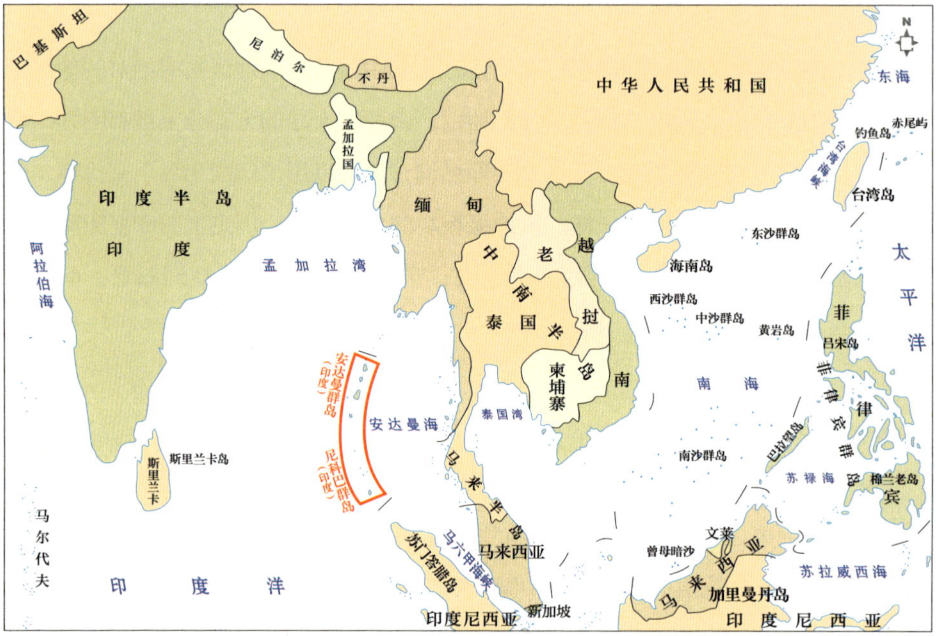

安达曼-尼科巴群岛位置示意图

日本这层战略意图虽然因为“二战”的失败而破产，却让大英帝国在战后分配遗产时，注意到了安达曼-尼科巴群岛的战略价值。从原住民的属性来看，将其划归印度或者缅甸都没有障碍，换句话说，原住民并没有发言权。而以地理位置来看，缅甸本应该更有机会得到这条近在咫尺的岛链。但对于英国来说，缅甸本来就是从中国势力范围中抢夺过来的，其政治地位也是通过1886年的《中英缅甸条约》来约定的，在此之后缅甸便成为英属印度的一个省。很显然，在缅甸独立后，中国势必会恢复对缅甸的地缘影响力。在此情况下，将安达曼-尼科巴群岛交给缅甸，就有可能让中国从中受益了，毕竟中国完全可以从缅甸手上租用这条岛链中的某一个小岛，并设立军事基地，以作为中国进军印度洋的跳板。为了防患于未然，安达曼-尼科巴群岛便被英国划给了印度。

事实证明，英国人的考虑并非多余。在20世纪，中国忙于内部整合、发展经济，即使着力发展与缅甸的关系，也只是出于战略防御的考虑，并没有在印度洋发展影响力。但进入 21 世纪以后，尤其是最近几年，中国已经表现出希望在海洋和世界政治舞台上发挥更大作用的想法了。在这种情况下，开发安达曼-尼科巴群岛的战略潜力，也被印度提上了议事日程。

由于现实中并没有长期遭到挑战，加之印度要在陆地防御上花费大量人力物力，所以印度在安达曼-尼科巴群岛的军事投入一直十分有限。随着中国的崛起，以及对马六甲海峡航线的依赖度与日俱增，印度也开始了在马六甲海峡出入口上的布局。2001 年，印度开始在安达曼群岛建立印度第一个“三军联合军事指挥部”，并将两个空军机场升级为全天候机场，布设中、短程雷达，监控马六甲海峡一带的动态。

以印度现有的效率来说，这个极具战略价值的群岛，目前具有多大的军事能力很值得怀疑。比如 2014 年 3 月 8 日马航 MH370 失联事件中，安达曼群岛上的印军雷达就没有提供有价值的线索。然而从地缘战略层面来看，印度控制下的安达曼-尼科巴群岛，却注定会成为中国向印度洋渗透实力的一只拦路虎。

当然，从更高战略层面看，印度也不可能指望仅用一个位于海峡口的军事基地就阻止中国势力的西扩，毕竟海洋的最大特点就是具有开放性。只要有足够的实力，辅以合纵连横的外交手段，中国一样有机会在印度洋显示自己的存在。至于应该怎么做，我们在下一节就展开分析。

第三节 | 印度洋与中国的南海战略

印度洋距离中国其实并不遥远，那里有郑和的足迹，更是中国能源的生命线。“海上丝绸之路经济带”的国策就体现了连通亚非、提升中国在印度洋的地缘影响力的远见。

大英帝国的战略家在他们制定的海洋战略里，曾经有句名言：“我们帝国的边疆就是敌人的海岸线。”这句话也同样适用于现在的美国。可以说，地球上所有的海洋都是美国的利益所在，任何想经略一片海洋的国家，都一定会遭遇这个最强的海洋大国的压制。中国在南海会遇到这个问题，印度在印度洋也同样会遇到这个问题。那么这是不是意味着，在世界级海洋霸主美国与印度洋霸主印度的双重挤压下，中国在印度洋就没有拓展空间了呢？情况当然不是这样，因为在这个问题上，美国并不会和印度站在一起。

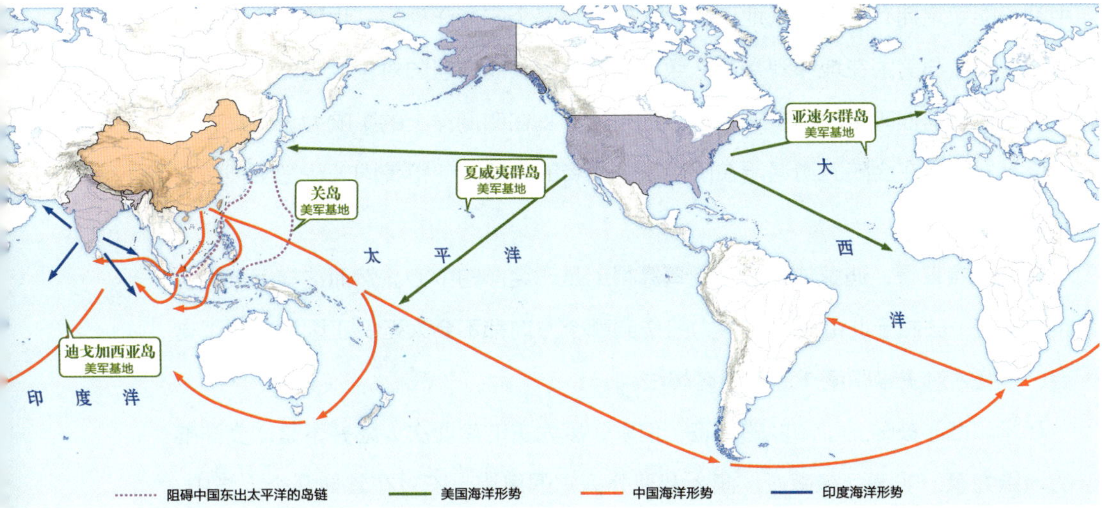

中印美海洋形势示意图

美国在印度洋的存在

尽管美国希望在所有的海洋中发挥主导作用，并且美国海军的实力也占据了绝对优势，但前面我们也说了，距离与实力投送是呈反比的，美国也并不是能在所有海域都占优。这其中有一个很重要的标准，就是有没有可靠的基地。

由于已经与大西洋对岸的欧洲结成了紧密联盟，美国在大西洋上的控制权处于完全没有挑战者的地位。至于太平洋方向，我们在东亚部分也分析过了，即使中国破除了第一岛链的阻拦，也会发现太平洋上那些可供停留的岛屿已经被美国和其盟友瓜分殆尽了。

位置得天独厚的美国，甚至通过歪打正着地收购阿拉斯加[1]，获得了分配北冰洋利益的权利。然而，如此完美的“三洋之国”也不是没有薄弱环节，印度洋就是美国本土势力所难以直接到达的地方。英国租借给美国的迪戈加西亚岛是美国在印度

[1]1853 年，欧洲爆发了克里米亚战争，俄国害怕阿拉斯加殖民地被英国夺走，才提议将阿拉斯加卖给美国。1867 年 4 月 9 日，美俄双方同意以 720 万美元成交。这成为世界土地交易史上面积最大的一笔交易，且平均单价仅为每平方千米 4.74 美元。——编者注

洋中唯一能稳定拥有的海军基地。除此之外，在整个印度洋周边，也就是远在东南角的澳大利亚与美国在地缘利益上一致，属于能够长期结盟的对象。当然，美国还能够通过租赁其他印度洋国家的军事基地来延伸其在印度洋上的影响力。可是，这些军事基地的存在会随时遭遇所在国民族主义者的质疑，使得美国无法把宝押在它们身上。

单从位置来看，迪戈加西亚岛倒真算得上是印度洋的中心。然而这样完美的位置也意味着：驻扎于此的美军将兵力投送到哪个方向都不会太近。正因为看到了这一点，印度才对主导印度洋这件事有想法。

尽管印度洋被贴上了印度的标签，但以印度为主的南亚次大陆并不是印度洋唯一的地缘力量，非洲、东南亚、澳大利亚分列它的周边。不过在其他几个大洋中，主要的地缘力量都分布在两侧。而南亚次大陆在印度洋上的位置可谓得天独厚，倒三角的地形直插印度洋的核心，甚至可以据此将印度洋分为东西两部分。

需要说明的一点是，从地理学的角度来看，从南亚次大陆一直往南，直至南极大陆都属于印度洋的范围。但如此宽广的海域，并非都是利益集中的地区。

若以南纬 15 度线切割印度洋，在这条分界线的北部是航线最为集中的区域，周边也是目前最有价值的地区。包括阿拉伯半岛、伊朗高原、亚丁湾、波斯湾、马六甲、大巽他群岛……这些都是我们经常能够在国际新闻中看到的事件多发地区，也是各大国争相展示海上实力的地区。

鉴于这个舞台地缘位置的重要性，我们可以将这部分印度洋称为“北印度洋”或“印度洋核心地区”。在本书中如无特别说明，在提到印度洋时，主要指的也就是这一地区。

送给印度的“珍珠链”

对于地处东亚的中国来说，如果仍然处在闭关锁国的阶段，印度洋本身并不会成为中国需要了解的对象。即使是在海上丝绸之路繁荣的年代，中国也更多的是充当一个供货商的角色。至于海上航线的安全，自然有来自阿拉伯半岛以及伊朗高原的阿拉伯、波斯商人去担心。

然而在全球化的今天，中国早已不是那个封闭的小农经济社会了。无论是从产品还是资源的角度出发，中国都不可避免地和世界的各个角落发生交流。就中国和印度的交流情况而言，并非不存在陆地上的交通线，只是青藏高原始终是一道难以逾越的障碍。因此在可以预见的将来，东亚与南亚两大核心地区博弈和交流的方向，主要会发生在海洋上。而印度洋则会是双方力量交融的主要地区。

正如我们在“南海部分”所分析的那样，就拿重要的石油资源来说，中国就有80% 的进口量要经过印度洋进入南海。在陆地上中国因青藏高原而占据了绝对地缘优势，可在海上情况就完全倒过来了。这一点不难理解，如果中国海军从东南沿海远渡到印度洋，他们与有陆上力量支援的印度海军相比，劣势是显而易见的。

既然中国在印度洋上并没有地缘优势，中国就只能通过实力将自己的地缘影响力延伸至印度洋。

鉴于印度在印度洋上的地缘优势，中国需要规划自己在印度洋上的地缘布局，为自己的利益提供保护。这并不是针对印度，主要是一种自我保护。作为世界主要的地缘政治力量，完全将自己的利益，特别是物流安全交由他人打理，并不是一个好的选择。

在西方的猜测中，中国的印度洋战略被形容为“珍珠链”战略，这个链条中最重要的两个环节就是缅甸和巴基斯坦，此外，还包括孟加拉国、柬埔寨以及泰国。然而，即使将上述国家全部发展为战略支撑点，也不足以支撑中国在印度洋上发挥影响力。由于印度的倒三角结构，印度洋北部被分割为两部分。如果不能在这个倒三角的南部寻找到一个支撑点，中国在印度洋上的战略安全就得不到保证。如果能够找到这个点，那么再与缅甸、巴基斯坦三点一连，就是个稳定的三角形，从而既能与印度在战略上达成一定的平衡，又保卫了海上生命线。

这个点在哪里呢？就是斯里兰卡。坦白地说，印度当年还在大英帝国手里时，最失策的就是没有把斯里兰卡纳入国土范围。这个点让其他主要的政治力量在印度洋的中心找到了可能的支撑点。如果中国真的有所谓“珍珠链”战略，那么斯里兰卡一定是不可或缺的一环。

回到我们“珍珠链”的话题上来。如果中国最终能够通过巴基斯坦、缅甸、斯里兰卡三个国家的港口，从西、东、南三个方向对印度洋施加地缘影响，那么从表面上看，似乎也可以连接成一个倒三角的控制线，而这三个点所连接而成的三角形又正好可以对印度形成一个包围的态势。在这种情况下，那些中国“包围”印度的猜测便诞生了。

然而，与中国所面临的岛链封锁不同，即使中国能够与上述三国形成紧密同盟，并打造出这条珍珠链，在技术上也不可能封锁印度，而只能监控、牵制印度。以印度在本地区的地缘优势，一旦爆发战争，这些在印度军事力量覆盖下的中国军事基地，很可能在第一波攻击中就集体“阵亡”了。在这种情况下，寄希望于所谓珍珠链去反制印度是不现实的。中国更应该做的，是通过政治、经济合作的方式，在不动用武力破坏国际秩序的情况下，最大限度地从印度洋地区获利。

取代马六甲的安全陆上通道

在当下的国际环境中，巴基斯坦和缅甸对于中国的现实意义逐渐体现了出来。这不仅体现在中国寻找到这两个支撑点之后，可能在印度洋两侧的波斯湾以及孟加拉湾发挥更重要的作用，更重要的是中国可以减少对印度洋航线的依赖度。

我们知道，在中国的对外贸易中，能源是最为重要的一环。有数据显示，每天往来于印度洋—马六甲—南海航线的 140 多艘船只中，近 60% 是中国船只，且大部分是油轮。距离越长，风险就越大。即使印尼的那几个海峡能够作为备选方案，却增大了航行成本。对于中国来说，最为现实的是找到可行的方案，来降低海运当中的风险。

顺着这个思路，一个可供选择的方案是在中国的西南邻国寻找一个印度洋上的港口，然后将中国所需进口的资源运至该港，再通过陆地运输线（铁路或公路）运抵中国。这类方案在历史上并非没有先例可循。日本在发动太平洋战争时，曾通过占据中国东南沿海的主要港口来切断中国的外援通道，在那时，通过缅甸将国际物资输入中国就成了唯一的选择。不同点在于，“二战”中的印度是援华物资的转运基地，而现在则是需要考虑的不稳定因素之一。

将物流的安全交由巴基斯坦或缅甸负责，也并非一个完美的方案。一方面，这需要上述两国在陆地上提供相应的安全保证，另一方面，无法完全避开印度的战略威胁。不过，这两条海陆战略通道最起码可以降低中国对马六甲的依赖度。毕竟马六甲海峡太过细长，即使是在和平时期，仍然存在着诸多不稳定因素，更何况中国和南海国家还存在着现实的利益之争，如果不能在南海以外寻找一条替代路线，亦无法让中国的战略家感到安心。

如果这两条战略通道最终能够通行，那么可以提供的选择将会是双向的，即中国的进出口贸易都将获益，并且对于中国西北、西南两块缺乏出海口的地区意义尤为重大。另外，巴基斯坦和缅甸也可以从中获益，这将使得它们和中国的关系更加紧密。并非所有地理接近的国家都一定会有良好的关系，但能够互惠互利的国家之间，找到共同语言的机会总是要多些。

正如我们之前所说的那样，没有一个方案是完美的。对于中国来说，最好的方法就是不要将鸡蛋放在一个篮子里，也就是多管齐下，按照地缘结构开通多条战略性通道。不过，开通再多的通道，印度洋仍然是一个很难绕过去的区域。尽管将石油运至瓜达尔港，再纵穿整个巴基斯坦运至中国的方案，看似海上风险最小，但要想开通巴基斯坦至中国的陆上交通线，就必须穿越喜马拉雅山脉和喀喇昆仑山脉，工程难度可想而知。

依靠现有的工程技术并非无法克服这些困难，问题的关键在于巴基斯坦西北部那些山地一直都处在不稳定状态。不过从巴基斯坦的角度来看，似乎非常有决心克服这些困难。巴基斯坦方面甚至准备开通至伊朗高原的油气管线，以最大限度地获取中国庞大的油气进口量中的份额。如果巴基斯坦能够协调并保证这条通道的安全，那么对于中国来说，不失为一个好的选择。这条陆地通道可以使中国通过地下管线直达中东，从而不受海上安全的影响。从商业的角度去核算每一条战略通道的成本才是务实的，前提是有足够的安全保证。

中国的印度洋战略布局

对于美国来说，完全依靠自身的实力来防范印度的野心并非不可能，只不过这并不是一件容易的事，尤其是在美国的经济地位已经开始出现动摇的时候。更何况对于处于“新世界岛”中心的美国来说，印度是属于需要拉拢的欧亚大陆边缘地区。即使印度出于一贯的独立态度，不愿意加入海洋国家联盟的阵营，美国也需要时刻防范着印度倒向其他的地缘政治区。

美国最希望看到的是其他各大地缘政治区之间产生争斗，并以此来分化它们的力量。从这个角度看，对于中国希望让海军力量进入印度洋，美国反而有可能乐见其成。当然，这只是各地缘力量在反复博弈中可能达成的平衡罢了。

从中国的角度来看，通过进入印度洋来保护自己的海洋利益，是一个必须实现的战略方向。只是要想取得在印度洋上的发言权，仅仅依靠美国的默许以及自身远洋力量的提升是不现实的。中国仍需要在印度洋周边，最起码应该在印度洋北部边缘找到属于自己的支撑点。

在这一地区，印度的地缘优势是非常强大的，但印度并不是印度洋的全部。最起码在阿拉伯半岛上，印度并没有什么影响力，那一区域是美国经营的重点。对于中国来说，仅仅依靠缅甸、巴基斯坦、斯里兰卡三个点，同样不足以形成覆盖整个印度洋北部的网络。要想在印度洋的各个方位都有所支撑，就需要在东南角和西南角各寻找一个可能的合作对象。

从几何角度看，东南方向的最佳支点是苏门答腊岛。但早在“南洋群岛部分”我们就已经分析过，尽管中国和印尼之间有诸多共同话题和利益交换空间，但以印尼在东南亚的体量以及中国与之的地缘依存度来看，要想将这个世界上最大的伊斯兰国家发展为中国忠实的盟友是非常困难的。

既然苏门答腊岛乃至整个印尼都很难有机会，那么我们还是需要将搜索的范围稍微扩大一点。其实，位于印度尼西亚东部的东帝汶就是退而求其次的选择。正如美国提升与澳大利亚的合作等级是希望它对南太平洋和印度洋同时起到监控作用一样，中国如果能够经营好与东帝汶的政治关系，同样也可以兼顾这两个地区。

既然在东南角已经找到了一个合适的地点，那么下一步就需要在西南角再下一番功夫了。从地理位置上讲，索马里是一个不错的选择。如果真有办法对其施加足够的影响，中国不仅在非洲的东海岸可以辐射影响力，而且在地中海—苏伊士—亚丁湾—印度洋这一欧亚海上运输线上，中国也可以获得发言权。

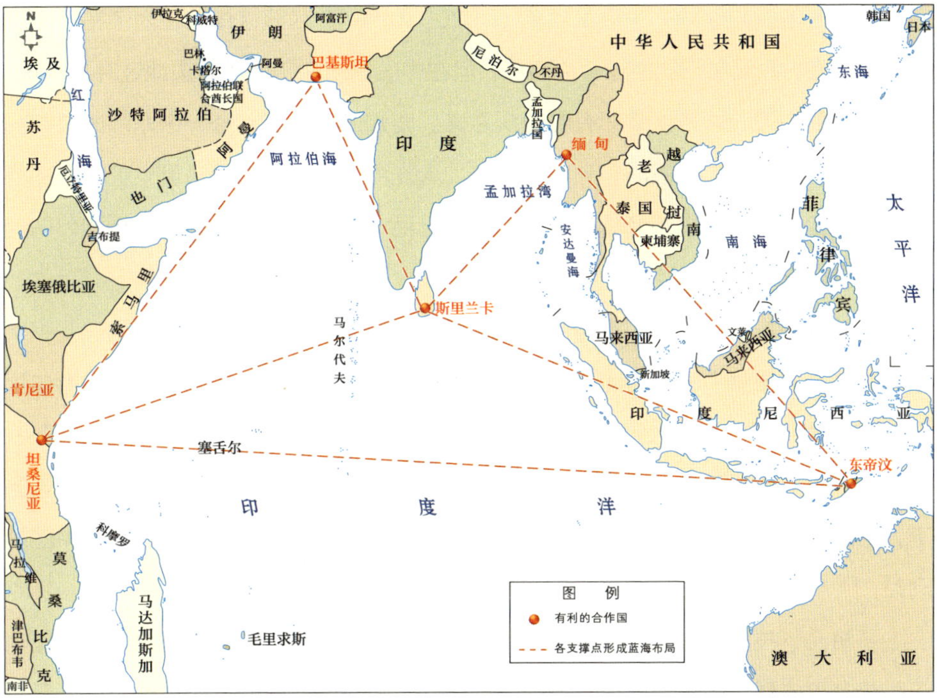

中国蓝海地缘形势示意图

美国人并非没有意识到索马里的地缘价值，如果不是“黑鹰事件”所造成的影响，美国人可能早就在当地扶植亲美的“民主”政府了。但美国最终放弃了这里，一方面是由于国内民众的压力，另一方面是因为其他几个重要的地缘政治区暂时还没有能力在亚丁湾—波斯湾挑战美国的主导地位。因此，中国要想在非洲东海岸找到战略支撑点，就必须将视线再往下移。应该说，索马里以南、南纬 15 度以北的非洲东海岸都可以作为选择对象。顺着这个方向，首先落入中国视线的就是位于索马里南部的肯尼亚。肯尼亚的位置正好在赤道上，也正处在非洲的腰眼上，其作为中国影响非洲和控制印度洋的支撑点都是非常合适的。

肯尼亚并不是唯一的选项。就传统友谊来说，肯尼亚南部的坦桑尼亚与中国的关系更为亲密，也同样有机会成为中国在印度洋西海岸的主要支点。在那个出于政治目的而开拓非洲外交空间的年代，中国曾经勒紧裤腰带，在坦桑尼亚与赞比亚之间修筑了一条国际铁路——坦赞铁路（1970—1976）。尽管这样做是为了拓展中国的外交空间，并无实际的地缘政治想法，但在中国着力在印度洋周边地区开拓市场、获取资源的今天，这条铁路却有着现实意义。要知道，并不是每一个非洲国家都拥有海岸线。如果中国希望与非洲内陆国家加大交流力度、提高贸易量，就势必需要一个陆海相连的交通线，尤其是运量大、运行稳定的铁路，将之与某一个相邻的沿海国家串联起来。

在这种情况下，非洲国家与中国加深在港口方面的合作，并附带提供一些军事服务，就不只是对中国有利的事了。凭借这一陆海相接的枢纽优势，最终的港口提供者将成为经济上的最大受益者。当然，出于不要把鸡蛋放在一个篮子里的想法，中国在做类似选择时，并不会也没必要把筹码完全押在一家身上。事实上，多管齐下，帮助非洲组建一个能够连通数个港口的铁路货运网，才更符合非洲以及中国的利益。[1]

从资金、技术、效率的角度来说，在众多关注非洲利益的外部势力中，中国当下是最有可能通过基础设施建设帮助非洲提升自身经济实力的一个，进而让自己的地缘影响力有机会延伸到印度洋周边的每一个板块。

---

[1] 2016 年 10 月 5 日，由中国承建并运营的亚吉铁路正式通车（由埃塞俄比亚首都亚的斯亚贝巴至吉布提）。同时“中国人民解放军驻吉布提保障基地”也正在紧张施工中。——作者注

第五章

俄罗斯与北冰洋部分

从板块划分来看，俄罗斯的亚洲部分基本属于北亚板块，与中国的陆地安全息息相关。同时，俄罗斯在太平洋的渗透，直接影响着中国海洋版图的形成。此外，在俄罗斯拥有很大话语权的北冰洋地区，目前出现了通航的迹象，这不仅对俄罗斯的地缘政治结构影响巨大，也对中国未来的海洋利益有着直接影响。因此，在解读中国的海洋战略时，俄罗斯人和他们的海洋影响力必须得到足够的重视。

第一节 | 俄国在东亚的存在

从近代开始，俄国像熊一样庞大的身影就一直徘徊在东亚地区，攫取了外东北大片土地，得到了太平洋出海口，直接连通了朝鲜半岛，成为影响东亚无法忽视的重要力量。

早在 19 世纪，俄国就通过与中国的一系列不平等条约，将国土延伸到了太平洋沿岸，并直接与朝鲜相连。这使得俄国成为一个太平洋国家，同时也在东北亚事务中拥有了发言权。如何在正视历史的前提下，基于当下全球地缘政治格局，展望中俄关系的未来，是我们此节所需要解决的问题。

俄国与日本海

在俄国向亚洲扩张的过程中，强悍的哥萨克人起到了关键作用。人迹罕至的西伯利亚地区之所以对哥萨克人有吸引力，是因为这片未开发的土地能够出产上好的毛皮。不过从国家利益层面来说，只占有西伯利亚显然是不够的。在彼得大帝的计

外东北示意图

划中，俄国人最需要的是出海口。彼得大帝在当年制定争夺诸大洋出海口的战略方向时，应当对欧洲的情况有足够的了解，但他一定没有想到哥萨克骑兵在亚洲夺取的这些土地实在太寒冷了（对于哥萨克人来说，他们所获得的只是西伯利亚森林中的毛皮），尽管拥有足够长的海岸线，却没有一个不冻港作为出海口。为了出海口而不断地挑起战争是彼得大帝的政治遗嘱。于是俄国人又通过一系列手段，希望从衰落的中央帝国手中获得外东北和库页岛。

俄国人告诉中央帝国的皇帝，他们发现如果把中俄边界从外兴安岭向南移到黑龙江（俄称阿穆尔河）并不会影响中央帝国的利益。同样的道理，既然中央帝国并不喜欢向海洋发展，那么将双方的东部边界从库页岛移到乌苏里江，也无损于帝国的尊严。之所以要在黑龙江南部获得一个突出部，是因为俄国人发现，黑龙江北面与库页岛那寒温带的气候依然不能让他们获得一个不冻港，因此他们必须沿着海岸线向南进入中温带，以获得一个真正的出海口。

内忧外患的中央帝国别无选择，那片苦寒之地也无法像同一时期出现的西北领土问题那样激起足够的民族情绪。于是俄国人的要求得到了满足，位于外东北地区最南端，位置已经接近朝鲜半岛的符拉迪沃斯托克（海参崴）成了俄国在太平洋地区的门户。

对于俄国人来说，他们应当感到满足了，毕竟能在这万里之外的东方获得进入太平洋的权利，已经是一件很大的成就了。俄国也就此成为第二个同时可以对三大洋（太平洋、大西洋、北冰洋）施加地缘影响力的国家。如果不是目光短浅地将阿拉斯加卖给了美国人，俄国本来可以独享这个荣誉的。

俄国得到海参崴，就此拥有了在太平洋上的发言权。而对于中国来说，从表面看，这个港口似乎并没有那么重要。因为在辽东半岛和山东半岛，中国拥有条件更好的港口。相比于海参崴对于俄国的唯一性，中国在太平洋上可选择的余地要大得多。但海参崴及其所属的外东北东部地区对于中国来说，其地缘意义远不只在太平洋上多了一个深水港那么简单。

粗看地图，很容易感觉中国和日本很近，但实际上日本（本土四岛）并不直接与中国相对，与它隔海相对的是朝鲜半岛和俄国。也就是说，**在19世纪中俄双方所签订的不平等条约中，中国失去的不仅仅是一个深水港，而是整个日本海的海岸线。**这片被称为日本海的水域实际上为日、朝、韩、俄四国所共有，如果没有周边国家的谅解，中国并不能在此拥有地缘利益，而这一切的始作俑者仍然是沙皇俄国。

从俄国人的角度考虑，尽管它已经从中国手中得到了梦寐以求的太平洋出海口，但这还不足以让它感到安全。首先，俄国必须切断中国与日本海的联系，它并不希望在海参崴的边上游弋着中国的军舰；其次，它需要与朝鲜半岛建立陆地上的联系，以直接从地缘上影响这个在东亚起到桥头堡作用的地区。

中俄边境在海参崴周边并无南北向的河流作为界河，因此俄国人按照他们的意图，将边境线向西、向南“稍稍”移过去一点，便似乎不那么惹人注意了。于是，中国和朝鲜半岛的界河——图们江（朝鲜称之为豆满江）在这一段变成了俄国和朝

图们江出海口示意图

鲜的界河。中国也因此失去了日本海的出海口。

中、俄、朝三国在图们江畔交界的这个点，距离日本海仅有 15 公里。你甚至能够在这里眺望日本海，却无法与之相拥。受制于此，黑龙江、吉林两个内陆省份要想发展海外贸易，也只能经由辽宁转口。当然，纯粹从经济层面来看，日本海出海口问题也并非是一个死结，前提是朝鲜或者俄罗斯愿意提供一个港口作为经济特区，与中国方面进行基础建设以及政策上的联通，朝鲜的罗先港（罗津港与先锋港）、俄罗斯的扎鲁比诺港等地点曾作为选项。

豪猪取暖

“在一个冰封大地的冬天，一群豪猪挤在一个并不温暖的树洞里，天实在太冷了，豪猪拥挤在一起，它们要依靠对方的体温温暖自己。但如果靠得太近，对方身上的刺会刺痛自己，离远了，温暖也会随着离开。于是，豪猪频频调整彼此的距离，当一个最适合的距离出现，它们便不再靠近和离开，这段距离不会带来伤害同时会感觉到对方的温暖，它们就这样度过了一个温暖的冬天。”这就是“豪猪两难说”。

由于中国在漫长的历史中，一直在承受来自北方的地缘压力。近代历史中，占据西伯利亚、外东北地区的俄国，又取代蒙古高原，成了北方压力的来源。因此在现实的地缘政治关系中，如何处理中俄之间的关系成了世人关注的话题。

事实上对于五大地缘政治区来说，如何处理彼此之间的地缘政治关系，都不是一个简单的问题。大家之间的关系就像“豪猪取暖”故事中的那群豪猪一样，每个人都有伤害对方的力量，但也都有被对方“温暖”的可能。豪猪还可以选择独行，而欧亚大陆的四个主要的地缘政治区，却不得不至少与一个同级别的地缘政治区为邻。只有美国孤立于欧亚大陆之外，两面靠洋，方得独善其身，这也就是它能够成为目前世界上唯一“主极”的重要原因。至于其他四个地区，如果不能互相处理好相互间的关系，就不可避免地会互相牵制。在找到解决办法之前，便只能成为美国的合纵连横战略下的四个副极。

既然必须和一个与自己拥有同级实力的邻居相处，那最起码应该有一个地缘上的方案，让大家都觉得安全才行。在合适的山川、河流上寻找战略平衡线是一个不错的选择（比如中印边境及中俄东北边境），但如果双方的接触线过长，仅靠这点就不够了。**最好的解决办法是在中间建立缓冲国，双方或能对其施加比例相当的影响力，或干脆将其非军事化（永久中立）。这是让双方达成信任的地缘基础。**

我们先看看俄罗斯和西欧之间应该如何达成平衡。对于欧亚大陆西边缘地区来说，其政治标签是“欧盟”，军事标签是“北约”。后者由于加入了北美的力量，所以显得不那么准确。所以我们通常会用“欧盟”来作为这一区域的标签。

整个欧洲的地理特点是从西欧到东欧都为平原地带，仅在北部的斯堪的纳维亚半岛与地中海北侧有两条大的山系。这使得西欧与东欧之间无法找到合适的地理屏障来作为双方的战略平衡线。占据西欧核心地区的日耳曼人与占据东欧平原的斯拉夫人，基本只能靠中间的一些小国（比如那个“悲情”的波兰）来作为双方的缓冲。不过没有地理特点的缓冲国，其政治边界究竟在哪里，是一个难点。在俄罗斯人强大的时候，包括多瑙河下游地区（匈牙利）都被划入了地缘政治上的“东欧政治集团”，成为两大板块之间的缓冲地；而在俄罗斯转入战略防御的今天，东欧平原边缘的白俄罗斯、乌克兰，又成为新的缓冲地。

缓冲地拥有太大的弹性，并不是西欧和俄罗斯之间难以达成地缘平衡的唯一原因。事实上，正由于缓冲国的弹性，使得无论是俄罗斯还是代表西欧的政治力量，都有很强的欲望将之前的缓冲国纳入自己的控制范围，并在对方的边缘再割裂出新的缓冲国来。当双方的这种欲望都十分强烈，并且都自视有实力做到这点时，缓冲国的命运就很可悲了。其中的典型代表就是曾三次被瓜分的波兰。不过也正因为两大板块之间太需要一个缓冲国来维持双方的安全感了，因此波兰才有机会三次复国。

让波兰感觉松口气的是，在西欧已经转入战略进攻阶段的今天，战略缓冲的任务已基本移交给从波罗的海东岸到黑海之滨的那些前苏联国家了。而此时欧盟所需要把握的就是切忌逼人太甚，试图让自己的政治边界覆盖掉所有缓冲之地。当年苏联通过华沙条约组织，把势力范围甚至渗透进了中欧，今天得势的欧盟及西方在乌克兰问题上也同样如此。前者的结局是苏联解体，而后者最终使得乌克兰在 2014 年陷入了巨大的危机，不仅完全丢掉了克里米亚，还让自己的东部地区成了动乱之地。

西欧并不是俄罗斯人所需要面对的唯一的主要地缘政治区，在他们的东面，保持中俄之间的地缘平衡显得更为重要。在地图上我们可以看到，如果中俄之间没有哈萨克斯坦与蒙古作为缓冲国，双方漫长的边境线根本无法让任何一方感觉到安全。中国所担心的是俄国通过西伯利亚和中亚，将其在东欧平原的地缘力量施加过来；而俄罗斯所担心的则是中国对地广人稀的西伯利亚进行渗透和攻击。在很长一段时间里，尽管中俄之间有蒙古作为缓冲国，但由于俄罗斯对蒙古的实际控制，中国只能在整个东北—西北边境全线承受着俄罗斯的地缘压力。

其后的形势逐渐向着有利于中国的方向发展，或者说是逐渐有利于双方达成地缘上的平衡。**俄罗斯吐出了中亚，并因实力的衰弱而减弱了对蒙古的控制。而中国的影响力得以进入这两个地区，并与俄罗斯在这两个地区的影响力达成平衡。**至于双方之间剩余的接触面，已经不足以让任何一方感觉到威胁了。等到签订边境条约，将所有历史遗留的划界问题解决掉，阻碍双方达成平衡互信关系的最后障碍也就被扫除了。**这一切都为今天中俄两国形成“战略协作伙伴关系”奠定了坚实的地缘基础。**

中俄之间的这种关系，用“背靠背”式的伙伴关系来形容最为合适。基于双方的主要地缘压力都来自与对方相背的方向（俄罗斯在欧洲，中国在太平洋），因此这种“背靠背”的关系，并不要求双方互为援手，仅仅做到互不威胁，并在大方向上不损害对方的利益就足够了。比如俄罗斯在处理克里米亚问题，中国在面对钓鱼岛、南海问题时，并不需要另一方明确表明态度，但也决不会站在“战略协作伙伴”的对立面。

毋庸置疑，曾经强大无比的陆权帝国——苏联在“二战”之后将近半个世纪里，并不认为自己需要关系对等的盟友。中、俄两个曾经互不信任的大国，能够最终走到一起并互相依靠，是因为它们有一个共同的地缘压力来源——美国。美国之所以能够称霸世界，并从容游走于欧亚大陆各政治力量之间，很大程度上是由于其地缘上的独立性，这使得它不会和其他重要的地缘政治区发生直接冲突。而其他几个地区如果要想提升自己的战略地位，则必须和周边的地缘政治区达成和解。认清这一点，不仅对于战略关系良好的中俄两国来说有着重要意义，而且对于关系微妙的中印两国来说也同样重要。

苏联的衰弱解体，与它在地缘上的结构性缺陷有着直接关系。相比美国来说，核心区在欧亚大陆腹地的苏联在地缘上的劣势要大得多。它既不能控制相邻的两个边缘地区，又始终无法扩张出足够的边缘地区，成为一个“海陆两栖”的边缘国家，这种地缘背景使得苏联始终无法摆脱地缘封闭性。甚至对于全世界来说，庞大的欧亚大陆腹地都成了一个可有可无，甚至有害的板块。在这种无法融入世界的情况下，苏联的衰弱实属必然了。

要想增加开放度，与世界其他地区在政治、经济等诸多层面加深交流度，俄罗斯仍然需要解决自己的海洋短板。和其他海洋国家、边缘地区相比，俄罗斯能够正常通航的“有效海岸线”实在太短了。并且，现在已经不是依靠武力就可以获得土地的年代了。那么，俄罗斯人就真的没有机会了吗？其实，地缘结构并不是一成不变的，也许引发下一个重大地缘变化的区域就在西伯利亚的北方——北冰洋。

第二节　|　北冰洋

人们传统印象中一片冰雪世界的北冰洋，在全球变暖的时代逐步消融，其关键的位置与资源立刻成为周边各大地缘势力关注的焦点，其中当然有中国的利益和身影。

在中国的蓝海战略刚刚开启之时，远在千里之外的北冰洋并不是中国最为关注的区域。然而，任何战略的制定都必须有前瞻性。在北冰洋气候有可能出现重大变化的今天，这片冰封之海的地缘政治地位也得到了极大的提升。在接下来的内容中我们将了解到，这一变化对中国的影响究竟体现在哪些方面。

温室效应与北冰洋的新生

我们都知道，北冰洋由于冰层的覆盖，一直无法正常通航。对于开启大航海时代的欧洲人来说，这不能不说是一个遗憾，否则从欧洲到东北亚以及美洲北部的距离都将大大缩短。不过路是人走出来的，北冰洋的那些冰层并没有吓退那些冒险家。

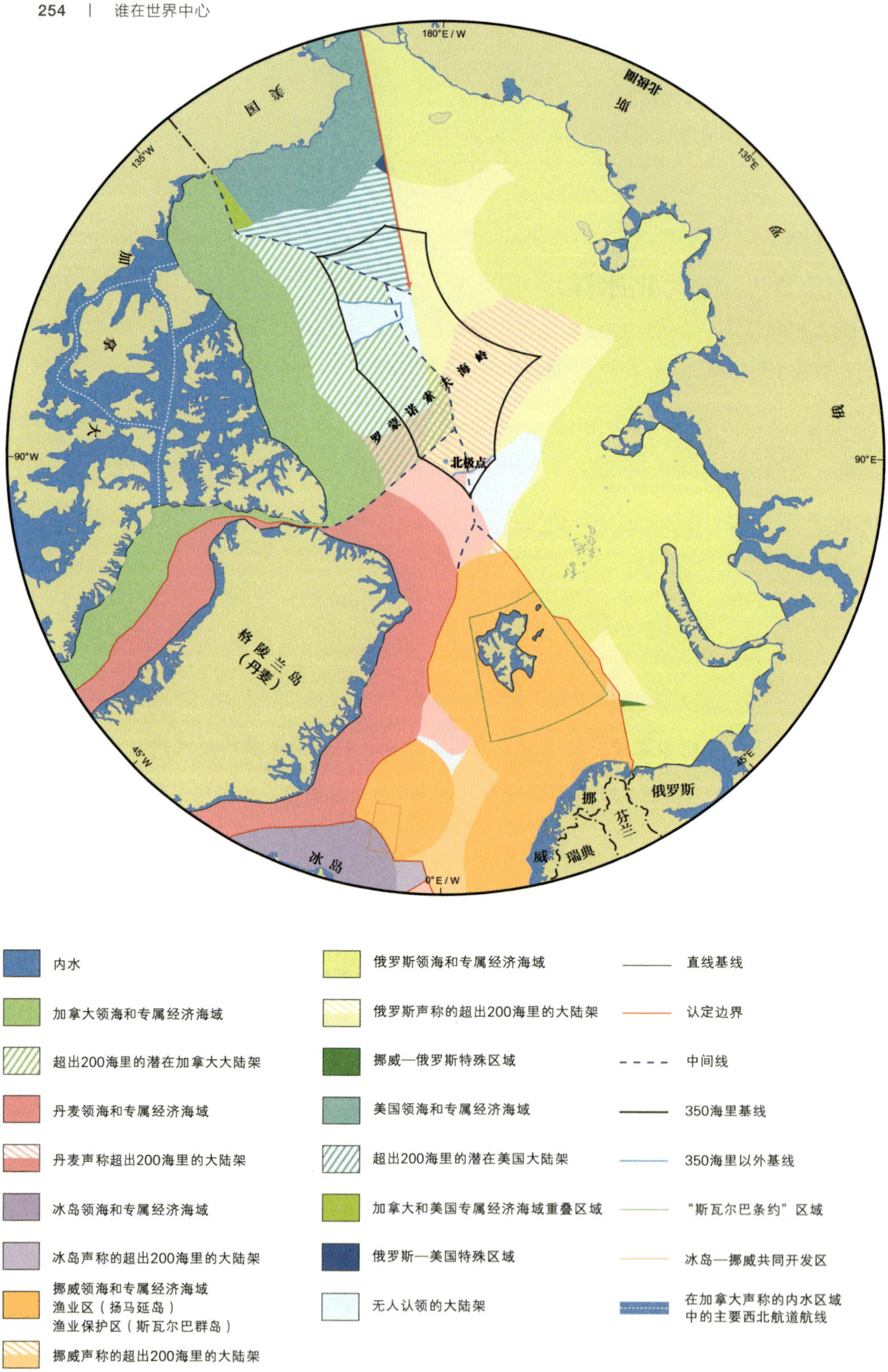

180°E / W
135°W
135°E
90°W
90°E
45°W
45°E
0°E / W
美国
加拿大
北极圈
罗蒙诺索夫海岭
北极点
格陵兰岛（丹麦）
冰岛
挪威
瑞典
芬兰
俄罗斯
内水
加拿大领海和专属经济海域
超出200海里的潜在加拿大大陆架
丹麦领海和专属经济海域
丹麦声称超出200海里的大陆架
冰岛领海和专属经济海域
冰岛声称的超出200海里的大陆架
挪威领海和专属经济海域
渔业区（扬马延岛）
渔业保护区（斯瓦尔巴群岛）
挪威声称的超出200海里的大陆架
俄罗斯领海和专属经济海域
俄罗斯声称的超出200海里的大陆架
挪威—俄罗斯特殊区域
美国领海和专属经济海域
超出200海里的潜在美国大陆架
加拿大和美国专属经济海域重叠区域
俄罗斯—美国特殊区域
无人认领的大陆架
直线基线
认定边界
中间线
350海里基线
350海里以外基线
“斯瓦尔巴条约”区域
冰岛—挪威共同开发区
在加拿大声称的内水区域中的主要西北航道航线

北极主权争端示意图

自 1501 年葡萄牙的考特雷尔兄弟第一次进入北冰洋，希望寻找那条通往中国的航线以来（很不幸，没有人能够看到他们出来），欧洲人始终没有放弃探索北冰洋航线。1878 年和 1905 年，瑞典人和挪威人分别从两个不同的方向打通了两条北冰洋航线。瑞典人打通的那条航线是沿西伯利亚的海岸线，被命名为“东北航线”；而挪威人则是贴着加拿大北部航行，因此被称作“西北航线”。只是这两次的成功与其说是打通了航线，不如说是一次探险的成功。在满足了探险家的征服欲后，就再没人有本事将之开通为商业航线了。

不过，冒险家们不进行探险，并不代表其他人就不会去探索北冰洋航线。最起码出于军事目的和商业利益，军人和商人会有动机持续关注这两条冰雪航线。

出于维持北方辽阔领土的需要，俄国人曾经趁冰雪融化的时候，用破冰船开路，为自己在北冰洋沿岸的地区提供过补给，某些区段的航线甚至持续使用过。而美国人也曾经出于军事目的探索过这两条航线。问题是这种不稳定的航行并没有太多的战略意义。从商业角度看，很难将航运计划押在一条不知道什么时候能够开通的航线上。对于船东来说，如果最终没有成行，当然可以用不可抗力来为自己争辩。只是这种不可抗力的可能性太大了，货物的所有者完全没有必要承担这样的风险。

从军事角度来看，一条不能四季通航的航线，是不能为陆地提供足够保护的。最为简单的道理是，你的敌人完全可以选择冰封的季节对你的某个港口发动攻击。而你在北冰洋另一端的舰队就只能望冰兴叹了。

不过，对北冰洋沿岸的国家来说，事情出现了转机。进入 21 世纪，由于温室效应，北冰洋那些万年不化的冰层融化的速度越来越快。2009 年 7 月，德国货船“布鲁格友爱号”和“布鲁格远见号”在韩国装货，然后向北行驶，途经俄罗斯符拉迪沃斯托克港后北上，经“东北航线”，最终抵达荷兰的鹿特丹港。

现在断言北冰洋能够提供稳定的航线还为时尚早，可德国人这次商业航行的意义却非常重大，在全球化的今天，还能找到这样的历史机遇的确难得。在很多时候，商人的嗅觉比政治家还要灵敏，因此我们有理由期待，北冰洋的战略地位将发生大的变化。从北冰洋的角度来看，这意味着它有可能摆脱在四大洋中的龙套地位，并让世界地图的制作者们改变制图方法，以便我们更加客观地观察北冰洋的地理位置和战略价值。

让我们了解一下，在温室效应的作用下，都有哪些国家反而会因此受益。北冰洋周边的政治格局可以被称为“五国六方”，两边分别是加拿大和俄罗斯；东西两头则是北欧的挪威、冰岛和美国的阿拉斯加，这就是“五国”。之所以要称之为“五国六方”，是因为在北极圈中间偏西的位置，还有个政治局面有可能发生变化的世界第一大岛——格陵兰岛。目前该岛属于丹麦，人口才 5 万多，其上的丹麦人更是只有 7 000 多，剩余的则是原住民因纽特人（爱斯基摩人）。

之前因纽特人一直就有独立的要求，不过由于自给能力太差，有一半财政支出都要靠丹麦政府补贴，因此长期以来也就雷声大雨点小。不过现在北冰洋的冰有融化的迹象，因纽特人也据此有希望凭借海底的石油资源和新航线带来的商机，过上类似中东那些酋长般的神仙日子，因此独立的呼声越来越大，2008 年公投赞成独立的比例已经超过 75% 了。丹麦总理也表态了：想独立的话，随时欢迎。因此，如果哪天在新闻中听到格陵兰岛独立的消息，并不需要为此感到惊讶。

俄罗斯的希望——北冰洋航线

北冰洋航线如果开通，商业上的价值不言而喻。最起码欧洲、北美、东北亚之间的交流不用再往南绕那两条繁忙的运河了。那些原先因冰山覆盖而无法开采的资源更是一笔巨大的财富。

不过从战略安全的角度看，我们更需要关注的是它对地缘格局的影响。我们很容易看出，最大的受益者应该是加拿大和俄罗斯，因为这两个国家基本把持了北冰洋 90% 的海岸线。当然，美国的那块“飞地”——阿拉斯加也会从中受益，不过在北冰洋的博弈中，它基本只是起到遏制俄罗斯的作用。俄罗斯人应当为当年的短视感到后悔，否则它将是北冰洋地区唯一的霸主。

我们必须花点篇幅分析一下俄国的海军力量。从帝俄时代到苏联时代，再到现在的俄罗斯，俄国的海洋战略一直是很明确的，就是尽量夺取更多的出海口，以从一个陆权大国晋升为一个“海陆两栖”的大国。

除了印度洋以外，俄罗斯已经在太平洋、大西洋、北冰洋分别完成了既定目标，

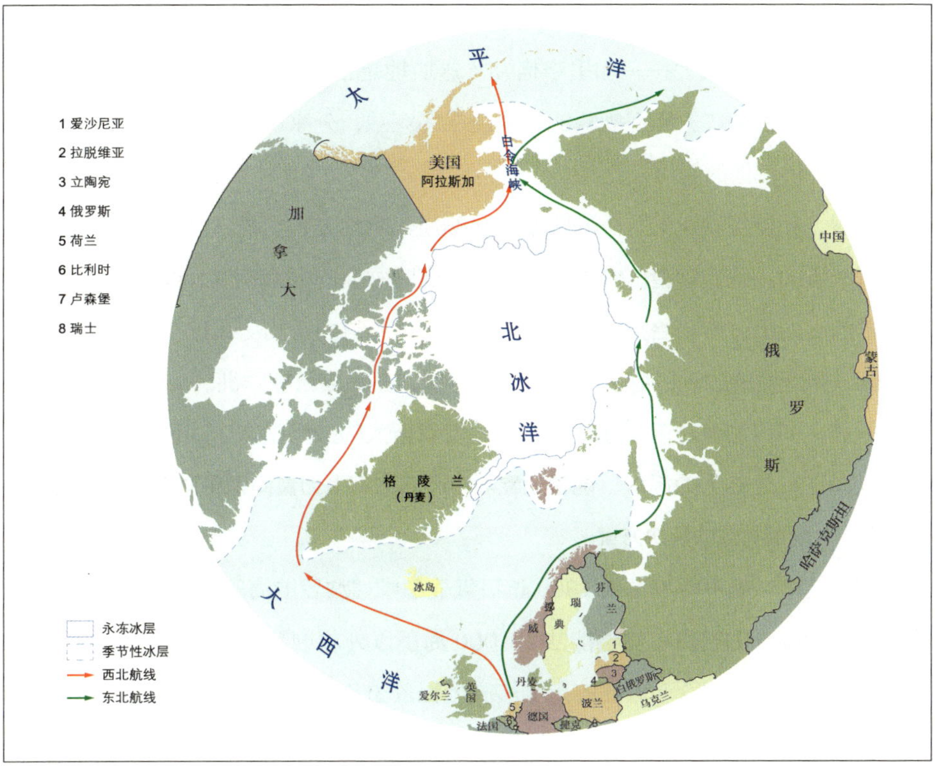

北极航线示意图

这也使得它和美国一样，成为可以面对三大洋的国家。当然，它在大西洋的出海口必须经过波罗的海和黑海这样半封闭的内海，而在太平洋沿岸的基地纬度过高，不能提供足够的港口。俄罗斯在这两块区域的地缘结构，都无法和美国那两边畅通无阻的温带、亚热带海岸线相比，因此在北冰洋的出海口反而成了俄罗斯重点经营的对象。位于北极圈内的摩尔曼斯克是俄国在北冰洋唯一的深水不冻港，为此俄罗斯人得感谢北大西洋暖流，是它抵消了北冰洋的寒流。

为了与海洋帝国对抗，苏联一共建立了四个舰队，分别是西面的“波罗的海舰队”及“黑海舰队”、北面的“北方舰队”、东面的“太平洋舰队”。熟知历史的人应该知道，这些舰队的出海口基本都是从周边国家抢的。苏联解体后，北方舰队和太平洋舰队还好说，西面的那两个舰队受到的影响就比较大了。首先是波罗的海三国独立，使得这一地区的港口基本都随之而去了。不过好在俄罗斯在立陶宛和波兰之间还保留了一块飞地——加里宁格勒（这块地是当年从德国人那儿弄来的），因此还算保住了出海口。黑海舰队的基地建在乌克兰，分家以后，俄罗斯人每年都要用天然气来换基地的使用权。

不过，即使俄罗斯的几个舰队都能够畅通无阻地进入大洋，俄罗斯的地缘格局也是有缺陷的。我们知道，对于俄罗斯这样横跨欧亚的国家来说，两头的联系是最为薄弱的。如果它的政治中心在地理中心还好，不过由于历史和远东地区地缘环境的原因，俄罗斯的政治中心在可以预见的将来，还是会留在欧洲。

因此，如何加强对远东地区的控制是俄罗斯人的战略重点。陆地的铁路修建并不足以满足其战略上的需求。**能够让欧洲中心区的海上力量同太平洋上的战略要地联系起来，才是最有效的解决方案。**

说到这里，就不得不提到 1905 年日俄战争中“波罗的海舰队”的那次远征了。我很佩服俄国人的胆量，竟然能从 18 000 海里以外将舰队从欧亚大陆西端，绕非洲的南端，最终调到欧亚大陆的东端实施远程攻击（英国人当初打鸦片战争，至少还能拿印度作跳板）。当然，这种不符合兵法的行动注定是失败的，“波罗的海舰队”连同“太平洋舰队”都被日本海军拿来祭旗了。

如果沙俄海军当初能够走“北冰洋航道”的话，帝国的政治家们一定会提前把当时那支不受重视的“北冰洋舰队”升为与其他三大舰队同级，并在日俄开战后驰援战场。事实上，在苏联时期，鉴于摩尔曼斯克是苏联在欧洲地区唯一不会受制于人的出海口，苏联的北冰洋舰队在改名为“北方舰队”之后，就开始成为四大舰队中的最强者了。而如果它能够增加对亚洲地区的支援作用，无疑会让政治家们更加愿意加大对它的投入。

即使在日俄战争期间，俄国人的北冰洋舰队还不成气候，但如果北冰洋航线能够通行的话，波罗的海舰队主力到达战区的路程也能够减少将近一半。当然，历史不可能重来，如果将来这条航道能够成行，俄罗斯人完全可以通过北冰洋，将北大西洋和北太平洋的军事力量联系起来。到那时，任何人想要找远东地区的麻烦，就不能不考虑北方舰队的实力了。在这一可能的战略互动中，最大的麻烦是阿拉斯加，

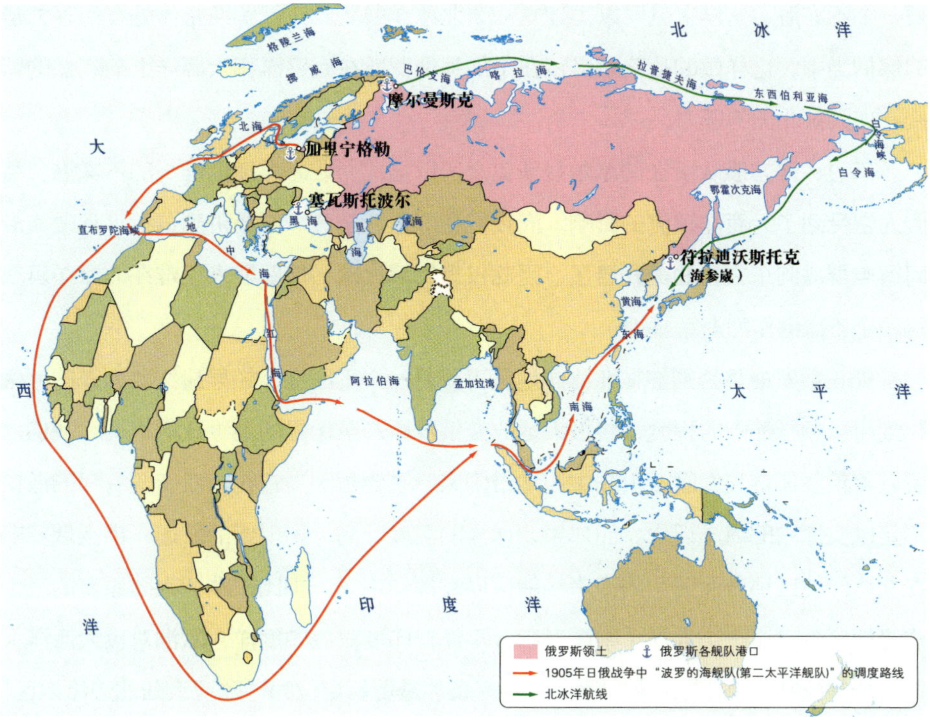

俄罗斯海军地缘示意图

美国人肯定不愿意看到俄罗斯人在自己的眼皮底下通行无阻，更何况白令海峡下面那个弧形的阿留申群岛也基本在美国的手中。尽管俄国人出于航行安全的考虑，在“清仓大甩卖”时，还是把靠近堪察加半岛的那几个岛屿留了下来（这几个岛屿与阿留申群岛隶属同一岛链，因此被单独命名为“科曼罗尔群岛”），但每个通过白令海峡的俄罗斯人，都应该在心里咒骂一下当初把阿拉斯加和阿留申群岛卖给美国的傻瓜。

不过，军事上的设计毕竟只是一种战略准备，新航线的开通更有可能带动远东地区与外界的交流。如果沿岸的冰真的化了，那么来往于东北航线的这些船只所刺激的就不仅仅是当地的经济了。

事实上对于俄罗斯人来说，最为合理的战略布局应该是在西伯利亚的北部再获得一个不冻港，这样它就可以再建立一个北冰洋舰队，让俄罗斯整体处在海军力量的保护当中。这样做的战略意义还在于加强俄罗斯在太平洋和大西洋上的利益的衔接，加大对北美的压力。

不过，北方舰队所在的摩尔曼斯克之所以能成为北冰洋地区唯一的不冻港，是因为它受到了大西洋暖流的影响。而我们在“东亚部分”已经讲到，太平洋暖流沿阿留申群岛向东去为北美升温了，因此仅靠二氧化碳，俄罗斯人很难在北冰洋再获得一个不冻港作为海军基地。

无论俄罗斯是否能够在北冰洋地区再获得一个不冻港，如果最终北冰洋的冰融化到可以畅行无阻的程度，将极大地改变俄罗斯乃至世界的地缘政治格局。我们之所以将俄罗斯定义为欧亚大陆中心地带国家，主要是因为它在东西两侧有限的港口不足以支撑它的海洋诉求。而如果北冰洋的温度升高，出现新的航道，那么俄罗斯在北冰洋地区那长而无用的海岸线就可以发挥作用了。相比于欧亚大陆原有的三个边缘地区各对应一个大洋（中国对应太平洋，印度对应印度洋，欧洲对应大西洋），最少能够控制一半北冰洋的俄罗斯，将有条件被重新定位为“欧亚大陆北边缘地区”国家。到那时，美国和世界其他国家将不得不重新审视俄罗斯的国际地位。

如果俄罗斯真的变为一个边缘国家，它并不会是唯一得益的国家。那个一直在“新世界岛俱乐部”中跑龙套的加拿大，也很有可能就此提升自己的地位。正如印度和中国的崛起带动澳大利亚成为“新世界岛南外围地区”一样，加拿大也会因此而成为制衡俄罗斯的“新世界岛北外围地区”。虽然美国可以凭借阿拉斯加这块飞地来自己解决这个问题。不过鉴于俄罗斯在北冰洋的海岸线太长，以加拿大人为主来承担这个责任会更为合适。

就加拿大人来说，阿拉斯加的存在使得它们在承担这个任务时，能很容易地得到美国的支援。这对于海洋实力不如英、日的加拿大人来说尤为重要。但这本身也是一个劣势，因为美、加两国都在北冰洋拥有地缘利益，必然存在一个内部协调的问题。

关于北冰洋何时能够达到改变俄罗斯以及北冰洋地区地缘格局的程度，气象学家们也许能够给出精准的答案。问题在于如果真的出现这种情况，地缘结构出现改变的肯定不只北冰洋沿岸国家。大部分的沿海平原都有可能消失，并且还有可能影响到全球的气候均衡，这种综合性的后果是谁也无法准确预测的。因此地球上的政治家们需要协同起来尽量避免气温进一步升高，由此而产生的“二氧化碳排放”控制问题，将在很长一段时间内成为主要的国际事务。

在这种情况下，俄罗斯当然不可能将复兴的所有希望寄托在北冰洋身上，事实上，它即使有这个心也无这个力。但这并不妨碍俄罗斯人做好充足的准备。尽管俄国人将国旗插入北冰洋海底的行为并不能改变北冰洋的主权状况，还受到了美国人和加拿大人的嘲笑，但谁又能否认俄罗斯人在地缘政治上敏锐的嗅觉呢？只要有利益，任何一个相关的国家都会尽全力去争取，更何况是俄罗斯这样一个强权国家。

北冰洋开发对中国的影响

对于中国来说，俄罗斯如果借北冰洋航道的开通、资源的开发而变身为一个海陆平衡的边缘国家，势必也会对中国的崛起战略有所影响，只不过这一影响并不能简单地用“好”或者“坏”来概括。抛开北冰洋航线能够大大缩短中欧、中美海上贸易航程这一利好不谈，单从战略层面来看，俄罗斯能够在北冰洋一线吸引北美、欧洲两大地缘板块的注意力，这并不是一件坏事。最起码美国到时候所要面对的，就不仅仅只是在大西洋和太平洋之间考虑平衡的问题了。对于试图将重心放在太平洋（重返亚洲计划）的美国来说，将不得不分心去参与北冰洋的竞争。至于俄罗斯，则会在北冰洋地区面对来自多方的压力，也因此将更加倚重中国的支持。

对于两个合作伙伴来说，尽管一方实力的增长有助于整体实力的提升，但这也势必会影响到双方之间的话语权。试想一下，如果不是苏联解体所带来的国力的衰弱，以及中国这 30 多年来融入全球经济所带来的实力上升，中俄之间是否还能够形成今日的平等合作局面？同样的道理，如果俄罗斯凭借北冰洋的开发提升了实力，并且因北冰洋航道的开通而获得了对中国部分海上物流线的监控权，对于中国的地缘安全来说实际上是在减分。

当然，在中俄处于合作状态时，这些问题并不一定会很快凸显出来。例如，中美之间存在着很大的竞争关系，但中国仍然可以在那些主要受美国保障的海上航线中自由通行。问题在于，地缘研究的一个重要意义就在于能够从战略角度对自身安全做出评估。曾经在 19 世纪后半叶两度任英国首相的本杰明・迪斯雷利，曾经对国与国之间的关系准则有过一个精准的定义："没有永恒的敌人，也没有永恒的朋友，只有永恒的利益。"理解了这句话的含义，我们就不会觉得今天所做的分析是在杞人忧天了。

事实上，即使是在现在，中俄双方对于北冰洋在开发态度上的微妙差异也已经显现出来了。目前，北冰洋相关事务的协调工作，主要由加拿大、丹麦、芬兰、冰岛、挪威、瑞典、俄罗斯和美国所组成的政府间的论坛——北极理事会[1]来协调解决。就中国来说，基于北冰洋航线以及资源对中国未来经济有着可以预见的影响力，因此非常希望未雨绸缪，在竞争白热化之前就成为北极理事会的观察员国，以具体参与到北冰洋事务中去。这种参与除了地缘政治层面的战略意义，在经济层面上也有很大的好处。比如说，鉴于北冰洋航线的特殊性，未来商业通行中所使用的船只需要提升抗冰甚至破冰的能力。如果中国能够先期获取相应气候、地质数据，并参与到技术标准的制定当中，对于中国的船舶制造业来说是一个巨大的商机。

然而基于俄罗斯在北冰洋的地理优势，它并不愿意看到有更多的力量介入北冰洋事务，包括对中国的态度也是如此。俄罗斯更希望中国依靠它来做到这些。因此我们会看到，在 2013 年审议中国、韩国、日本等国家成为北极理事会观察员国这个问题上，俄罗斯并没有持积极态度。2011 年俄罗斯副总理谢尔盖・伊万诺夫的公开表态只是不反对中国加入，反倒是冰岛、丹麦、瑞典这些在北极竞争中明显处于弱势的欧洲国家，成了中国的支持者。对于它们来说，在面对俄、美这些巨无霸体量的北极国家竞争时，让第三方，尤其是中国这样地缘影响力巨大的国家获得话语权，并不是一件坏事。

由此我们也可以看出，地缘政治关系并不是用非黑即白这样简单的方式就能厘清的。只要遵循地缘规律，厘清各方战略利益之所在，看透国际时局的变化就并非难事了。

---

[1] 北极理事会又译为北极议会、北极委员会、北极协会，是一个高层次国际论坛，关注邻近北极的政府和原住民所面对的问题，致力于北极地区的环境、社会与经济的可持续发展。现在北极理事会的成员国有加拿大、丹麦（包括属土格陵兰及法罗群岛）、芬兰、冰岛、挪威、俄罗斯、瑞典和美国，主席一职由此 8 个成员国家每两年轮流担任。——编者注

后记：暗战时代

在天涯论坛开《地缘看世界》一帖时，很多朋友问我为什么不多写些时政。我曾经在回答一位长期跟帖的朋友提出的问题时写到过：我之所以不愿意写时评，是因为现在的时评路子大多已经模式化了——先是按照冷战思维，一厢情愿地把世界划成中、美两极，然后把任何事情，包括一些纯粹的突发事件和刑事案件，都和所谓的“中美博弈”扯上关系。演变下去，就是“美国阴谋无处不在，中国高层深谋远虑”（地球上所有的事情，都是“大棋局”的一部分）。当然，这种模式的产生主要是基于国内主流论坛的环境。如果在导向相左的网络环境中，却可以用同样的模式解读出“中国威胁无处不在，美式民主力挽狂澜”的结论来。

这其实是一个很偷懒的办法，因为就博弈的复杂程度来说，多角博弈的情况总是比两方对角要复杂得多。简单的两分法更容易让大家找准辩论的焦点。在现实世界里，一个国家制定各项政策，做各种事情，首先都是从自身利益及安全角度考虑的，参与度也是与自身利益、安全关联度成正比的。在处理具体事务时，大多时候只能见招拆招，根据时事的变化，以务实的态度调整自己的政策，并非每一件事情都那么深谋远虑，决胜于庙堂之上。

国际关系当中，博弈的确是永恒的主题。不过，每个时代的博弈，都有其自身的特点。冷战时代最大的特点是美、苏两大阵营用军备竞赛模式，代替了那种动辄诉诸武力的战争模式。这个“进步”能够实现，要归“功”于核武器这种毁灭性战争武器的诞生。从军事角度来看，核武器的作用在于极大地压缩了对手的战略纵深。在双方都拥有核打击能力的情况下，同归于尽的风险是任何一个国家都不愿意承担的。这看起来是一个悖论——一个人类历史上最致命的武器，居然成了世界和平的保卫者。但实际情况就是这样，前提是你不能让所有人都拥有这项可怕的武器。

切割世界的“铁幕”早在 1990 年就被撕裂。在此之后，美国所主导的经济全球化浪潮，进一步提升了世界各国之间的依存度。新时代的政治博弈，也已经不是冷战中那种明显的两极对抗模式了。如果要为这个时代贴上一个标签，那就是“暗战时代”。这个已经开启了 20 多年的暗战时代，与之前的冷战时代相比，具备如下特点：

1. 多极博弈取代了两极博弈模式。单从大国博弈的角度来看，冷战或者“二战”当中那种非敌即友的阵营划分方式已经不是这个时代的特点了。尽管美国的“一超”地位仍然存在，但在地缘潜力上，中国、俄国、欧盟，甚至印度都已经作为地缘政治舞台上的主角，出现在核心政治圈中了。也许有人会觉得，在美欧战略联盟依旧存在的情况下（实际上也已经分化明显），中、俄在战略上也在“背靠背”，世界似乎又重新回到两极对抗的模式了（印度在中间游走）。但就目前的情况来看，诸大国及板块之间并没有拉起新的“铁幕”。基于务实的态度，现在的国家之间在某一层面互为对手，在另一层面却可能进行合作。

2. 经济取代军事，成为硬实力较量的主要指标。基于核武悖论的存在，大国的领导者终于明白了：在不可能毁灭世界的前提下，盲目进行军备竞赛是很可笑的。这并不是说拥有军事上的战略威慑力就没有必要，但这一切必须和自己的经济实力成正比。

3. 合作取代对抗已成为国际交往的主流。如果说在冷战及之前的“一战”“二战”时期，国家之间的相互合作与结盟，其最终目的是为了在对抗中彻底击垮对方，那么现在的国家竞争，则是为了在合作当中取得更大的支配权。这种变化的产生，在技术上有利于经济全球化所造成的“你中有我，我中有你”的局面，并最终成就了现在这种“暗战时代”。就大国关系的处理上来说，这个时代所表现出来的特点就是：你能够在台面上听到的，总是关于合作的声音；即便台下的博弈不可避免，但表面上和平的维护仍是十分必要的。如果形势发展到有一天，大国们开始撕破脸，公开指责某一方是世界和平的破坏者，那么新的时代也就到来了。

基于暗战时代的特点，在各种类型的国际合作与对抗中，经济明显取代了军事、政治而成为主线，大国们也都在不遗余力地表示自己是世界和平的维护者。在这种情况下，诸如北约这类冷战模式下所诞生的政治军事同盟便陷入了尴尬的境地。最起码你必须说明，这样一个明显带有对抗性质的组织，假想敌到底是谁。好在这个世界永远不会是死水一潭，极端恐怖组织以及美国所谓的那些“流氓国家”，看起来还在对世界安全造成威胁，所以无论是那些历史遗产，还是新成立的合作组织，也都有机会堂而皇之地以安全为名带入一些军事合作的色彩。只不过，在大国们还没有撕破脸之前，一切都还处在可控之中。

对于和平前景，俄罗斯人要显得悲观得多。俄罗斯地缘政治问题研究院院长康斯坦丁·西夫科夫在谈论金砖国家的前景时，说过这样一段话：“任何经济联盟都会不可避免地变为军事政治联盟，原因很简单：一旦各国间开始紧密的经济合作，就会立即出现利益保护的问题。比如在俄中关系如此密切的今天，我们可以大胆地说，军事同盟正在形成。两国举行联合军演的强度可以比拟当年苏联与华约国家之间的演习。”

每一个时代都会有终结的那一天，暗战时代结束之后，人类是重新面临大战威胁，还是实现永久和平，目前还无法预知。不过“墨菲定律”告诉我们：如果你担心某种情况发生，它就更有可能发生。所以，居安思危总是没有坏处的。

图书在版编目（CIP）数据

谁在世界中心 / 温骏轩著. -- 北京：中信出版社，2017.6（2025.3 重印）
ISBN 978-7-5086-7419-3

Ⅰ. ①谁… Ⅱ. ①温… Ⅲ. ①地缘政治学－研究－中国 Ⅳ. ①D6

中国版本图书馆CIP数据核字(2017)第 068731 号

谁在世界中心

著　　者：温骏轩
策划推广：北京全景地理书业有限公司
出版发行：中信出版集团股份有限公司
（北京市朝阳区东三环北路 27 号嘉铭中心　邮编 100020）
制　　版：北京宝蕾元科技发展有限责任公司
承 印 者：北京华联印刷有限公司

开　　本：710mm × 1000mm　1/16　　印　　张：18　　字　　数：280 千字
版　　次：2017 年 6 月第 1 版　　印　　次：2025 年 3 月第 21 次印刷
广告经营许可证：京朝工商广字第 8087 字
书　　号：ISBN 978-7-5086-7419-3
审 图 号：GS（2015）3256 号
定　　价：49.80 元